赤松啓介

——民俗学とマルクス主義と

【目次】

2　赤松民俗学の終焉と文化財保護運動　261

むすび　283

はじめに

赤松啓介《あかまつけいすけ》（一九〇九‐二〇〇〇）、本名栗山一夫《くりやまかずお》は、民俗学・考古学者、広義における歴史学者として知られる。

赤松は一般的には一九八〇年代「非常民」の民俗学で知られた。ちょっとしたブームでもあった。「非常民」の民俗学にむらがった文化人・研究者もいた。赤松がそれに乗った面もある。しかし、赤松にとって、それは晩年の一仕事にすぎない。豊饒なその学問の一端が顔を出したにすぎない。「非常民」の民俗学にすり寄った文化人・研究者で、その後、赤松民俗学・考古学に言及する者がどれだけあるだろうか。いっぽう、赤松民俗学をもって教条的マルクス主義者とする安易な議論もあった。いずれにせよ、赤松民俗学をふつうに読んでいれば、「非常民」の民俗学のみをとりあげ一過性のブームとしたり、教条主義者とする単純な誤解をすることはないはずである。

満九一年に及んだ赤松啓介の生涯とその民俗学・考古学を、その作品をもって、ひとつひとつたどってみよう。赤松啓介といえば、「非常民」の民俗学、あるいは、教条主義者という誤解も解けるはずである。

それらとともに、赤松啓介といえば、柳田国男の民俗学を否定したことで知られる。異端として扱われてきた。果たしてそうであろうか。

その生活からの延長線上に、地域を徹底的に掘り下げ、緻密なフィールドワークによった赤松民俗学の、その学問の、どこか異端なのであろうか。逆に、フィールドワークもせず、調査資料作成もなく、他者の調査資料を東京の自分の書斎へと集中させた柳田民俗学こそ、民俗学としてはあってはならない変態的存在であった。しかし、この「一国民俗学」なるものをとなえた柳田民俗学が主流となり、その学閥から排除された者は異端となった。そもそも、正統も異端も、物理的な相対的関係にすぎない。特に、学問においては、物理的に主流派また多数派を形成したからといって、それが学問における適切さを示すとは限らない。そして、柳田民俗学が民衆的であるという幻想にでもとらわれているのであろうか、かつてもまた現在も、柳田国男をなんらかの形で評価することが、ものわかりのよい文化人・研究者であるかのように認識されてきた。

民俗学の基本は、あらかじめ仮説と調査方法論を設定するにせよ、フィールドワークによって、みずからの手で現実を把握し、それによってみずからの認識体系を構成しなおし、再び、フィールドワークを行ない、認識体系を構成しなおす。フィールドワークのなかで不断の修正がともなう。ときに、そのフィールドワークは肉体的消耗をともなうこともある。そのくりかえしが民俗学の調査研究である。そして、論証するための資料を作成し、体系的に整え研究対象の意味を理解できるようにする。

赤松啓介は異端ではない。この基本に忠実な民俗学者であった。赤松民俗学は王道をいった。そしてまた、みずからの生活圏の延長線上において課題を設定し、研究主体と研究対象との乖離を最小限に食い止めることができた研究者でもあった。

赤松啓介の民俗学・考古学を、その生涯とともに、編年順に読んでいきたいと思う。常に手弁当で、赤松がくりかえしたもの言いを借りれば、出世とも金儲けとも無縁な生涯と学問、そこから何かしら感ずるところがあれば幸いである。

I 現実社会のフィールドワーカー

少年期近影

1　故郷からの「栗山一夫」の民俗学

「夜中に起こされた私」——旧家の退転と流浪

赤松啓介、本名栗山一夫は、一九〇九年（明治四二）三月四日、兵庫県加西郡下里村段下《だんげ》（現加西市段下町）の、アタラシヤという屋号を持ち味醂《みりん》屋とも呼ばれる旧家に、父栗山勢次・母きよのの長男として生まれた。幼少期は身体が弱く、たいせつに育てられたという。[*1] 二歳下の妹と、青年期に病死した五歳下の弟がいる。段下はその集落がホンムラ（本村）と新田《しんでん》から構成され、赤松の生家は新田の草分け四軒のうちの一軒であった。

幼少期から青少年期にかけての赤松は、「わが心の自叙伝」（一九七三）・「反戦回想録」（一九八六）などの回想が語ってくれる。

その生家は、父勢次が家業の味醂醸造のほか酒造・機織りにも経営を拡大した、裕福な豪農であった。

> 小学校入学までの私の生活が、かなり恵まれていたのは疑いなかった。私は知らないが子守りの背で暮らしたらしいし、母は当時の良家がどこでもやっていたように、近所や近村の嫁入り前の娘さんを集め、お針仕事を教えていたので、多いときには二十人ぐらいが左右にならんでいたと思う。そんな若い娘さんたちに、かなり甘やかされたのは記憶に残っている。
>
> ［赤松 一九七三a：二三一頁］

しかし、父は事業に失敗、上京。残された母・祖母・赤松など一家は退転を余儀なくされる。

夜中に起された私は、台所へ近所や親類の女たちが集って飯を作ったり、荷ごしらえをしているのを見、そのうち二、三人が泣いているのをながめていた。夜明け近くなって、母と相乗りの人力車で母の実家へ行ったところ、ここでは外祖父母が寝ないで待っていたらしいのを、おぼろげながらに知っている。俗に「夜逃げ」というものだが、それが倒産した家の一つの儀式であった。

〔赤松 一九七三a：二三〇‐二三一頁〕

「外祖父母」が待っていた「母の実家」とは、生家の段下と同じ加西郡下里村の西笠原《にしかさはら》（現加西市西笠原町）である。段下からみて直線距離にして約四㎞南方の集落である。自然堤防上に集落を、東側の平地に水田を展開し、そのなかを加古川支流下里川が流れ、北条鉄道が走る。西笠原は下里村の中心、村役場所在地であった。この地域は、自然堤防上また洪積台地上に集村を形成し、河川に沿って水田を拓く。溜池灌漑による水田も多い。

この西笠原の「母の実家」での生活も長くは続かなかった。母・祖母とともに出郷、粟生《あお》駅から播州鉄道（現JR加古川線）に乗車、高砂町（現高砂市）に移る。赤松によれば、これが他郷での流浪のはじまりであった。父も帰郷するが、小学校は母の実家から下里村の小学校へ通学したという。小学校一年生の夏、麻疹《はしか》に罹患、長期休学する。その後、父が神戸市へ転勤したため、一家は神戸市石井町（現兵庫区）へ転居、赤松も神戸市の小学校へ転校する。成績はふるわなかったという。そのころ、父は結核に罹患、一九一八年（大正七）八月一九日死去する。米騒動の最中であった[*2]〔赤松 一九七三a：二三三‐二三四〕〔岩田編 二〇〇〇b：四八二頁〕。

赤松は、満九歳のとき、父を亡くしたことになる。赤松は「母子家庭」であったと回想することがあるが、それは、このような幼少期における、故郷からの退転と異郷での父の病死を意味する。
私は自分が頭が悪いなどと思ったことはなく、とくに記憶力には自信があったのだが、ただ勉強する気がなかった。母は賢母といってよい人であるが、それでも母子家庭の暗さがあったとみえ、学校帰りに烏原《からすはら》水源地へ行き、暗くなるまで遊んでくることが多く、よくしかられたものである。慢性結膜炎で目を悪くしていたこともあって、あまり友人もできず、かえってケンカばかりしていた。

〔赤松 一九七三a：一二三五頁〕

「烏原水源地」とは烏原貯水池（兵庫県神戸市兵庫区千鳥町）のことであり、一九〇五年（明治三八）完成の神戸市域のための水道施設である。

ものごころついてからの一家の流浪と自身の病気が、陰影をおびた孤独な性格を養ったのであろう。ただ、これは、「きわめて孤独であったと思うが、一面では自立の性格を養ったようである」〔赤松 一九七三a：一二三八頁〕と回想するように、独立独歩の赤松啓介をはぐくんだということもできる。

そうしたなかで、赤松が見いだした楽しみが、真田十勇士が活躍する立川文庫であった。歴史への開眼であるとともに、「正義」の発見でもあった。それは日本歴史全般へと拡大し、小学校尋常科のうちに歴代天皇・全和暦をはじめ多くの歴史事象を暗唱するまでになったという。小学校高等科になると歴史書・小説の読書のために図書館利用を覚える。級友からついたあだ名は「歴史の先生」であった〔赤松 一九七三a：一二三五-一二三八頁〕。

「将来の目標」「文検の日本史をとって中等教員」――帝塚山古墳から考古学へ

一九二三年（大正一二）三月、赤松は神戸市立湊山尋常高等小学校（兵庫県神戸市兵庫区雪御所町。二〇一五年三月小学校統廃合により閉校）を卒業した［岩田編 二〇〇〇b：四八二頁］。

赤松は、経済的事情により、早くから中学校進学をあきらめていたので、卒業後は働きながら独学し、「将来の目標」を「文検の日本史をとって中等教員」になることに定める［赤松 一九七三a：二三七頁］。「文検」とは、「文部省教員検定試験」の略語であり、東京高等師範学校・広島高等師範学校などを卒業しなくとも中等学校教員免許状を取得できる資格検定試験のことである。

赤松の高等小学校卒業と同時に、母は小学校教員になるために岡山の裁縫女学校に入学、赤松は大阪市で丁稚《でっち》奉公に出る。しかし、「私はどうにも丁稚生活がいやでたまらず、あちらこちらに変っても長続きはしなかった」［赤松 一九七三a：二三八頁］、「神戸の証券屋の給仕となり、しばらくして大阪の商店へ丁稚奉公、塩干問屋、果物屋、廉売市場などを転々とする」［岩田編 二〇〇〇b：四八二頁］。

やがて、母が小学校教員となり、その経済的援助が可能となり、大阪で私立商業学校に入学、しかし退学、職工学校に編入学する。この職工学校で学んだ測量・製図技術は、後年、考古学発掘調査・民俗学調査に役立ったという［赤松 一九七三a：二三八-二三九頁］。確かに、赤松がその論考に挿入する実測図・分布図・概念図は、わかりやすく、論理的説明に有効なものが多い。しかし、この職工学校についてもその卒業は不明である。

小学校時代「歴史の先生」とあだ名をつけられた、その歴史研究については、独学ながら、西村眞次『国民の日本史 第一篇 大和時代』（一九二二）、津田左右吉『神代史の研究』（一九一三）・『古事記及び日本書紀の新研究』（一九一九）によって、好事家的関心から、科学的研究へ視野をひらくことができたという［赤松 一九七三a：二四〇頁］［赤松 一九八〇a：二二頁］。『国民の日本史 第一篇 大和時代』は人類学的視点をも含めた古代史、『古事記及び日本書紀の新研究』『神代史の研究』は論理的な文献資料検討による古代史であり、いずれも単純な皇国史観とは異なる。

赤松は、これらをきっかけに、独自に遺跡調査を行なうようになる。帝塚山《てづかやま》古墳（大阪府住吉区帝塚山西）で採取した埴輪を京都帝国大学考古学教室へ送ったところ、浜田青陵《せいりょう》（耕作。一八八一‐一九三八）から返信があったという。書簡の往復による教示も受け、また一度だけであったが、面会する機会もあり、すすめられるままに、東京人類学会へ入会する。赤松がはじめて入会した学会は東京人類学会であった［赤松 一九七三a：二四一‐二四二頁］［赤松 一九七三b：五頁］［赤松 一九八〇a：二一‐二二頁］。

しかし、一九二六年（大正一五・昭和一）から翌一九二七年（昭和二）にかけてのころ、肺門リンパ腺炎に罹る。西笠原の母の実家へであろう帰郷し、療養生活に入る。肺門リンパ腺炎とは、そのすべてが結核性とは限らないが、多くは結核性であった。幸い、半年ほどで快癒したという［赤松 一九七三a：二四三頁］。

「民俗学への開眼の第一歩」――「蝸牛考」から民俗学へ

肺門リンパ腺炎が快方に向かいつつあるときであろう、「わが心の自叙伝」によれば、赤松は浜田青陵のすすめで入会した東京人類学会編『人類学雑誌』で、柳田国男（一八七五‐一九六二）が方言周圏論を論じた「蝸牛考《かぎゅうこう》」を読む。

> 私が柳田国男の論著に接したのは、『人類学雑誌』の「蝸牛考」が初めてであり、民俗学への開眼の第一歩であった。「蝸牛考」は日本民俗学の出発点となった歴史的論文であるが、それを人類学雑誌で読んだ者はきわめてまれで、私の開眼が早かったことになる。
>
> 〔赤松 一九七三a：二四三頁〕

赤松がいうように、「蝸牛考」は、最初、『人類学雑誌』第二四巻第四号（一九二七年四月）・第二四巻第五号（一九二七年五月）・第二四巻第六号（一九二七年六月）・第二四巻第七号（一九二七年七月）、四回にわたって連載された。単行本は、三年後の一九三〇年（昭和五）、刀江書院からの刊行である。

これが、赤松にとっての「民俗学への開眼の第一歩」であった。これについては、「読書案内――柳田国男論」（一九七三）・「地域研究・批判」（一九八〇）でも回想しており〔赤松 一九七三b：六頁〕〔赤松 一九八〇a：二二頁〕、「読書案内――柳田国男論」では柳田へ手紙を送ったとも回想する。

> ぼくは「蝸牛考」を読んで故郷の同じ童謡を報《し》らせ、意見を述べた手紙を柳田へ送った。たぶん人類学会気付であったのではないかと思うが、それに対して返答はなかったわけである。
>
> 〔赤松 一九七三b：六頁〕

これは事実であろう。というのは、このとき、赤松が柳田へ送ったとほぼ断定してよい書簡が、慶応義塾大学言語文化研究所柳田文庫に所蔵されているからである。慶応義塾大学言語文化研究所柳田文庫は、一九四四年（昭和一九）五月、柳田が当時の慶応義塾大学語学研究所へ寄贈した方言に関係する資料・カードなどを所蔵するものであり〔http://www.icl.keio.ac.jp/enkaku01.html：二〇二一年五月二二日

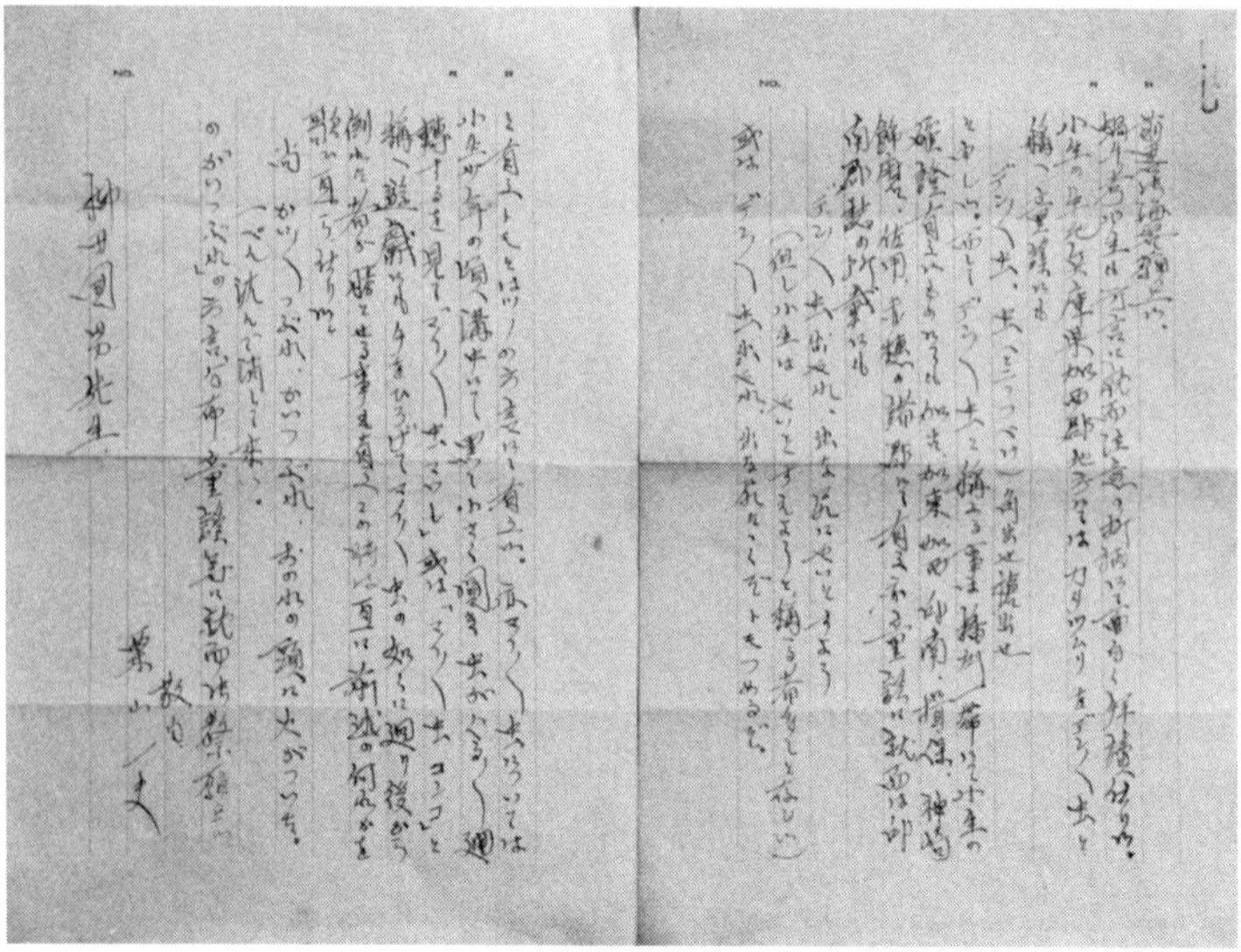

図１　柳田国男あて赤松啓介書簡（年未詳）（慶応義塾大学言語文化研究所柳田文庫所蔵）

最終閲覧」、そのなかに、便せん二枚につづられた、本名栗山一夫による柳田国男あて書簡が存在する。封筒がなく消印不明、便せんには年月日が記入されていないため、赤松がこの書簡を記した正確な年月日を知ることはできないが、その内容から推測して、「蝸牛考」を読んだ直後の赤松が柳田あてに資料報告を行なったと考えることができる。**図1**がそれである。

前略御海容願上候。

蝸牛考小生も方言に就而《ついて》注意の折柄にて面白く拝読仕り候。

小生の生地兵庫県加西郡地方にてはカタツムリをデン〳〵虫と称へ童謡にも

　デン〳〵虫、虫（と二つつゞけ）角出せ槍出せ

と申し候。而してデン〳〵虫と称ふる事は播州一帯にて小生の確証有之《これあり》候ものにても加古、加東、加西、印南《いんなみ》、揖《い》保《ぼ》、神崎、飾《しか》

磨《ま》、佐用、赤穂の諸郡にて有之亦童謡に就而は印南郡誌の所載にも

　デン〳〵虫、出やれ、出な尻にやいとすよう

（但し小生はやいとすえようと称へる者多しと存し候）

或はデン〳〵虫でやれ、出な尻たゝくぞトモつめるぞ。

と有之トモとはツノの方言にて有之候。亦マイ〳〵虫については小生少年の頃溝中にて黒く小さく円《まる》き虫がぐるぐる廻転するを見て「マイ〳〵虫マワシ」或は「マイ〳〵虫コンコ」と称へ遊戯にも手をひろげてマイ〳〵虫の如くに廻り後から倒れた者が勝とせる事も有之この時は互に前述の何れかを歌ひ乍ら仕り候

　尚　かい〳〵つぶれ、かいつぶれ、おのれの頭に火がついた。

　　一ぺん沈んで消して来っ。

の「かいつぶれ」の方言、分布、童謡等に就而御教示願上候。

敬白

栗山一夫

　柳田国男先生

これが、柳田が「蝸牛考」を『人類学雑誌』に連載した一九二七年（昭和二）時点の書簡であるとすれば、赤松はいまだ一八歳である。若くして、すでに正確な資料収集・整理・記述能力を身につけている。

この「蝸牛考」をめぐる柳田への書簡には、「読書案内——柳田国男論」の回想ではオチがある。柳田は地方の研究者には筆まめであったとされる。しかし、柳田はその研究の出発点に立った赤松には書

簡をおくることはなかった。赤松は浜田青陵との対比で次のようにいう。

柳田からは、遂に返事がなかった。（中略）鼻たれ小僧にかまっている方がおかしいといえる。ぼくもそんなに気にしていたわけではないが、後になってみると浜田には「先生」というだけの因縁はあるわけであり、それに対して柳田には「さん」とよりいわぬ理由もあるわけだ。これから見ても浜田には教育者としての自覚があったけれども、柳田にはそんな気持ちがなかったことがわかる。性格的にも浜田先生には暖いところがあったように思うが、柳田には冷静な面が強かったのでないかと推察できた。

［赤松 一九七三b：六頁］

「下里村の民譚」——等身大の民俗学

赤松は、一九二三年（大正一二）三月高等小学校卒業後、一九二七年（昭和二）、一八歳までの四年間に、大阪で丁稚奉公、私立商業学校、職工学校を転々とするなかで、肺門リンパ腺炎となり帰郷、療養生活のなかでの歴史の独学、このような生活で発見した、眼前に存在する考古資料・民俗資料を通して、考古学・民俗学への出発点に立った。

病気からの快方とともに、赤松は「文検」のための勉強を再開、その第一歩として、一九二八年（昭和三）大阪府の小学校準教員検定試験に合格する。さらに、翌一九二九年（昭和四）四月、働きながらの「文検」準備のために、大阪市中央郵便局員となる。勤務のあとは、図書館へ通う日々であった［赤松 一九七三a：二四五頁］［岩田編 二〇〇〇b：四八三頁］。

赤松の民俗学への本格的な出発は一九三〇年（昭和五）である。この年、二本の調査報告を、『旅と伝説』に発表する。『旅と伝説』は、萩原正徳（?-?）という民俗学に関心を持つ雑誌編集者が「編輯発行兼印刷人」となり、東京の三元社が刊行した一般向け民俗学雑誌である。創刊は一九二八年（昭和三）一月、最初は旅行・名所旧跡紹介雑誌であったが、柳田国男が第八号（一九二八年八月）から第二年三月（一九二九年三月）まで「木思石語」を連載したのをきっかけに、誌面を民俗学者に提供するようになる。足かけ一七年間続き、廃刊は一九四四年（昭和一九）一月、第一七巻第一号（通巻一九三号）であった［岩田 二〇一三：四〇-四一頁］。赤松は、一九三〇年（昭和五）から一九三九年（昭和一四）までの一〇年間、**表1**のように、この『旅と伝説』に、合計二三本もの論考（短報・調査報告を含む）を発表している。それは、あとでみるように、ペンネーム「赤松啓介」を使うようになってからも、一九三四年（昭和九）八月第七年八月号（通巻八〇号）に発表したペンネーム「上月三郎」による「製塩工程の調査」と、同年六月第七年第六号（通巻七八号）に発表したペンネーム「田中恒雄」による「川上八幡宮に関する伝説」を除き、すべて本名の「栗山一夫」としての発表であった。

赤松の最初の一本は、一九三〇年（昭和五）七月『旅と伝説』第三年七月特別号に発表した「下里村の民譚」である。故郷下里村の狐伝説を中心に、段下新田の父方の祖母からの聞き書きをまとめたものである。故郷下里村の紹介からはじまる。

私の故郷兵庫県加西郡下里村は加古川《かこがわ》の上流、山と山との間に細い煙をあげてゐる一寒村であります。今でこそ鉄道も通じ乗合自動車も走つてゐますが私が七八歳の頃には未だ電灯も知らぬ様な有様でした。加西郡のやゝ中央に飯盛野といふ原野があります。播磨風土記《（播磨国風土記）》に大汝命《おおなむちのみこと》が山上で飯を盛られたので飯盛嵩《いいもりだけ》と名づけたとあるその飯盛嵩はこの飯盛野の北端にあつてその形状は飯を

表1　赤松啓介『旅と伝説』掲載論考

No	巻号	発行年月日	タイトル	名義
1	第3年7月特別号（通巻31号）	1930年（昭和5）7月1日	下里村の民譚	栗山一夫
2	第3年11月号（通巻35号）	1930年（昭和5）11月1日	下里村の年中行事（兵庫県加西郡）	栗山一夫
3	第4年第3月号（通巻37号）	1931年（昭和6）3月1日	峡の里の話	栗山一夫
4	第4年第6月号（通巻42号）	1931年（昭和6）6月1日	河内十三嶺の十三塚	栗山一夫
5	第4年8月号（通巻44号）	1931年（昭和6）8月1日	子守唄の一考察	栗山一夫
6	第4年11月号（通巻47号）	1931年（昭和6）11月1日	墓地と六地蔵（兵庫県）	栗山一夫
7	第5年第4号（通巻52号）	1932年（昭和7）4月1日	「草履隠し」に就いて	栗山一夫
8	第5年第5号（通巻53号）	1932年（昭和7）5月1日	岡町から吹田へ	栗山一夫
9	第5年第8号（通巻56号）	1932年（昭和7）8月1日	雨乞ひに就いて	栗山一夫
10	第5年9月号（通巻57号）	1932年（昭和7）9月1日	二上山附近の民間信仰調査報告	栗山一夫
11	第6年新年号（通巻61号）	1933年（昭和8）1月1日	兵庫県加古川町（各地の婚姻習俗）	栗山一夫
12	第6年3月号（通巻63号）	1933年（昭和8）3月1日	「旅と伝説」の任務に関して	栗山一夫
13	第6年5月号（通巻65号）	1933年（昭和8）5月1日	生駒山脈に民間信仰を訪ねて	栗山一夫
14	第7年第6号（通巻78号）	1934年（昭和9）6月1日	川上八幡宮に関する伝説	田中恒雄
15	第7年8月号（通巻80号）	1934年（昭和9）8月1日	製塩工程の調査	上月三郎
16	第7年10月号（通巻82号）	1934年（昭和9）10月1日	生駒山脈地帯民間信仰調査（一）	栗山一夫
17	第7年11月号（通巻83号）	1934年（昭和9）11月1日	生駒山脈地帯民間信仰調査（二）	栗山一夫
18	第8年3月号（通巻87号）	1935年（昭和10）3月1日	生駒山脈地帯民間信仰調査（三）	栗山一夫
19	第9年3月号（通巻99号）	1936年（昭和11）3月1日	兵庫県加西郡下里村西笠原の誕生と葬礼	栗山一夫
20	第9年5月号（通巻101号）	1936年（昭和11）5月1日	酒見北条の節句祭見聞記	栗山一夫
21	第12年2月号（通巻134号）	1939年（昭和14）2月1日	溝と慣習	栗山一夫
22	第12年4月号（通巻136号）	1939年（昭和14）4月1日	東播特殊講資料	栗山一夫
23	第12年12月号（通巻144号）	1939年（昭和14）12月1日	畦草刈の話	栗山一夫

盛つたのによく似てゐます。（中略）下里村に語り伝へられてゐる伝説を御紹介したいと思ひます。殊に狐の話は祖母からたくさん聞いて居りますが私の幼い頃には夜などよく狐の鳴き声を聞くことが出来ました。

〔赤松 一九三〇a：六六頁〕

「鉄道も通じ」というのは、播州鉄道、一九一五年（大正四）三月開業の粟生駅 - 北条駅間、現在の北条鉄道のことであろう（一九四三年 - 八五年国鉄北条線）。故郷下里村の中央に、飯盛野という原野、その北端にはご飯を盛りつけたような形状で、古代の『播磨国風土記』にも登場する「飯盛嵩」という山がある。[*3] その飯盛野の狐について、祖母から聞いた話をまとめたというのである。

赤松が紹介する第一話は、この「飯盛嵩」、飯盛山に住む「三吉狐《さんきちきつね》」の話であった。

飯森山の中腹に三吉稲荷大明神といふ祠があるがこれが此の近隣の狐の総大将「飯森野の三吉さん」の住居である。昔々何処からともなく段下の村へ老人夫婦が「この飯森野に霊験あらたかなお稲荷さんがあるそうですが」と尋ねて来たが稲荷さん等はないので不思議に思つてゐたがその後飯盛山へ登つて見ると中腹の狐穴の前に好物の赤飯や油揚げが供へてあつた。それからしばらくして十人二十人と飯盛山のお稲荷さんと尋ねて来たが遂には三日三晩参詣の人が続いたので段下の村の人々も驚いて祠を建てた。この三吉狐は人をだましても池へはめて殺したり死ぬ様な目に会はせる等といふ悪い事は決してしなかつた。（後略）

〔赤松 一九三〇a：六六頁〕

段下に伝承される飯盛山の「三吉狐」、段下新田の祖母からの聞き書きであった。幼少期からこの伝説を聞き知っていたのかもしれない。

飯盛山は、段下新田からみて約一㎞南東方向、現在、兵庫県立北条高等学校を隔てて、兵庫県フラワーセンター内にある。

赤松は飯森山に愛着を持つ。

私の最も古い記憶は、この山頂で父や従業員たちと山遊びをした春につながる。なんでそんなことを覚えているのかわからないが、そのとき一人がからになつたバンザイ（長方形の浅い木箱）を振り回しながら満開のツツジの山を下って行くのを見たように思う。また、この山の付近で開かれた自転車競争を見た記憶も残っている。そのころ、地方では自転車競技が流行し、賞品をかけていたらしい。

［赤松 一九七三a：二二七頁］

赤松の幼少期最初の記憶はこの飯盛山であった。赤松は、「和島誠一氏との四十年」（一九七一）のなかで、次のようにもいう。考古学者和島誠一（一九〇九‐七一）の追悼文のなかの一節である。

ぼくは和島氏と違って、そんなに多くの友人をもっていない。それは二人の性格の相違でもあるが、ぼくはより実践的な社会運動に深入りして、人間の暗い一面を見過ぎたためであろう。ぼくは、この人間ほど空しいものはないと、いつも考えている。ぼくは、戦前の労働運動の時期でも、もし革命が成就したら田舎の飯盛野へ帰って、小さい博物館を建ててもらって暮したい、それだけの希望よりもっていなかった。

［赤松 一九七一：七頁］

もし仮に、「革命」が成功したならば、新政権の要職に就くのではなく、故郷の飯盛野に帰り、博物館員として暮らす、それが赤松の夢想であった。[*4]

赤松にとって、民俗学の最初の論考は故郷下里村段下新田に近い飯盛山の狐伝説、ものごころついた最初の記憶もこの飯盛山の山遊び、そして、「革命」後の夢想も飯盛野の博物館であった。

赤松における民俗学の出発は、その人生の記憶の原点でもあり、愛着を持つ故郷からであった。その学問と人生とが一致していた。学問の原点が人生のそれでもあった。

もっとも、この時代、赤松のような高等小学校卒業のみの学歴で、学問を志すとすれば、身近に存在する現象から、その学問を出発させるよりほかはなかった。考古学にせよ、民俗学にせよ、その研究対象と分析のための資料は生活の周辺に存在する。生活そのものでさえある。この時代、帝国大学・私立大学が独占する通常の人文科学・社会科学・自然科学に対して、高等小学校卒業の郵便局員が参入することは実質的に不可能であった。しかし、考古学と民俗学では、その調査研究対象が眼前にあった。学歴とは無関係に、その研究が可能であった。

赤松をして、その学問の出発点を、考古学と民俗学とさせたことは、偶然ではなかろう。この時代、考古学と民俗学は、学歴と学問の特権のすき間に存在していたからである。

この特権との距離は、その学問を生活の延長線上に展開させることになった。最初の調査報告「下里村の民譚」は、このような赤松の、その後も継続する等身大の学問を象徴的に示すといってよいかもしれない。

なお、すでに指摘したように、赤松啓介の民俗学への出発は、宮本常一（一九〇七‐一九八一）のそれと類似する［岩田 二〇一三：二九‐三二、四〇‐四七頁］。

一九〇七年（明治四一）八月一日生まれの宮本は、赤松からみて二歳年長になる（赤松が早生まれなので学年では宮本が一学年年長）。宮本は、山口県周防大島の高等小学校を卒業後、大阪へ出郷。逓信講習所を経て、一九二四年（大正一三）大阪市高麗橋郵便局に勤務、専検（専門学校入学者資格検定試験）合格後、一九二六年（大正一五・昭和一）天王寺師範学校二部入学、翌一九二七年（昭和二）卒業、大阪府泉南郡有真香村修斉尋常小学校訓導となる。師範学校専攻科を経て訓導として復帰するが、一九三〇年（昭和五）結核に罹患、退職し、周防大島に帰郷、二年間の療養生活を送っている。

宮本も、赤松と同じように、高等小学校卒業の学歴によりながら、勉学をこころざし、独学による検定試験により学校教員を目指した。郵便局員にもなった。都会での激しい生活によるものであろう、結核に罹患、帰郷による療養生活をも経験している。このような経歴が類似するだけではなく、宮本がはじめてその調査報告を発表したのも、赤松と同じ『旅と伝説』であり、発表年も同じ一九三〇年（昭和五）であった。宮本は、「周防大島」を、一九三〇年一月『旅と伝説』第三年新年倍大号から同年七月第三年七月特別号まで五回に分けて連載している。その内容も、赤松と同じように、故郷周防大島の「民譚」であった。

この宮本の最初の調査報告「周防大島」の連載が終了した一九三〇年七月『旅と伝説』第三年七月特別号は、赤松の最初の調査報告「下里村の民譚」が発表された号でもあった。

「下里村の年中行事」——正確な民俗資料記述

一九三〇年（昭和五）、赤松が、『旅と伝説』に発表した二本の調査報告のうち、もう一本は同年一一月第三年一一月号に発表した「下里村の年中行事」である。「下里村の民譚」が段下新田の父方の祖母からの聞き書きであったとすれば、この「下里村の年中行事」は母の実家、西笠原の母方の外祖父からの聞き書きをまとめたものである。

次のようにはじまる。

近代文化の潮《うしお》に荒されたとは云へまだ〳〵山深い田園の一年は私達には懐古味な行事に満されて流れて行くのである。然し稍《やや》もすれば消え去らうとする定められた月々の種々の行事は頑固なと若者達からそしられてゐる老人達によつて僅に呼吸してゐる。私達の幼い日に七夕祭の豆貰ひ、亥の子の日の餅貰ひが楽しい日であったのに今の子供達はそんな真似さへしなくなつた。これは私には淋しい事に思へるので記録して置きたいと考へて筆を取つた。

本稿に就いては私の外祖父、佐伯由太郎氏が「変な事ばかり尋ねて来る孫」の為に種々御教示下つた事を厚く謝し度《た》いと思ふ。

［赤松 一九三〇b：六〇頁］

正月行事にはじまり、春から夏までの行事、盆行事、秋から冬までの行事、一般的な民俗誌における年中行事である。それを読むと、赤松が、フィールドワークによる調査報告としての基本、正確な記録を行なおうとしていることに気づかされる。たとえば、次は正月二日についての部分である。

二日　元旦同様早く起き山の芋を擂り其の中へ鶏卵や海老の身をすり込み「とろろ」を造り御飯にかけて食する。今年一ヶ年無事に暮せる様に、金が殖える様にとの願がこめてあるさうだ。「仕事の仕初め」で女は針仕事、男は何でも一寸《ちょっと》仕事をして風呂に入る。それからは休みである。

［赤松 一九三〇b：六一頁］

正月二日の仕事はじめと、この日の儀礼食が「とろろ御飯」であるという。この「下里村の年中行事」によれば、正月元旦には雑煮があり、餅なし正月ではないが、正月二日の儀礼食は雑煮ではなかった。また、六月一八日虫送りについて、次のように記録する。

十八日　本年は虫送りの日であつた。此の虫送りは植付の都合で年々違ふ。二番草を取つてから一日草休みをして其の晩に平家実盛《さねもり》様（祖父の言のまゝ）を地上の者がおしたひするので実盛様が行かれると虫まで御供するといふので紙で裃《かみしも》の実盛様と供一人を拵《こしら》へて長い竹竿の上に乗せ（馬上の意だとも云ふ）太鼓を打ちながら村端《はず》れの野山へ送る。此の時村人はそれ〴〵自分の田の畦《あぜ》を松明に火をつけたのを持つて「ホーホー」と呼びながら駈け歩き後を追ふて行く。田に水が満ちてゐる時なので火が水にうつり中々の壮観である。村端れの野山に着くと松明を積み重ねて盛に燃やすので山火事の様である。其の場で酒を呑んで帰る。

［赤松　一九三〇b：六二三頁］

虫送り、サネモリサマ（実盛様）は二番草除草のあとの農休みの夜であった。赤松は、サネモリサマを「おしたひ」して「虫まで御供する」ので虫送りになるという、この行事についての伝承者解釈をも記録する。民俗事象には、このような伝承者自身による、その民俗事象についての解釈がともなうことがある。この伝承者解釈については、研究上の結論とするのではなく、それについてもなぜそのような解釈があるのかを分析対象とする必要がある。赤松はこの部分についても注意深く報告している。

一九三〇年（昭和五）、赤松二一歳のときのデビュー作、二本の調査報告は、故郷下里村、段下新田の祖母からの聞き書きにより「下里村の民譚」を、西笠原の外祖父からの聞き書きにより「下里村の年中行事」をまとめたものであった。故郷からの、身近な近親者からの出発である。学歴と学問の特権から排除されている赤松は、その学問の出発点を生活そのものにおいた。

しかし、身近な生活を対象としたとしても、その記録は主観的叙述によったのではない。研究の基本である正確な資料の提出、赤松はそれをその学問の出発点において習得し得ている。

みずからの生活を出発点とすることにより、生活と学問との分断を避け、いっぽう、生活を対象とすることによる主観性の氾濫を避けることのできる、正確な資料把握と記録、そのような科学性を、赤松はその出発点から身につけていた。赤松の論考・著作には、たとえば、柳田国男のそれらにおけるような数多くのとらえどころのなさ・ぼやかし・憶測、資料提示・出典の不正確さが少ない。それは、赤松が、柳田のように他者の調査資料を借用するのではなく、みずからとその周囲の人たちによる、フィールドワークによる調査資料を、その分析対象としていることとも関係していよう。

生活と学問の一体性、そのなかで科学的であることを追求する、赤松民俗学の出発であった。

「民譚」「結婚」「俗信」「方言」「婚姻」「童謡」――多様な調査報告による修業と模索

赤松には、翌一九三一年（昭和六）以降も、あとでみる一九三三年（昭和八）三月五日の一度目の検挙まで、分析的論考・理論的論考とともに、故郷下里村をフィールドとする調査報告が多い。対象も多岐にわたる。発表雑誌も多彩である。

まずは一九三一年（昭和六）である。同年三月『旅と伝説』第四年第三月号に発表した「峡の里の話」は、「下里村の民譚の第二集として其の後知り得た加西郡の村々の話を述べて見よう」［赤松　一九三一a：三五頁］といい、一三本の伝説・昔話を紹介する。翌一九三一年四月『民俗学』第三巻第四号に発表した「兵庫県下里村の民俗」も、「兵庫県加西郡下里村の民俗に就いて、思ひ出すまゝに若干報告したい」［赤松　一九三一b：四二頁］といい、「結婚の諸様式」を記録する。

赤松が「峡の里の話」を発表した『民俗学』は、岡村千秋（一八八四‐一九四一）編集による岡書院からの発行である。一九二九年（昭和四）七月創刊、一九三三年（昭和八）一二月第五巻第一二号で廃刊した折口信夫（一八八七－一九五三）主宰の学術誌であった。柳田国男主宰の一九二五年（大正一四）一一月創刊、一九二九年（昭和四）四月第四巻第三号廃刊の岡村千秋編『民族』（岡書院）の後継誌とされるが、柳田は不参加であった。『民俗学』『民族』とも、この時期、民俗学の中心的学術誌であるが、「一国民俗学」的論考のみならず人類学的論考も多い。岡村千秋は、柳田国男と姻戚関係にあり、一九一〇年代から三〇年代にかけて、読売新聞社・博文館への勤務のかたわら、柳田主宰の学術誌『郷土研究』・「炉辺叢書」シリーズをはじめ多くの民俗学・人類学関係書籍の出版にたずさわり、出版事業の側面から民俗学・人類学の展開を支えた［岡正雄 一九五八：二九六－二九八頁］。また、岡書院は、その社主岡茂雄（一八九四－一九八九）が民族学者岡正雄（一八九八－一九八二）の兄でもあり、人文科学書の出版社であった。

一九三二年（昭和七）では、同年五月『俚俗と民譚』第一巻第四号に発表した「兵庫県加西郡下里村気象に関する俗信」が、気象と自然をめぐる俗信についての、四〇項目におよぶ調査報告を行なう。これまた、その末尾に「以上は私の記憶と、これまでの蒐集と、外祖父佐伯由太郎氏の教示と、加西郡誌を参照したものである」［赤松 一九三二a：一一頁］と記す。これも外祖父からの聞き書きをふまえている。

赤松による俗信についての調査報告は少ないので、最初の二項目を紹介しておこう。

1　西が焼けると天気で、東が焼けると雨になる。

但しこれは朝焼、夕焼共にであるとする者と、夕焼のみであるとする者がある。又東が焼けるのも早く消えると雨であるが、長らく焼けてゐると日和《ひより》であるといふ者もある。

2　日暮にブトが多く出ると翌日は雨
これは広く信じられてゐる。ブトといふのは牛小屋や牛の尻によくたかつてゐる小さい虫である。

〔赤松 一九三二a：八頁〕

項目1の夕焼けと夕映えの俗信は、全国的伝承でもあるので、知っている者も多かろう。項目2のブトは、東日本ではブヨと呼ばれる。動物だけではなく人間も刺す。草むらにも多く生息し、梅雨時から夏季の草刈り後などは拡散し、特に下半身には注意が必要である。蚊よりもかゆみは強い。

『俚俗と民譚』は、民俗学者中道等《なかみちひとし》（一八九二‐一九六八）が神奈川県川崎市の福原清八（？‐？）を「編輯兼発行人」として単美社という出版社から発行した口承文芸研究雑誌である。管見の限りでは、一九三二年（昭和七）一月創刊号を刊行、翌一九三三年（昭和八）一〇月第一四号までその存在を確認することができる。各号三〇頁前後の小冊子であるが、主な執筆者として、柳田国男、フィールドワーカーとしてすぐれた民俗誌を叙述、漁業民俗研究を展開した桜田勝徳《かつのり》（一九〇三‐七七）、青森県の小井川潤次郎（一八八八‐一九七四）、民具学・木地師《きじし》研究の高橋文太郎（一九〇三‐四八）などがいる。

この『俚俗と民譚』には、赤松が晩年『非常民の民俗文化――生活民俗と差別昔話』（一九八六）に再録した一九三二年（昭和七）一一月第一巻第一〇号発表の「「もぐらの嫁探し」に就《つい》て」〔脱稿年月日一九三二年一一月一〇日〕[*5]をも発表している。これは、赤松が「もぐらの嫁探し」、被差別部落をめぐる悲恋伝承を、階級制温存のための物語であると主張するものであったが、『俚俗と民譚』誌のなかで、赤松を含め四人の投稿者が投稿をリレーし、それぞれの知見を披露した。そのなかには南方熊楠《みなかたくまぐす》（一八六七‐一九四一）もいた。その投稿を順番に記しておきたい。

(1)一九三二年（昭和七）六月 第一巻第五号 中里龍雄「朝鮮民譚 もぐらの嫁探し」

(2)一九三二年（昭和七）一〇月 第一巻第九号 南方熊楠「もぐらの嫁探し」

(3)一九三二年（昭和七）一一月 第一巻第一〇号 栗山一夫（赤松啓介）「「もぐらの嫁探し」に就て」

(4)一九三三年（昭和八）九月 第一三号 村田鈴城「「もくら《（ママ）》の嫁探し」に就て」

一九三二年（昭和七）の赤松は、故郷下里村の方言についての調査報告をも行なう。同年七月『兵庫県民俗資料』第三輯に発表した「下里村方言雑記」は、その冒頭は、「県下加西郡下里村地方の方言の内他国では珍らしいと思ふものを扱いて簡単に説明しようと思ひます」［赤松 一九三二b：一三二頁］からはじめ、あいうえお順に単語を並列しその語義を紹介する。「方言」についての赤松のまとまった調査報告も、他にみることができないので、これも最初の二項目のみ紹介しておこう。

アイクル は敵手《アヒテ》になるといふ意味であるが嘲弄の気分が多分に含まれてゐる言葉であります。

アサッパラ 早朝 朝早くといふ意味であります。 ［赤松 一九三二b：一三三頁］

「方言」の語義を簡潔に説明した調査報告であった。

『兵庫県民俗資料』は、兵庫県庁に勤務しつつ民俗学研究をすすめた太田陸郎《ろくろう》（一八九六‐一九四二）が中心となり組織した兵庫県民俗研究会の機関誌である。一九三〇年代、太田は、大阪の開業医でもあった沢田四郎作《しろさく》（一八九九‐一九七一）とともに近畿地方民俗学界をリードした。太田は沢田などとともに、一九三六年（昭和一一）二月近畿民俗刊行会を組織（のち近畿民俗学会と改称）、『近畿民俗』

を創刊、翌一九三七年（昭和一二）五月まで第二巻第二号（通巻八号）を刊行している（のち一九四九年二月『近畿民俗』復刊）〔沢田 一九五八：三九二‐三九三頁〕。『兵庫県民俗資料』は、一九三二年（昭和七）五月創刊、三年後の一九三五年（昭和一〇）一〇月第一八輯をもって廃刊した。

一九三三年（昭和八）一月『旅と伝説』第六年新年号（婚姻習俗号）は、「各地の婚姻習俗」調査報告集であった。青森県から沖縄本島・宮古・八重山まで、さらには、アイヌ・台湾・朝鮮を含め、各地から合計五六本の婚姻儀礼の調査報告が寄せられた。たとえば、内田武志「秋田県鹿角郡宮川村地方」、佐々木喜《き》善《ぜん》「岩手県地方」、高木誠一「福島県岩城郡地方」、土橋里木「山梨県上九一色村地方」、宮本常一「山口県大島」、山口麻太郎「壱岐国」、能田太郎「熊本県玉名郡地方」、早川孝太郎「鹿児島県坊の津附近」、比《ひ》嘉《が》春《しゅん》潮《ちょう》「沖縄本島」などである。そのなかに、赤松の調査報告「兵庫県加古川町」もあった。そのタイトルは「兵庫県加古川町」であるが、ここでも、「故郷のことは忘れ勝ちでも、尚、他地方より記憶に鮮明である。殊に私には妹の結婚に「親代り」として参列したこともあるので」〔赤松 一九三三a：一〇六頁〕、故郷の婚姻儀礼を報告したという。

一九三三年（昭和八）の赤松は、童謡についての調査報告をも行なう。同年三月『播磨』第三巻第二号に発表した「加西郡童謡集㈠」は、「加西郡の童謡の蒐集を企図してゐます」〔赤松 一九三三b：四頁〕からはじめ、その二つ目は、外祖父佐伯由太郎からの聞き書きによる「下里村西笠原」であり、そこで紹介されるのは「月の童謡」である。

『播磨』は、一九三二年（昭和七）一一月創刊、兵庫県の考古学者浅田芳朗（一九〇九‐？）が主宰した兵庫県をフィールドとする地域研究誌である。管見の限りでは、一九三四年（昭和九）一一月の第三巻第六号（通巻一五号）まで、その存在を確認することができる。「編輯兼発行人」となったのは、赤松の親友、兵庫県の詩人・民俗学者玉岡松一郎（一九一三－？）である。なお、赤松のこの「加西郡童謡集㈠」は㈠とあるが、㈡以降の連載はない。あとでみる、赤松の一度目の検挙により、中断された可能性が高い。

赤松が「加西郡童謡集㈠」に紹介した外祖父からの「月の童謡」の一番のみを紹介しておこう。

お月さんなんぼ十三七つ
まだ年わかいな
若い屋の門で
油一ぱいこぼいて
酢屋の門で
酢一ぱいこぼいて
油屋の犬と酢屋の犬と
けと〱ねぶつた

［赤松 一九三三b：七頁］

この「月の童謡」は、二年後の一九三五年（昭和一〇）四月・五月・七月『ドルメン』第四巻第四号・第五号・第七号の三回にわたって連載し、柳田国男の周圏論を否定、周圏論については社会経済的要因を考慮すべきであり、周圏論では説明できない「区画的分布」が濃厚に存在すると主張する論考「播磨に分布せる月の童謡に就て」へと展開する研究対象でもあった。

民俗学への出発点に立った赤松は、故郷下里村を強調した。明確な研究対象が設定されていたのではなく、故郷下里村の民俗事象を手あたりしだい、中央の、また、故郷の学界誌に、調査報告として投稿していた。いまここに紹介した「民譚」「結婚」「俗信」「方言」「婚姻」「童謡」をとりあげてみても、そこに統一性があるとは言いがたい。強いていえば、儀礼・口承文芸など、民俗学のうちでも民間信仰につながる消費的側面が多いという特徴をあげることができ、一度目の検挙後にみることにできる、農業・産業の民俗事象、生産的側面への注目は稀薄である。

赤松の考古学への出発は、民俗学に遅れること一年、一九三二年（昭和七）の短報からである。同年三月『人類学雑誌』第四七巻第三号に発表した「河内四条村中垣内の貝塚」、同年五月『考古学雑誌』第二二巻第三号に発表した「庖丁形石槨に就いて」である。これまた民俗学と同じく、調査報告であり、分析的論考・理論的論考ではない。

独学による模索の時代であった。修業の時代であったということもできる。しかし、赤松がこれら多岐にわたる調査報告をくりかえしたことは、その調査研究の基礎を形成するうえで不可欠でもあった。民俗学のみならずフィールドワークによる研究は、フィールドワークによる内容を、記録（文字・図版・表・写真など）し資料とすることが基本となる。フィールドワークによる新たな認識の転換を、適切な表現方法を選択、資料化し、論証のための根拠としなければならない。それが実践できなければ、そもそも民俗学徒として論考を構成することなどできない。

若き民俗学徒、赤松啓介の多岐にわたる調査報告の投稿は、その学問の基礎となった。あるいは、その基礎を獲得するための修行であったと考えることもできる。そして、これらの調査報告は、すべて本名の「栗山一夫」による。より正確にいえば、このあと述べるように、一九三三年（昭和八）三月五日の一度目の検挙までの論考はすべて本名の「栗山一夫」である。一度目の検挙を経て、「栗山一夫」ははじめて「赤松啓介」へと昇華する。

2　マルクス主義文化運動の民俗学

『新興教育』創刊号――マルクス主義文化運動との出会い

赤松は、調査報告を重ねることによって、フィールドワークとその記録の基礎を獲得した。しかし、故郷からの調査報告をくりかえすこの若き民俗学徒には、いまだ、そのフィールドワークと執筆に、研究目的も方法論もなかった。故郷の民俗事象を他者に知らしめているだけであった。

それを大きく転換させ、そのフィールドワークに目的と論理による骨格を与え、研究のレベルにまで昇華させたのが、マルクス主義文化運動との出会いであった。

> 書店で『新興教育』創刊号を買ったが、おそらくは参考書にするつもりだったと思う。これがプロレタリア文化運動との最初の接触であり、以後の私の人生コースを変えることになった。いままでに郷土研究に興味を持ち、社会運動に関心をもったといっても、それはまだ内部で燃焼していたにとどまる。『新興教育』一冊はまさに外部へ驀走《ばくそう》する跳躍台となった。
>
> 〔赤松 一九七三a：二四五頁〕

偶然であったようである。『新興教育』創刊号を買った。「おそらくは参考書にするつもりだったと思う」というのは、「文検」受験勉強のための参考書にしようとしたということであろう。しかし、それが、赤松における転換点となった。

『新興教育』とはどのような雑誌であったのであろうか。

『新興教育』は、一九三〇年（昭和五）八月一九日設立の新興教育研究所機関誌として、同年九月に創刊された。新興教育研究所は、教員組合結成への運動とプロレタリア教育学研究機関設立運動が合体して、教育学者山下徳治（一八九二‐一九六五）などが中心となり結成された。山下は、プロ科（プロレタリア科学研究所）の教育問題担当者であり、新興教育研究所はプロ科に所属した［土屋一九七五：四‐五頁］［柿沼 一九八一：七二、一〇二‐一〇七頁］。

プロ科は、一九二九年（昭和四）一〇月結成、雑誌『プロレタリア科学』を創刊するなどマルクス主義的研究活動を行ない、一九三三年（昭和八）までその活動を継続した民間学術団体である。一九二八年（昭和三）三月結成のナップ（ＮＡＰＦ。全日本無産者芸術連盟）に所属し、ナップが一九三一年（昭和六）一一月コップ（ＫＯＰＦ。日本プロレタリア文化連盟）に再編されるとコップに所属した。

赤松も読んだであろう、一九三〇年（昭和五）九月『新興教育』創刊号、巻頭の「新興教育研究所創立宣言」（一九三〇年八月一九日）は、次のようにはじまる。

欧洲大戦以後世界の諸情勢は急速に進展した。今や世界はたゞ一つの希望に向つて動いてゐる！

［新興教育研究所 一九三〇：二頁］

「欧洲大戦」とは第一次世界大戦（一九一四‐一八）、「諸情勢は急速に進展」とは一九一七年（大正六）ロシア革命また一九二九年（昭和四）にはじまる世界恐慌を意味するといってよいだろう。「たゞ一つの希望」とはプロレタリア革命であろう。

次のようにもいう。

> 新社会の建設、それが歴史的必然として、新興階級の出現によりて可能にされし限り、階級的大衆運動によりてのみ実践的に闘ひとらるべきである。たゞその故にこそ彼等にとつての顚落の危機は、新興階級の輝ける勝利の日の近いことを約束するものである。
>
> ［新興教育研究所 一九三〇：二頁］

誰がどのように読もうと、プロレタリア革命を目的としているとしか読むことのできない文章である。

この創刊号は初版四〇〇〇部がまたたくまに売り切れ好評であった。しかし、早くも、その第三号（一九三〇年一一月）は発売禁止処分となる［土屋 一九七五：五‐六頁］［柿沼 一九八一：一〇九頁］。その後、新興教育研究所は、『新興教育』一九三一年（昭和六）三月号に「「新興教育研究所」の目的・任務について」を発表、新興教育研究所は合法的文化団体であり、『新興教育』も啓蒙雑誌としての性格を持たせると宣言する。しかし、弾圧はくりかえされ、活版印刷による合法出版『新興教育』発刊の最後は一九三二年（昭和七）四月号、孔版による非合法出版を継続するが、それも翌一九三三年（昭和八）六月号をもって廃刊する。新興教育研究所の解消は同年八月であった［柿沼 一九八一：一一八‐一一九、一三二、一三六頁］。

赤松は、この『新興教育』を直接購読、それとともに、新興教育研究所の大阪府在住教育者の会合にも参加する。一九三二年（昭和七）五月一五日、犬養毅（一八五五‐一九三二）総理大臣が殺害された五・一五事件も、この会合のときに知ったという。そして、この『新興教育』を通して、プロ科に加入、さらに、新興教育研究所と同じくプロ科所属の戦無（日本戦闘的無神論者同盟）に参加する［赤松一九七三a：二四五‐二四七頁〕〔赤松 一九七〇：二四頁〕〔赤松 一九八〇a：二三頁〕〔岩田編 二〇〇〇b：四八四頁〕。赤松の二度目の検挙により神戸地方裁判所が一九四〇年（昭和一五）一一月一五日付で作成した「予審終結決定」によれば、赤松のプロ科加入は一九三一年（昭和六）七月から八月ごろ、戦無への参加は同年一一月であった〔岩田編 二〇〇四：八二三頁〕。

　戦無は、一九三一年（昭和六）から一九三三年（昭和八）にかけて、唯物論的視点から反宗教運動を行なった文化運動組織である。それを弾圧する内務省警保局・司法省刑事局は、日本共産党の「外郭団体」と位置づけていた。『特高月報 昭和八年一月分』の「プロレタリア文化運動の状況」のなかの「戦無第二回全国大会と其の運動」は、「客年（一九三二年―引用者）七月以来警視庁に於て同盟内の党竝に同盟フラクション検挙に著手したる為め、遂に昨年中に於ては第二回大会を開催するに至らず終りし処（中略）、愈々一月二十五日築地小劇場に於て第二回全国大会を開催すべく伝単を各所に貼布したるも当日に至り参会者少なく遂に流会となれり」〔内務省警保局保安課編 一九三三：二六頁〕と記す。ここでいう「同盟」とは一九三三年（昭和八）一月、プロ科を改編したプロレタリア科学者同盟、「党」とは日本共産党のことである。戦無の活動実態については不明な点が多い。弾圧のなかで、その実質的活動は多くはなかったと推測されるが、あとでみるように、赤松はこの戦無大阪支部に所属し、精力的な実践を行なっている。

「唄にも階級性がある」――階級的視点による論理の構築

一九三〇年（昭和五）九月『新興教育』創刊号を手にした赤松は、翌一九三一年（昭和六）から徐々にマルクス主義文化運動へ加わるようになる。といっても、それは治安維持法により非合法下にあった日本共産党そのものではない。その「外郭団体」、合法組織による合法運動への参加である。

マルクス主義文化運動への参加は、故郷の民俗事象の調査報告から出発した赤松に、階級的視点を与える。そして、それが論理的思考・分析的論考を生み出させる。

晩年の赤松自身の回想によれば、その最初の論考は、一九三一年（昭和六）五月『民俗学』第三巻第五号に発表した「村の記録」であったという[*6]［岩田編 二〇〇〇b：四八四頁］。とはいっても、この「村の記録」も故郷下里村がフィールドである。内容的には、金石文、道標・神社境内碑・仏教供養塔の悉《しっ》皆《かい》調査であり、銘文を逐一紹介するとともに、それらの形態・年代別数量を集計し、それらをこの地域の社会経済的発展と関連づけるものであった。

下里村の金石文が享保年間（一七一六‐三六）から徐々に増加し、文化（一八〇四‐一八）・文政（一八一八‐三〇）年間から急増し、様式も多様化するという。そして、それを「地主階級」の成長であるとして、次のようにいう。

> 崩壊期封建社会に於ける早期資本主義の農村への進出は目覚ましく「田地永代の売買可為停止事《ちょうじさすべきこと》」と云つても兼併の激増は如何とも出来なくて地主階級は弥々《いよいよ》富裕となり所謂旦那衆の地位が強固となつた。故に各字に特権である姓を有する者が自己の富力に任せて奉納したものが増加して来てゐる。
>
> ［赤松 一九三一c：四二頁］

この「村の記録」は、金石文の悉皆調査に基づき、その集計をもって、「地主階級」の社会経済的発展であると帰納する。論調もおだやかである。

これに対して、一九三一年（昭和六）の赤松は、これまた故郷下里村をフィールドとしつつ、階級的視点を前面に押し出した論考をも発表する。それが、同年七月『旅と伝説』第四年八月号に発表した「子守唄の一考察」である。次のようにはじまる。

「唄は世につれ」る。同時に唄にも階級性がある。誇らしき高き教養は必然現実の生活から遊離した高踏的な精神的なものを欲する。だが田園の下層にうごめく子守には現実の生活以外には視野を拡大することが出来ない。故に子守唄の歌ふ範囲は極めて狭いものである。

［赤松 一九三一d：五七頁］

しかし、子守唄は抵抗でなく、逃避にすぎないという。また、子守は、細井和喜蔵（一八九七‐一九二五）『女工哀史』（一九二五）のえがく女工と同じ階層出身であり、苦しみを唄う子守唄と女工唄との間には共通性があるという。

たとえば、赤松は次の子守唄を紹介する。

〽西のはてから東のはてへ
　うたてまはるは守の役
〽守のつらいはばんげと朝と
　雨の降る日と風ふきと
〽守のつらいのは霜月師走
　雪はちら〳〵子はなくし

［赤松 一九三一d：五九頁］

「この唄を歌つてゐる子守達は兵庫県加西郡下里村に住んでゐる」［赤松 一九三一d：六二頁］。これまた故郷下里村がフィールドであった。

語調はいずれも七・七・七・五調である。

細井の『女工哀史』がその附録「女工小唄」で紹介するものに次のようなものがある。

　こゝの会社は女郎屋と同じ
　　顔で飯食ふ女郎ばかり。
　親のない子は泣き泣き育つ
　　親は草葉のかげで泣く。
　うちさ行き度《た》いあの山越えて
　　行けば妹《いも》もある親もある。

［細井 一九五四：三四五頁］

語調はいずれも七・七・七・五調である。

その同じ七・七・七・五調が示すように、子守唄と「女工小唄」との間には共通性があろう。しかし、赤松の紹介する子守唄と、細井の紹介する「女工小唄」とでは、唄の文句は異なる。それらにおける共通性を確認することはできない。

赤松は次のように結論づける。

　子守は農村の衰退から姿を消さうとしてゐること、子守を出した農民層が近代的子守「女工」を送り出し女工が階級戦に於いて重要な役割を遂行せんとしてゐる。

［赤松 一九三一d：六二頁］

これも厳密にいえば、論証されていなかった。フィールドワークによる調査報告に基づき、そこからの資料により議論を組み立てる赤松らしからぬ論考である。観念的な階級闘争的言辞のひとり歩きということもできる。

それでも、赤松のマルクス主義文化運動への参加は、その学問にとって飛躍であった。階級的視点を獲得しただけではない。それは、赤松をして、故郷からの調査報告を一歩前進させ、分析と結論を導きだすための論理性を獲得させ、論考としての骨格を与えるようになっている。

「今や旧き社会は崩壊過程にある」――階級闘争的言辞による論理の分裂

マルクス主義文化運動に参加するようになったばかりの一九三一年（昭和六）から一九三二年（昭和七）にかけての赤松には、階級闘争的言辞の機械的適用が多い。すでにみた『新興教育』創刊号「新興教育研究所創立宣言」のように、それがこの時期の一般的表現、流行ともいえ、赤松に限ったものではないが、資料の積み重ねによる論証を欠いた断定といわざるを得ない論考もある。

たとえば、一九三二年（昭和七）九月『兵庫県民俗資料』第五輯に発表した「民譚の、或る考察」（脱稿年月日一九三二年八月七日）と、同年一一月『郷土風景』第一巻第九号に発表した「民俗学の、ある吟味」（脱稿年月日一九三二年九月一二日）はその典型例といってよいだろう。

「民譚の、或る考察」は次のようにはじまる。

> 今や旧き社会は崩壊過程にある。新らしいもの、力強い渤興《（勃興）》は全面的に確保されつつある。それは他人のことでなくして自分のことであり、昨日のことでなくして今日のことである。私は旧きものへの追憶よりも、限りなき前進を思ふ。民譚は再批判、再認識されねばならぬ。それは正に必然

だ。［赤松 一九三一e：一頁］

昔話・伝説のとらえなおしの提唱である。みずからの立ち位置を鮮明に打ち出しているともいえるが、そのために、このようなマルクス主義的言辞が必要であろうか。

赤松が分析するのは、これも故郷下里村に伝承され、祖母からの聞き書きによる、信心爺さん・不信心爺さんの昔話であった。佐々木喜善[*7]（一八八六‐一九三三）『聴耳草紙《ききみみぞうし》』（一九三一）に類話があるという。それは一三三番「神様と二人の爺々」である。

信心爺さんが、不信心爺さんを誘って鎮守の祭に行き参る。ところが、いつのまにか、不信心爺さんがいない。しかたなく、信心爺さんは帰ると、不信心爺さんは、いつものように、草履作りをしていた。不信心爺さんがいうには、「お前と一緒に神様を拝んで居たら神様が、これをお前にやるから大事にして持つて行けといつた」。もらった小袋をみると、大判小判がたくさん入っていた。信心爺さんが、神様に向かって、「俺れがこれ程信心してゐるのに何ともくれないであんな無信心な人にお金をくれるなんて」と恨むと、神様は、「お前の前世は雀で何時もおハネ米を取つて食つたし、あの爺の前世は牛で此社を建てる時に汗を流して材木を曳いてくれたのだ。それでお金を授けた」といったという。［赤松 一九三一e：一頁］

神様が、前世で汗水たらして働いた牛であったという不信心爺さんに、黄金を授ける昔話であった。

赤松は、この信心爺さん・不信心爺さんの昔話を、大判・小判への憧憬が、「崩壊期封建社会」から「渤興《（勃興）》期資本主義社会」にかけて語られたためであるといい、前世仏教的因縁譚は、民衆にその不幸を「前世の因縁であるとあきらめさせる」ため「支配階級」の作為であるという。そして、「私達は民譚の分布が単に興味からだとか何とかから散布したのだと考へてはならぬ。僧侶、山伏、巫女、商人等々に対する政治的統制は、やがて民譚に於ける支配階級の権力の反映を結果することは極めて当然である」と結論づける［赤松 一九三二e：三、八頁］。

「民譚の、或る考察」は、昔話の内容と伝播を、社会経済的要因と階級支配によって説明しようとする。昔話研究を、このような視点によって明らかにしようとすることじたいは、論者が選択する研究視点として問題はない。しかし、問題は、その研究視点が、論証をともなわず、そのまま結論となる点にあった。マルクス主義的思考の言葉によるひとり歩きであった。

もうひとつの「民俗学の、ある吟味」は、民俗学徒の多くが現実社会から乖離していると批判する。

> では何故それが現世から超越してゐるか。それはそうした民俗学の対象が現在に採集されたといふことを忘れてゐるからである。現在にまで残存してゐるといふことは、残存し得る理由がなければならない。それは直ちにこれは徳川時代の或は中世のこうした行事の残存だと独断し、現在に於けるそれらの役割といふ様なものを究めようとしないことにある。（中略）それが若し現在に残つてゐるとすれば、現代に於て、何かの役割を果たしてゐるに相違ない。それをよくも考へずに、直ちに以て現在に無意味な前代の残存物であると考へる処に大きな欠陥が待つてゐるのだ。
>
> ［赤松 一九三二f：一二頁］

民俗学徒は、採集した民俗事象を過去の「残存」と考える。中世また近世的存在の「残存」と考え、それによって歴史事象の復原が可能であるという。しかし、赤松は、民俗学徒はなぜ現在に「残存」があるのか、現在における「残存」の社会的機能を考慮しない、と批判する。

この時期、柳田国男はその民俗学の二つの概論書、『民間伝承論』（一九三四）・『郷土生活の研究法』（一九三五）を刊行し、その体系を整備する。この二著は、その研究対象と民俗事象の分類を整理するが、そのなかで、柳田民俗学がその中心的資料として提案したのが、この「残存」であった。たとえば、『民間伝承論』第一章「一国民俗学」の五「フォクロアの内容」では、「我々の間に於ては毎日の生活事実が、尚現前に過去を物語つて居る。之を取残され或は残留 survival と名《なづ》け、はた持続 vestiges と呼ぶのには、余りにも多量の昔風が、我々を囲繞《いじょう》し、又自分たちの内にも潜んで居る」「是ほどにも容易に過去を解する資料が、整備し得る状態は他に望むことが出来ない」［柳田 一九三四：二五 - 二六頁］といい、現代生活に残る「残留」（survival）・「持続」（vestiges）こそが「過去」を示す資料になるという。「残留」（survival）・「持続」（vestiges）とは、赤松のいう「残存」と同じである。

確かに、赤松の批判するように、柳田民俗学および柳田系民俗学は、この「残存」がなぜ「残存」しているのか、その「残存」が果たす現在の社会的機能を無視している。柳田民俗学および柳田系民俗学は、過去を推定するためにのみ「残存」を利用するにすぎなかった。「残存」を過去への遡及のみで利用し、その現在的機能を理解しようとしない柳田民俗学および柳田系民俗学への赤松の批判は、確かにその通りであろう。さらに、赤松は、盆踊りを例として、かつては猥雑であるとして忌避された盆踊りが、近年、逆に奨励されるようになってきているといい、その理由を解くことが重要であるという。これまた、民俗事象の現在的機能を重視する的確な指摘であろう。

しかし、それに続く議論は、民俗学徒における階級分裂であった。「現実の社会は資本主義社会であり正にその崩壊せんとする第三期である」［赤松 一九三二f：一四頁］ので、民俗学には二つの方向性があるという。一つはプロレタリアートによるそれであり、もう一つはブルジョアジーおよびその影響下にある「中間層」によるそれである。後者はファシズムの温床であるともいう。

> 一つは現在の漠然たる態度から覚醒して弁証法的唯物論を正確に把握し、従って実践的にはプロレタリア文化運動の一として民俗学を展開せしめ、理論的には「独立した科学」としての民俗学でなくて「歴史的分科学」の一としての民俗学として協力を為すのであり、一はその漠然たる態度を、特に「祖国日本的」なものに結集し、従って理論的には余分に「独立性」を高唱し、或は民俗学的事象の独立性、独自性を過大評価し、故に実践的には国民主義となり、現段階に於ては容易にファツシヨ的支柱となるものである。［赤松　一九三一f：二一〇‐二一一頁］

赤松は前者に展望を見いだす。

> 真に進歩的なものだけが、プロレタリアートと共に鉄火の中に鍛え上げられて、ブルジョア民俗学の廃墟の上に新しき民俗学を再建設するだろう。［赤松　一九三一f：二一一頁］

「民俗学の、ある吟味」は、柳田民俗学および柳田系民俗学が民俗事象の現在的意味をとらえていないことへの批判が前半であった。これは的確である。しかし、後半では、その批判とは異なる論理的次元で、民俗学の階級性を論じ、さらに、プロレタリア文化運動としての民俗学への展望、あるいは願望を説く。前者と後者とでは、議論の内容が異なる。そうであるにもかかわらず、前者における具体的レベルでの批判が、後者における赤松の思想の吐露、プロレタリア民俗学[*8]の提唱へと接合されている。論理の飛躍であった。

「生産的民謡が古い民謡の姿なのである」――労働現場と生産重視

しかし、一九三二年（昭和七）の赤松は、このようなマルクス主義的言辞の観念的適用のみを氾濫させていたわけではない。マルクス主義的思考によりつつ、論理的整合性をもった論考をも発表する。一九三二年（昭和七）一一月『兵庫県民俗資料』第七輯に発表した「民謡随想」〔脱稿年月日一九三二年一一月二八日〕は、その代表例といってよいだろう。

「民謡随想」は、「大げさに云へば正に民謡時代である」〔赤松 一九三二g：一二頁〕からはじまる。民俗事象としての民謡が滅びつつあるなかで、創作民謡が流行、氾濫しているという。赤松はそれを次のように整理する。

> 現在の流行民謡小唄は何処に基礎があるかを考へて見るとカフヱーと蓄音機と夜店と映画である。これでは如何に大家の作であつても結局はそれを意識すると否とにかゝはらずそうした場所にしか通用しないものになるより他は仕方がない。故に常に流れ動く、換言すれば浮気な愛誦層に基礎を持つ民謡が次々に登場しては消えて行くものも当然である。これを難しくいふなら消費的民謡が現在の創作民謡なのである。〔赤松 一九三二g：一四頁〕

新しい創作民謡は、都市文化の流行として存在する。それは「消費的民謡」にほかならないという。あたかも、現代歌謡が、ラジオ・テレビ・映画・インターネットのなか、経済的価値を持たされ、消費生活のなかに存在することを、先どりするような指摘であった。

これに対して、民俗事象としての民謡については、次のようにいう。

> 古い民謡がねばり強く残つてゐるのは唄ふ人がこれが民謡だと考へてもゐないで、唯唄ふからウタ、

なのだと思つてゐるからである。それは唄が仕事とピッタリ結合してゐるから別に更《あらた》めて考へて見る必要はなかつたのだ。恐らく仕事自身がその唄を産んだのが一番最初の形であり他の唄が都市からの流行唄などが仕事に合ふ節調に変へられて用ひられる様になつたのは余程後からであらう。

これを言ひ改めるならば生産的民謡が古い民謡の姿なのである。

〔赤松 一九三二g：一四頁〕〔傍点—原文〕

元唄が都市から流入した流行唄であったとしても、民俗事象としての民謡こそが、仕事と結合する「生産的民謡」であるという。

都市文化における創作民謡を「消費的民謡」とするいっぽうで、民俗事象としての民謡を「生産的民謡」とする。続けて、仕事こそが節を決定し、仕事と唄とを完全に一致させるともいう。消費に対して生産を重視するマルクス主義を、民謡評価に適用している。

そして、大阪中央郵便局でのみずからの労働体験に基づいているのであろう。繁忙期における郵便局員の高歌放吟を紹介する。

関西地方では年末年首で激烈になると郵便局から放歌高吟が聞えて来る。黙々とやつてゐたのでは能率が一寸《ちっと》もあがらないから廃止しようと云ひながら、卑劣なものだけは歌はぬ様にして呉れと希望して許可するから面白い。各自のお国の唄を「廻し唄ひ」をやる時が面白いが元来が統制が目的であるから良い声のが一人唄ふと囃《（囃子）》を合唱するといふのが良い。〔中略〕此処では丹波篠山のデカンシヨが一番よく唄はれてゐる。見ない方には判り難いがヨーイ〱デカンシヨの囃《（囃子）》でするり〱と葉書が箱へ飛び込むこと、例へば前の臼が一人で廻るのと同じである。しかしその節は本場の人達が定めてゐるのとは似もやらぬものである。

［赤松 一九三一g：一六頁］

年末年始の繁忙期、関西地方の郵便局からは、高歌放吟、囃子に合わせて、仕分け作業が行なわれている。出郷者が多いためであろう、それぞれの故郷の唄と囃子に合わせることもあるが、デカンショ節に合わせて調子よく作業をすすめている。

確かに、赤松がここで表現するように、「ヨーイ ヨーイ デカンショ」に合わせて、郵便物を仕分け箱に放り込めば、作業も楽しく能率的であろう。その労働風景が目に浮かぶようである。ただ、本場丹波篠山のデカンショ節とは、節がもはや異なるという。その労働内容とともに、都会の労働現場へと、その唄の場が変化しているからであった。

「民謡随想」は、都市労働者としての赤松みずからをも「生産的民謡」のなかに位置づけた論考であった。消費ではなく生産、あるいは、生産力の重視、マルクス主義的思考の基本である。それが、民謡分析を課題とするこの論考において、論理の飛躍もなく、みずからの労働体験にも裏打ちされ提出されている。故郷下里村からその民俗学を出発させた赤松は、マルクス主義文化運動との出会いにより、その学問を、みずからの労働現場に即して提出するようにもなっていた。

赤松の民俗学が、マルクス主義文化運動を通過し、その労働者としての生活と連続性をもって存在するようになっている。その論考がこの「民謡随想」であった。

「この地が経済都市大阪の背後にあり」——現実社会のなかでのフィールドワーク

『新興教育』をきっかけに、マルクス主義文化運動に参加するようになった赤松が、もっとも精力的であったのは、戦無での活動である。反宗教活動に興味を惹かれたという。「反体制運動の自壊」（一九七〇年）では、「当時ぼくは民俗学が面白くて民間信仰、俗信などを調べていたので、すぐそっちの方へ鞍替えした」といい、戦無出版物を紹介、戦無大阪支部発行の『反宗パンフ』第九輯「天神祭」・第一〇輯「神様の出征」は赤松の執筆であったと回想している［赤松 一九七〇：二四、二九頁］。それは、仏教寺院・神社・小祠のみならず多様な新宗教施設までをも含めた、民間信仰調査報告として結実する。

そのひとつは、一九三二年（昭和七）九月『旅と伝説』第五年九月号に発表した「二上山附近の民間信仰調査報告」であり、大阪府・奈良県にまたがる二上山地域の民間信仰調査報告である。壺井八幡宮（大阪府羽曳野市壺井）をはじめ仏教寺院、さらには、修験道行場《ぎょうば》・小祠・地蔵までをもひとつひとつ紹介する。そして、昭和恐慌下、病気・貧困により困窮する小市民・労働者農民がすがるのが、このような民間信仰であるという。

　何故なら既に医療を受けることの出来ない彼等にはこの道より他にないし、働いても〳〵どうすることも出来ない生活苦は開運を期待するより外に方法があらうか。故にそれは高い理論的な信仰——或は支持——によるのでなくて、原始的、功利的な思想によるのだ。

［赤松 一九三二h：一九頁］

赤松にとって問題であったのは、一九三〇年代前半の昭和恐慌下、庶民の困窮だけではなかった。困窮するにもかかわらず、階級闘争へと向かわず、救済を求めて民間信仰に没入する庶民の姿であった。

もうひとつ、そしてより徹底していたのが、一九三二年（昭和七）一〇月・一一月『民俗学』第四巻第一〇号・一一号に連載した「大阪及び附近民間信仰調査報告 その一 生駒山及び附近行場の調査」〔脱稿年月日一九三二年九月一〇日〕、一九三三年（昭和八）五月『旅と伝説』第六年五月号に発表した「生駒山脈に民間信仰を訪ねて」〔脱稿年月日一九三三年一月二五日〕などによる、生駒山地域の民間信仰調査報告であった。[*9] 後者については、赤松の一度目の検挙が、一九三三年（昭和八）三月五日であるので、原稿脱稿は検挙の四〇日前である。

大阪府・奈良県にまたがる生駒山地域は広域である。赤松のこの生駒山地域民間信仰調査を、その山頂・山麓・谷筋など地域ごとに分け、神社・寺院・小祠・行場・新宗教施設を網羅する悉皆調査として行なう。一九三一年（昭和六）五月九日生駒山を縦走し最初の調査を実施、同年中の予備調査を経て、翌一九三二年（昭和七）一月二八日から一二月一八日まで本調査を行なった。それは、「信者となり、又信者と交り信仰に就いて、その生活状態に就いて、教育状態、一般社会に対する理解、信仰の契機、行場の機能等々」に対する調査であった〔赤松 一九三三c：四一頁〕。大阪中央郵便局での勤務のあいま、休日を利用しての調査であったことであろう。信者に化けて新宗教施設に入り込み、二年間をかけての徹底したフィールドワークであった。

この民間信仰調査の成果、「大阪及び附近民間信仰調査報告 その一 生駒山及び附近行場の調査」は、奈良県側からはじめ、一「生駒町」で生駒山を象徴する宝山寺《ほうざんじ》（真言律宗。「聖天《しょうてん》さん」）、二「生駒山奈良方面」で宝山寺以外の民間信仰施設、次に大阪府側に移り、三「額田谷」・四「辻子谷」で生駒山北西麓の民間信仰施設、五「瓢簞《ひょうたん》山稲荷神社」・六「石切劔箭《いしきりつるぎや》神社」で代表的神社の民間信仰の実態を紹介する。また、「生駒山脈に民間信仰を訪ねて」では、一「星田地区」・二「日下地区」・三「生駒地区」・四「辻子《ずし》地区」・五「額田地区」・六「枚岡地区」・七「高安地区」・八「元山上地区」・九「信貴《しぎ》地区」・一〇「堅上地区」、一〇地区に分け、生駒山地域全域を網羅する。概括的紹介にとどまるが、この地域の民間信仰の全容が明らかにされている。**図2**は、赤松が作成、このなかで示したその概念図「生駒山脈地帯略図」である。この図をみるだけでも、北は星田妙見（大阪府交野市星田）から南は信貴山まで、その調査が生駒山地域全域におよぶことがわかる。なお、この**図2**のなかに数多い×印は、水行場を示す。生駒山地域の民間信仰の特徴は、この水行場による修行であった。

　赤松の生駒山地域におけるフィールドワークが、いかに徹底し、すぐれた調査報告であったのかは、五〇年後の一九八〇年代前半、近畿地方の宗教社会学者たち、宗教社会学の会が、赤松の調査報告を導きの糸として共同調査を行なったことにもあらわれている。赤松の成果を先駆的仕事として評価、それの追跡調査ともいえる悉皆調査を行ない、その成果として『生駒の神々――現代都市の民俗宗教』（一九八五）を発表している［宗教社会学の会編　一九八五：i‐iii頁］。

　たとえば、赤松は、生駒山西麓、大阪府側の腫物の神様、病気治癒の神様として知られる、石切劔箭神社（大阪府東大阪市東石切町）について、「大軌線石切駅（現近鉄奈良線石切駅・引用者）から神社前の両側にはまじない、易、姓名鑑定、土産物、うどん食堂、薬草店等が列んでゐる」［赤松　一九三二ｊ：四九頁］として、石切劔箭神社をめぐる民間信仰の特徴である、「まじない」「易」「薬草店」を指摘する。それとともに、赤松は、石切駅から石切劔箭神社までの参道の「石切劔箭神社参道略図」を載せ、その概念図において、多くの「まじない」と散在する「姓名鑑定」「薬草店」の状態を示す［赤松　一九三二ｊ：五〇頁］。また、石切劔箭神社の参詣の特徴は、鳥居前の「百度石」と拝殿前を往復する

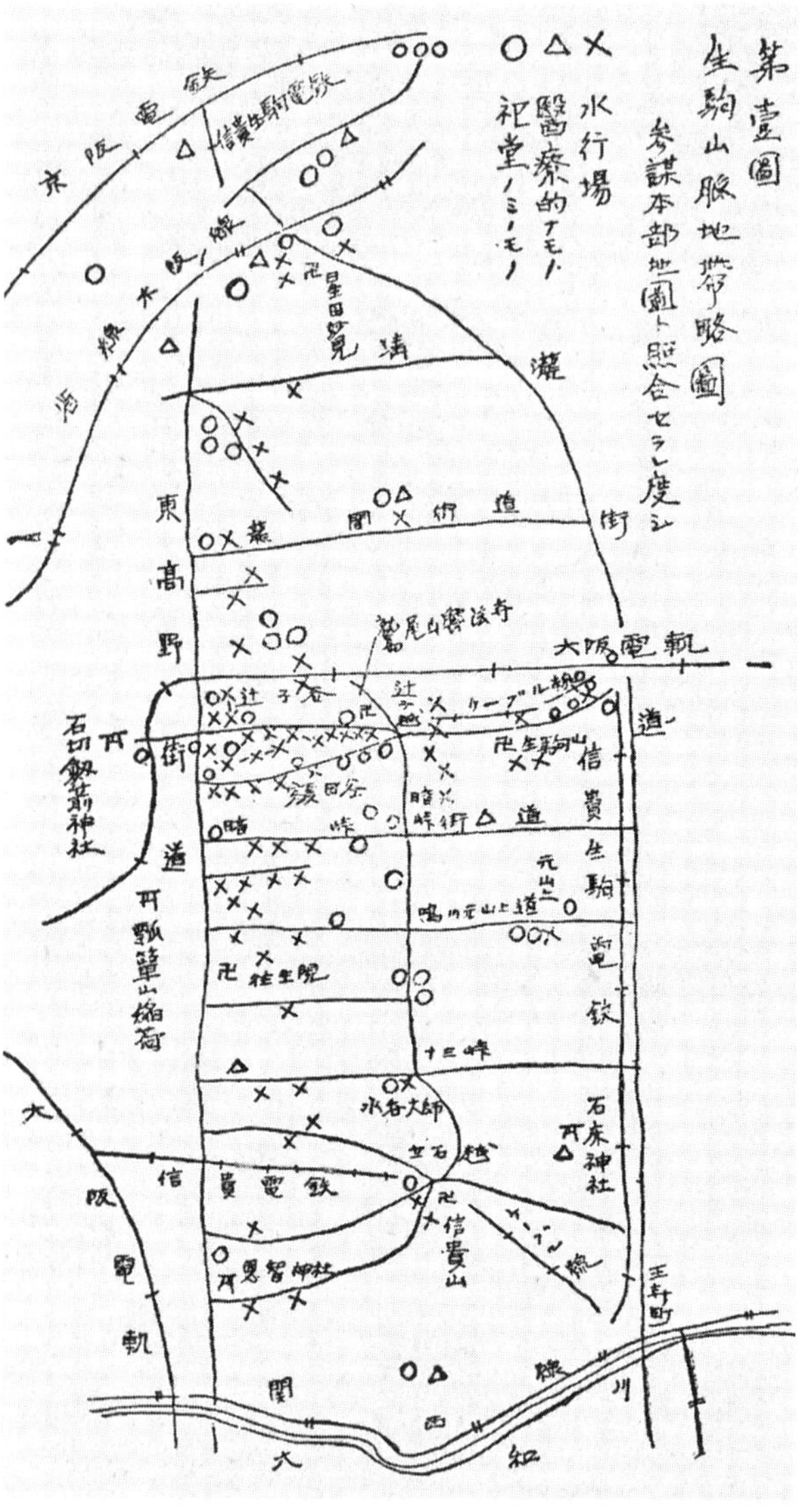

図２　生駒山脈地帯略図［赤松 1933c:43］

「お百度」であるが、それについても、「鳥居の前の百度石と社前の間を呪文を誦じつ、廻つてゐる者がある」と記す［赤松 一九三二j：四九頁］。

これについて、『生駒の神々――現代都市の民俗宗教』は、三「デンボの神様――石切神社」のなかで、石切劔箭神社参道には、「占い屋」「祈禱屋」が多く「漢方薬」店があると指摘する。石切劔箭神社境内でも、ときには、数十人もの人びとが「お百度」を行なっているという［宗教社会学の会編 一九八五：一〇三‐一〇六頁］。赤松の調査から八五年以上、宗教社会学の会の調査から三五年以上が経過した現在でも、この石切劔箭神社参道の状態と「お百度」は継続する。参道には、個人商店とともに、各種の占いが立ち並び、二、三人の女性が連れ立って入る姿を多く見ることができる。若い女性も多い。石切劔箭神社境内では、拝殿前と鳥居前の百度石の間を往復し、「お百度」をふむ老若男女が多い。

赤松が、このような、生駒山地域全域の民間信仰をめぐる悉皆調査を行なうにあたり、もっとも重視したのは、それが大都市大阪近郊にあるということであった。特に、それを一九一〇年代以降の経済発展にともなう、大阪の拡大と関連させる。たとえば、「聖天さん」（大聖歓喜天。宝山寺の本尊は不動明王であるが秘仏とされる歓喜聖天への信仰が現在でも強い）として知られる宝山寺について、次のようにいう。

> 大阪及び附近の道路石標に依つて窺ふも徳川時代中期以降に於いて信貴山と共に民間信仰の中心であつたことは知ることが出来る。だが徳川時代にはまだ信貴山の方が上位にあつたらしく考へられる。それが現在の如く一ヶ年三百万余の賽客を索引するようになり日本でも有数の地となつたのはこの地が経済都市大阪の背後にあり、大阪電気軌道が生駒山腹を貫いて直通したことが最も重大な

原因である。［赤松 一九三一ｉ：五八‐五九頁］

生駒山腹を貫いた大阪電気軌道とは、現在の近鉄奈良線のことであり、一九一四年（大正三）大阪上本町―奈良間が全通している。生駒山麓から宝山寺を結ぶ生駒ケーブル（生駒鋼索線）鳥居前―宝山寺間開通は一九一八年（大正七）であった。

また、次のようにもいう。

> 大阪市が飛躍的に発展するにつれて附近の歓楽街は、次第に都塵の犯す処となつてしまつたので主として中流ブルジョアはその精力の避け口を清新な郊外に求めつゝ、あつた。それには生駒が距離に於いて時間に於いて、適応してゐたのである。（中略）急速に旅館料理屋席貸を主とする歓楽街として発展したのはこの為である。宝山寺の本尊は不動明王であつて歓喜天ではないのであるが「生駒の聖天さん」として知られてゐる様に歓喜天が民間信仰に於いては重要な役割を務めてゐるのである。この歓喜天の信仰のみでは勿論今日の盛況を見ることは出来なかつたのであるが、これが歓楽街と結合したところに基礎がある。両々相待つて善男善女の賽銭が生駒町を支持してゐるのである。そしてその殆んど全部が大阪市民であることは云ふまでもない。［赤松 一九三一ｉ：五九頁］

なぜ、宝山寺、生駒の「聖天さん」への現世利益的信仰が大流行するのか。それを、同時代の社会経済的状況、また、地理的環境を把握したうえで説明している。すでにみたように、赤松は「民俗学の、ある吟味」で現実社会から乖離した民俗学徒を批判していた。その批判に沿うかのように、赤松みずからのフィールドワークと研究は、あくまで現実社会のなかでの現象把握であった。

「こうした下級宗教的なものに搦められる」——現実社会の理解と矛盾の摘出

生駒山地域の民間信仰の特徴として、赤松が重視するのは、水行場であった。自然地形による、また、人工的な滝を造営し、そこで水行を行なうのである。

赤松によれば、水行場とそれに付随する籠り堂兼療養所としての堂舎が、生駒山地域には数多くあり、それが修験道系・仏教系、多様な新宗教施設によって維持され、庶民信仰を集めているという。

赤松がそこで見たものは、数多くの病人であった。

> 行場は一種の病気療養所の観を呈してゐることは見逃せない事実である。
>
> ［赤松 一九三二j：五三頁］

中・長期滞在者が多いともいう。

> これらの堂舎を訪ねると教師や世話人の他に必ず顔色の鮮やかでない病人に接する。何れも痔、肺病、心臓病、精神病、皮膚病、子宮病、胃腸、脚気など慢性的なものが多く医療を受けることが出来ず又受けても永続することが出来ず迷信的な治療或は安価な売薬に依頼し重患となるや遂に精神的治療——云ふが如くならば——を志して訪れて来てゐるのである。平均四、五週間滞在の者が多い様だが長きは半ヶ年に渉る者もあつた。滞在の療養者は滝にうたれる以外には堂舎の掃除等を手伝つてゐる。大阪や堺を主とし稀には随分遠い田舎から来てゐる者もあるが紹介者はやはり大阪、堺の市民である。これらの人達が幸か不幸か病気が軽快するとか沈静するとこれを「現世利益」の実践的効果——所謂霊験——と確信し信仰を固め更に親族知己に宣伝するのである。
>
> ［赤松 一九三二j：五三-五四頁］

医療から見放された病人が、水行場で滝にうたれ療養していた。それが、生駒山地域における新宗教の温床になっているという。それは狂信的でさえあり、「恐慌の深刻化と共に益々増大」していると指摘する［赤松　一九三三c：四一頁］。

赤松はその見聞として、次のような例をいう。

> 向ふ三軒両隣を滅亡させて自分の家一戸だけ富裕になるといふ恐ろしい非人間的な修法、神様がのりうつるのだと称して病娘を犯す教師、それをそのまゝ信じて疑はない本人や家族、教師相互間の醜悪な対立、はり、やいと、神水、祈禱等々のインチキ医療、徳川期の巫女を思はす女教師等々。私の耳に聞いた噂だけでも慄然たるものがある。［赤松　一九三三c：四二頁］

良心的な宗教者、適切な療法もあったことであろう。しかし、宗教とはいえない不適切な行為、不適切な医療、それらも多いという。「教師、真面目な人もあるがインチキも多い。神道などでは教師の称号を売買したりするらしい」とも指摘する［赤松　一九三三c：五一頁］。しかし、たとえ「インチキ」であっても、生駒山地域の民間信仰では、それが現実であった。[*10] 赤松は、みずからが生駒山地域でみたこの現実を次のように整理する。

信者には「下層の小市民が最多数」であり「中小商工者」「水商売」も多い［赤松　一九三三c：五一頁］。彼らが、生駒山地域の民間信仰に殺到するのは、資本主義社会の動揺が原因である。

> 政治的経済的影響、資本主義社会の没落に面して民衆が依拠する処を知らず、混迷の結果容易にこうした下級宗教的なものに搦められる。（中略）そしてかゝる事実は資本主義社会の基礎がこれによつて強固になりつゝあるのを証するのでなくて反対に苦悶の表情なのである。

〔赤松　一九三三c：五〇頁〕

赤松が生駒山地域の民間信仰を通してみたものは、昭和恐慌下、困窮する庶民であった。しかし、赤松は、その彼らがその困窮によって社会変革へ向かうのではなく、民間信仰・新宗教に救済を求めていると考える。赤松は、階級矛盾によって社会をとらえようとした。しかし、被支配階級にあったのは、階級闘争に向かうのではなく、民間信仰・新宗教に惑溺する姿であった。矛盾は階級闘争としてではなく、宗教への救済心として表出していた。

戦無におけるマルクス主義文化運動として、赤松は生駒山地域に潜入した。それは、高学歴者の多いエリート党員、コミンテルンを権威とする職業革命家とは異なる行動様式であった。赤松がそこでみたものは、プロレタリア革命とは無関係、天と地ほどの開きのある庶民であった。赤松は絶望感を覚えたかもしれない。しかし、もはやこの時点の赤松には、内容空疎な階級闘争的言辞のひとり歩きはない。「ヨーイ ヨーイ デカンショ」に合わせて、郵便物を仕分け箱に放り込む、大阪中央郵便局員として働く経験も、このような現実理解の手助けになっていたかもしれない。

現実を知るなかで、やがて、それを基盤とした、赤松民俗学が本格的に花ひらくことになる。現実をリアルに見据えつつ、マルクス主義文化運動に、また、研究活動に従事する。しかし、それは公式的な階級闘争からの逸脱となる。現実のなかにいるほどに、また、現実を知るほどに、それらが階級闘争から遠い地点にあることを認識せざるを得なかったことであろう。

このような現実認識に基づいているのであろう、赤松は、庶民の啓蒙を重視するようになる。それは、その民俗学においても同様であった。

一九三三年（昭和八）三月『旅と伝説』第六年三月号に発表した「『旅と伝説』の任務に関して」〔脱稿年月日一九三三年一月三日〕は、はじめての啓蒙重視の調査研究組織論とでもいうべき論考である。この論考も、その脱稿年月日から判断して、その一度目の検挙、同年三月五日から、わずか二ヶ月前の執筆である。

「『旅と伝説』の任務に関して」は、研究雑誌論の形式をとる。多くの研究雑誌・趣味的雑誌が氾濫する状況を批判しつつ、中央に専門研究雑誌として一誌（たとえば『民俗学』）、啓蒙一般雑誌として一誌（たとえば『旅と伝説』）、そして、各地域に地域民俗研究を軸とする研究雑誌があればよいという。庶民の啓蒙雑誌として『旅と伝説』の意義は大きく、『旅と伝説』こそが、庶民へ民俗学を開放しこの学問のすそ野を拡大する機能を果たすべきであるという。なぜならば、民俗学は、「一般大衆から浮き上つた存在であつた。一般大衆の協力を最も必要とする民俗学がこんな事態では進展しないのが当然である」「この時代の状勢では、民族学《（民俗学）》の発展の為に趣味的な、或は学術的な雑誌が必要だつたのでなくて、先づ基礎となるべき研究者、支持者を結集する大衆的な雑誌が必要だつたのである」〔赤松　一九三三d：八八頁〕。

そして、赤松は、従来の民俗学では民俗学徒が労働者農民から資料を「採集」してきたが、新しい民俗学は、労働者農民みずからが資料を「採集」し報告するべきであるとする。『旅と伝説』は、そのための啓蒙一般雑誌として機能するべきであり、それにより、無限大の読者層を開拓するとともに、膨大な資料の蓄積に役立つという。

> 開拓すべき読者層は何処にある！　それは現在本誌が支持者とする小市民等中間層に比す可《べ》くもない巨大なものである。即ち労働者農民である。今までの資料の採集にしても報告にしても、小市民及び中間層の研究者が、労働者及び農民の間を馳せ廻つて集めて来たものである。（中略）それを巨大な未開拓層であり又資料の貯蓄層である彼等労働者農民自身から、直接に採集報告される様になつたとしたら民俗学の進歩発展は今日と同月の談ではない。　［赤松　一九三三d：九一頁］

研究者が調査者として資料収集するのではなく、「労働者農民自身」を調査者、資料「採集」者とするべきであるという提案であった。

一九三三年（昭和八）一〇月『俚俗と民譚』第一四号に発表した「郷土研究の組織的大衆化の問題」も、このような調査研究論を徹底、再論したものであった。脱稿年月日の記載はなく、その発表が一九三三年（昭和八）一〇月であるために、執筆は同年三月五日の一度目の検挙後であった可能性もあるが、マルクス主義文化運動に参加するなかで、一九三三年（昭和八）までに赤松が獲得した調査研究論の総論とでもいうべき論考である。

赤松は、この「郷土研究の組織的大衆化の問題」でも、従来の民俗学は庶民およびその生活から分離し、庶民が伝承する「残存」がなぜ現代に「残存」するのか、その理由を問おうとしないと批判する。赤松は、従来の民俗学が、この「残存」が存在することの現在的意味を無視するために、おのずと庶民生活から乖離し、その困窮の原因をとらえることができなくなっているという。

> 農民に就いての、又一般社会状勢に関する正確な知識をも持たない採取者に正確な採取が可能だと思はれるだらうか？ 言葉の上で「常民」などと変な新造語を使つたり、農民生活の皮相的知識を誇つても何もならぬ。米が如何にして作られるかを知らなかつ《（ママ）》ても何故農民が困窮するかを知つてゐる者の方がより良き採取の指導者たり得る。採取されるべきものは郷土人の生活に礎基《（基礎）》を置いて要求されるものでなければならぬ。
>
> ［赤松 一九三三e：九頁］

柳田の造語「常民」が、現実から乖離していることへの批判でもあった。確かに、柳田民俗学および柳田系民俗学の民俗事象の収集は、民俗事象そのものではなく、言葉、民俗語彙を基準とし、農民生活の現実と乖離している。

そのうえでの赤松の提案は、「『旅と伝説』の任務に関して」と同じように、生活のなかでの調査、「採取」であり、庶民みずからが調査者となり資料を「採取」することであった。

> 私達は他地方へ採取に行くよりもまづ採取すべき地方——未開拓地方に研究者を作ることが第一である。（中略）個人的野心に充ちた醜悪な採取は何等の価値を持たぬ。天才的な一人の採取者が放浪的採取をやる時代はもう過ぎた。今は大衆自らが必要の為に採取する時を迎へてゐる。
>
> ［赤松 一九三三e：一〇頁］

赤松にとって、庶民への民俗学の啓蒙、それは単に、民俗学の一般的普及を目ざしたのではない。伝承者自身をして、調査者であり資料報告者たらしめようとする、調査研究組織論でもあった。赤松とても学界・学会そのものを否定していたわけではなかろう。しかし、民俗学のように、庶民生活を研究対象とし、それを研究資料とする学問であるならば、学界・学会を重視するのではなく、その庶民自身を研究者として育成するべきであるという論理は、確かに理にかなっている。

特に、柳田民俗学および柳田系民俗学が、その研究は庶民を対象とするとうたいながら、やがて、一九三五年（昭和一〇）九月民間伝承の会（⇒一九四九年四月日本民俗学会）などにより、柳田国男を頂点とする柳田学閥を形成したことを考えると、赤松が、庶民を対象とする民俗学は啓蒙と庶民自身を研究者とし、その学問を拡大するべきであるとしたことは、適切な民俗学の論理であった。

赤松は、マルクス主義者としては、専従の職業革命家、エリート党員ではなかった。それのみならず、通常の民俗学からも逸脱していた。それは、柳田民俗学を学術的に否定したことのみにあるのではない。柳田のような学閥のトップが支配する学界・学会、そのような学問の枠組の否定であるとともに、庶民に即した民俗学の構想でもあった。

「検挙年月日」「昭八、三、五」——全協弾圧による一度目の検挙

マルクス主義文化運動とも連動させながら、民俗学徒として立った赤松啓介であった。しかし、その赤松に中断を余儀なくさせる事件が起こる。

一九三三年（昭和八）三月五日、全協（日本労働組合全国協議会）加盟の大阪中央郵便局労働組合弾圧による検挙である。一度目の検挙であった。赤松は、一九〇九年（明治四二）三月四日生まれであるから、満二四歳の誕生日の翌日である。

内務省警保局保安課編『特高月報 昭和十五年二月分』によれば、赤松は、翌四月に釈放され不起訴となる［内務省警保局保安課編 一九四〇a：八頁］。

この大阪中央郵便局員検挙は、内務省警保局編『社会運動の状況　昭和八年』によっても確認することができる。内務省警保局・司法省刑事局は、この検挙を、全協中央委員会および傘下の産業別組合弾圧のひとつとして行なった。全協は、一九二八年（昭和三）四月一〇日結社禁止の日本労働組合評議会の後継として、同年一二月二五日プロフィンテルン（モスクワに本部を置く赤色労働組合インターナショナルの通称）加盟労働組合として発足、日本共産党の影響下にあった。

内務省警保局・司法省刑事局は全協を日本共産党の「外郭団体」として位置づける。特に、一九三二年（昭和七）九月全協第一回中央委員会が、同年六月二八日日本共産党がコミンテルン指導のもとで採用した三二年テーゼ（日本に於ける情勢と日本共産党の任務に関するテーゼ）を採用、行動綱領として「帝国主義戦争反対のための闘争」「ソヴエート同盟のプロレタリアートと同胞的接近を得る為めの闘争」「天皇制打倒の為めの闘争」を決定すると、全協は「外郭団体」としてのみならず、「国体」変革を目的とする「結社」とされる。全協はこの指針のもとで、翌一九三三年（昭和八）二月二七日第一五回中央委員会まで活動を継続するが、内務省警保局・司法省刑事局は、この第一五回中央委員会参加者を検挙、これを手はじめに、全協構成者に対する徹底的な弾圧を行なう［内務省警保局編　一九三四：一八三、一八五‐一八九頁］［大竹　一九三四：五五‐六八頁］［奥平　一九七七：一二四‐一二五頁］。全協は一九三四年（昭和九）末までには自然消滅したとされる。『社会運動の状況　昭和八年』の「日本労働組合全国協議会関係検挙者調（自昭和八年一月一日至同十二月末日）」によれば、一九三三年（昭和八）、日本全国で全協構成者の検挙人数は四五三七人であった。うち起訴人数は五四三人（一二・〇％）、これに対して釈放人数は三五二二人（七七・六％）であった（他は取調中など）［内務省警保局編　一九三四：

三〇〇‐三〇三頁］。

表2にみるように、一九三三年（昭和八）は、治安維持法違反容疑による検挙人数が最大の一万四六二二人を数えた年である（起訴人数も最高の一二八五人）。仮に、この年に検挙された全協構成者四五三七人全員を治安維持法違反容疑としたばあい、この年の治安維持法違反容疑検挙人数一万四六二二人から算出した割合は、三一・〇％となる。全協構成者が三分の一弱を占めている。

表2　治安維持法違反「左翼」検挙・起訴人数・割合

	検挙人数	起訴人数	起訴割合（%）
1928年（昭和3）	3,426	525	15.3
1929年（昭和4）	4,942	339	6.9
1930年（昭和5）	6,124	461	7.5
1931年（昭和6）	10,422	307	2.9
1932年（昭和7）	13,938	646	4.6
1933年（昭和8）	14,622	1,285	8.8
1934年（昭和9）	3,994	496	12.4
1935年（昭和10）	1,718	113	6.6
1936年（昭和11）	1,207	97	8.0
1937年（昭和12）	1,292	210	16.3
1938年（昭和13）	789	237	30.0
1939年（昭和14）	389	163	41.9
1940年（昭和15）	713	128	18.0
1941年（昭和16）	849	205	24.1
1942年（昭和17）	332	217	65.4
1943年（昭和18）	87	18	20.7
合計	64,844	5,447	8.4

＊奥平編［1973：646-649］「治安維持法違反事件年度別処理人員表」より作成。原表は「左翼」「独立」「宗教」に分類されているが、ここでは「左翼」のみを取り出した。起訴割合は、特定の個人をとりあげたばあい、検挙の年と起訴の年が一致しないばあいが多いが、便宜的に各年の数字により割合を算出した。

この内務省警保局・司法省刑事局による全協弾圧、そのうちの「官公衙」のなかに、赤松の勤務する大阪中央郵便局もあった。大阪中央郵便局は、「所属産別組合名」が「日本一般使用人組合[*11]」、「組織確立年月日」が「昭八、一、――」、「検挙年月日」が「昭八、三、五」、「メンバー内訳」が「総数」「二」であった。そして、「党員」「同盟員」は「――」、「全協員」が「二」であった［内務省警保局編　一九三四：二七三頁］。

『社会運動の状況　昭和八年』が記す全協

弾圧には、本名栗山一夫、筆名赤松啓介は登場しない。しかし、彼が勤務した大阪中央郵便局員検挙は、一九三三年（昭和八）三月五日、メンバー数二人、この二人を全協構成者とする。この二人のうちのひとりが赤松であったのであろう。わずか二人の大阪中央郵便局全協構成者であった。内務省警保局・司法省刑事局の弾圧は最末端にまで及んだ。ただし、彼ら二人は、日本共産党員（「党員」）・日本共産青年同盟（「同盟員」）の部分では「――」であり、それらの構成者ではなかった。

　赤松は、この一度目の検挙では、他の多くの全協構成者と同じく不起訴、翌四月には釈放される。しかし、一九二九年（昭和四）一一月一日から三年余勤務した大阪中央郵便局員を解職となる［岩田編二〇〇四：八三四 - 八三五頁］。

　正確にいえば、赤松の一度目の検挙が、どの法律違反容疑であったのかを確認することはできない。治安維持法違反容疑であったと考えられるが、その検束は行政執行法適用、治安維持法とともに機能した、政治・思想犯弾圧法規によった可能性もある。赤松によれば、一九三九年（昭和一四）一一月八日の二度目の検挙では、起訴までの間、この行政執行法により一年間留置施設に拘留されている［赤松一九六七：四一 - 四二頁］。

　行政執行法は、一九〇〇年（明治三三）六月二日「法律」第八四号として公布（一九四八年廃止）、警察による「泥酔者」「瘋癲者」「自殺ヲ企ツル者」などへの保護検束・予防検束を規定していた［『法令全書』］。司法権の承認を必要としないため、行政権つまりは内務省警保局のもとにある特高警察（特別高等警察）・警察署が検束を必要であると判断すれば、検束を可能とした。検束期間は検束日の翌日日没までとされたが、継続的な検束も多く、実質的な思想・政治犯弾圧立法としても機能した［奥平一九七六：二八四‐二八六頁〕。

「留置場見学を強制された」――留置施設でのフィールドワーク

この一度目の検挙について、赤松の「反戦回想録」は、次のように回想する。

> 一九三三（昭和八）年　弾圧の中で中郵（大阪中央郵便局―引用者）を最後まで温存させるよう努力し、文化運動に限定するようにしたが一部の者が党のデモに出て検挙、三月に私も検挙せられた。しかしプロ科関係と全協日本通労関係にとどめ、他は一切関係しないと否認、テロは当然だが、他の証拠もなく、七月頃に釈放になった。〔岩田編 二〇〇四：四八六頁〕

この「反戦回想録」によっても、その検挙がどのような法律違反であったのか、明確にはならない。また、大阪中央郵便局員からの検挙がわずか二人であったという事実からすれば、その活動実績は微々たるものであり、赤松が回想する「弾圧の中で中郵を最後まで温存させるよう努力し」という表現はやや大げさであろう。

赤松は、治安維持法がその違反として規定する「国体」の変革、「私有財産制度」の否認を目的とする「結社」、日本共産党員でもなく日本共産青年同盟員でもなかった。内務省警保局・司法省刑事局がその「結社」の「外郭団体」と位置づける組織、全協とプロ科の末端に属しているにすぎない。検挙後も帰郷を条件に釈放された。[*12]

なお、この「反戦回想録」では釈放は「七月頃」といい、「わが心の自叙伝」でも、「最初の検挙は組合関係にくいとめたので、三月《みつき》ばかりで田舎に帰るのを条件に釈放され」〔赤松 一九七三a：二四九頁〕

といい約三ヶ月間の拘留であったと回想するが、釈放は『特高月報』による四月、約一ヶ月余の拘留が正確であろう[*13]。

赤松が『民俗学』に投稿し、その一部分が、一九三三年（昭和八）一一月第五巻第一一号に「お船玉さま（留置場にて採集せる話）」として掲載された短報がある［赤松 一九三三f：三八頁］。これは、赤松が「留置場で聞いた話」という全七話の俗信・隠語についての短報を投稿し、そのうちの第五話のみが別タイトル「お船玉さま（留置場にて採集せる話）」として掲載されたものであった。その自筆原稿はその末尾に「一九三三・五・二五」と記す［岩田編 一九九八：四四四-四五二、七一三-七一六頁］。この事実から推定して、「反戦回想録」による七月釈放ではなく、また、「わが心の自叙伝」による約三ヶ月間の拘留でもなく、『特高月報』による四月釈放が正確であり、その後、この「留置場で聞いた話」を書き一九三三年（昭和八）五月二五日に脱稿したと考えておきたい。留置施設で原稿用紙に原稿を書いたとは考えられないからである。

不起訴であったこともあろう、この時点での赤松にはゆとりがある。「留置場で聞いた話」はユーモラスでさえある。その冒頭は次のようにいう。

> 最近ある人間が、希望したわけではなかつたが留置場見学を強制された。が幸か不幸かこの人間は民俗学に興味を持つてゐたので「雀百まで」の諺に洩れず誰でも入れる様でさて入れないし、入ると一寸出ると手軽にもいかぬ処へ入つたを幸に資料の蒐集に懸命だつたらしい。期間は思つたより短かつたがそれでも普通の犯罪者に比すると長かつたし、見学の留置場が裁判所送りの人が毎晩出入する処だつたので非常に好都合だつたらしい。その人達は再犯以上の経験者が多く前刑の受刑地

が各地方に跨つてゐたから、座ながらにして留置場や刑務所の全国的な状態を豊富に知り得たそうだ。　〔岩田編 一九九八：四四四頁〕

「最近ある人間」が「希望したわけはなかつたが留置場見学を強制された」というが、いうまでもなく、これは赤松自身である。たとえば、その第二話。

前科のある経験者は草履やわらじを作るのが甚だ巧妙である。これは話の種も毎日のことでは尽きるし「新入り」もないと自然にたいくつになつて来るので草履を作る様になる——が藁で作るのではない。鼻紙だけは貰へるので、それを「こより」にして編むのである。小さい物を作る程上手なのであるが、どんなに小さくても鼻緒など細部の点まで相違がない。そしてこれは唯単にたいくつしのぎに作られるのみでなく「草履やわらじを履いて出る」といふので、これを懐中にしてゐると早く出られるといふ俗信があるからだ。又、こうした場所で作つて持つて出た草履やわらじは難産の時に妊婦の頭上に置くと胎児が早く出るといふ俗信が一般社会にもあるので、その希望があるといふ。　〔岩田編 一九九八：四四五頁〕〔傍点‐原文〕

留置施設製作のミニチュア草履・わらじをめぐる、「早く出る」ための俗信であった。

留置施設での見聞を整理し原稿としている。治安維持法違反容疑（あるいは行政執行法による拘留）者が、留置施設でフィールドワークを行なっていた。赤松ならではの実践であった。

「外郭団体」――全協・プロ科・戦無

それでは、この一九三三年（昭和八）三月五日赤松の一度目の検挙、マルクス主義文化運動を行なう赤松の思想犯としてのその性格は、どのようなものであったのであろう。

いまみたように、全協とプロ科での活動が、赤松の検挙の理由であった。しかし、全協にせよプロ科にせよ、これらは治安維持法違反の対象としての「結社」日本共産党そのものではない。内務省警保局・司法省刑事局の位置づけはその「外郭団体」である。

六年後の一九三九年（昭和一四）一一月八日赤松の二度目の検挙に際して、神戸地方裁判所が、一九四〇年（昭和一五）一一月一五日付で作成した「予審終結決定」が記録する、一度目の検挙までの「外郭団体」における赤松のマルクス主義文化運動は、次のようなものであった。

予審とは、一九四七年（昭和二二）廃止され現行法制度にはないが、一九四〇年（昭和一五）時点では存在した。刑事訴訟法が制度化する、裁判官による公判前の非公開の取調のことである。手続き上は、この予審の内容により、公判に付すかどうかが決定された。

第一　昭和六年七、八月頃大阪市内ニ於テ党ノ外郭団体タルプロレタリア科学研究所（略称プロ科）ニ加盟シ其ノ後同七年二月頃安宅雅夫ヲ勧誘シテプロ科ニ加盟セシムル等之カ組織ノ拡大強化ヲ図リ

第二　昭和六年十一月下旬同市内ニ於テ党ノ外郭団体タル日本戦闘的無神論者同盟（略称戦無）ニ加盟シ昭和七年三月前記郵便局内ニ戦無大阪支部中央郵便局班ヲ組織シ同志安宅雅夫等十五、六名ヲ獲得シ爾来《じらい》昭和八年三月中旬ニ至ル迄ノ間月二、三回ノ割ニテ戦無機関紙日本戦闘的無神論

者等ヲテキストトスル研究会等ヲ開催シ同人等ヲ左翼的ニ啓蒙スルト共ニ之カ組織ノ拡大強化ヲ図リ

第三　昭和七年十月頃同市内ニ於テ通称オッサンヨリ日本労働組合全国協議会（略称全協）ニ加盟方ノ勧誘ヲ受クルヤ全協カ党ノ指導下ニ労働者階級ノ日常ノ経済闘争ヲ激発シ之ヲ政治闘争ニ転化セシメテ党ノ目的達成ニ務ムル革命的労働組合ナルコトヲ知リ乍ラ之ニ加盟シ爾来同十一月頃同人等ト共ニ全協日本通信労働組合大阪支部結成ニ努力シ年末闘争等ノ闘争方針ヲ協議スル等之カ組織ノ拡大強化ヲ図リ

第四　昭和八年一月下旬ヨリ同年中旬ニ至ル間数回ニ亘《わた》リ同市内ニ於テ党大阪市委員会北地区赤旗配布責任者岩本某ト定期連絡ヲナシ自己ノ職場ナル前記郵便局ノ労働情勢ノ報告ヲナシ之カ闘争方針ニ付協議シ其ノ間昭和八年一月下旬ノ連絡ヲ際同志安宅雅夫ヲ岩本某ニ紹介シ同人ト定期連絡スルニ至ラシムル等党組織ノ拡大強化ヲ図リ　［岩田編 二〇〇四：八二三 - 八二四頁］

この「予審終結決定」は、赤松を治安維持法違反により起訴することを目的とする公文書であるので、これら「外郭団体」での赤松の活動については、割り引いて理解する必要があろう[*14]。ただし、すくなくとも、赤松が全協とプロ科そして戦無（日本戦闘的無神論者同盟）構成者であることは確実であった。

これを時系列で整理すると、

(1) 一九三一年（昭和六）七・八月頃　プロ科加盟、
(2) 一九三一年（昭和六）一一月下旬　戦無加盟、
(3) 一九三二年（昭和七）一一月　全協日本通信労働組合大阪支部結成、全協加盟、

となる。そして、直接的には、一九三三年（昭和八）三月五日、赤松は内務省警保局・司法省刑事局による全協弾圧、⑶によって一度目の検挙をうけた。赤松のマルクス主義文化運動による一度目の検挙は、治安維持法が規定する「国体」の変革、「私有財産制度」の否認のための「結社」日本共産党員としてではなく、その「外郭団体」構成者としてであった。[*15]

なお、特高警察が非合法「結社」日本共産党員へ残虐な拷問を行なったことはよく知られている。もっとも代表例とされる、岩田義道（一八九八-一九三二）虐殺は一九三二年（昭和七）一一月三日、小林多喜二（一九〇三-三三）虐殺は一九三三年（昭和八）二月二〇日である。赤松検挙直前のできごとであった。また、鍋山貞親（一九〇一-七九）・佐野学（一八九二-一九五三）の「転向」声明公表は同年六月七日である。これは赤松釈放後であった。アジア太平洋戦争敗戦前、最後の日本共産党中央委員袴田里見（一九〇四-九〇）が検挙され、その活動が完全停止するのが一九三五年（昭和一〇）三月四日である。共産主義運動の本体が壊滅させられ、弾圧がその周辺部分へ拡大、「外郭団体」構成者までもが弾圧されるなかに、赤松の一度目の検挙があった。

Ⅱ
実践による総合的地域調査研究者

青年期近影

1　故郷からの「赤松啓介」の地域研究

「自分自身が調査する以外に知る方法はない」——民俗学とフィールドワークの基本

一九三三年（昭和八）三月五日の一度目の検挙は不起訴であった。釈放され帰郷する［赤松 一九七三a：二四九頁］［赤松 一九七七：三頁］［岩田編 二〇〇〇b：四八六頁］。その帰省先は、生地の下里村段下新田ではなく、母の実家の下里村西笠原であった。

赤松は、同年中には、研究を再開する。すでにみた、「留置場で聞いた話」を『民俗学』に投稿したこともそのひとつである。それのみならず、一度目の検挙前、赤松が構想した、啓蒙と組織化を重視する民俗学を本格化させる。

一九三三年（昭和八）八月三〇日、赤松は、私製のフィールドワーク手帳『郷土調査要項 全』を作る。[*16] 次の三項目からはじまる。

一　大衆的組織的調査の確立
二　研究者の相互的共同的研究
三　研究の実践的施行

続けて、次のようにいう。

以上は吾々の目的とする処である。吾々の至る処、闘争の渦が巻き組織の拡大強化がある。歩武堂々郷土研究の分野に高らかな戦塵を上げ革新の狼火《のろし》を揚げる。

日本民俗学研究所
［岩田編　一九九九：四五頁］

手帳のなかの手控えであった。赤松は、この携帯する手帳に、「郷土研究」からの文化運動を宣言している。

これら三項目は、一度目の検挙以前から、赤松が構想してきたその民俗学でもあった。特に、一つ目の啓蒙と組織化を提案する「大衆的組織的調査の確立」は、検挙以前からの赤松の主張であり、釈放後、地域研究に集中しようとする赤松が、みずからのために作成した指針である。「日本民俗学研究所」とは、一九三五年（昭和一〇）前後、実質それは赤松ひとりでありながら、このように名乗ることがあった。

この『郷土調査要項　全』は、その最初だけをみると、勇ましい言葉のひとり歩きともいえるが、内容空疎ではない。三項目の指針のあとは、「徳川期年表」として江戸時代の和暦・西暦対照表からはじめる。続くのは、「年中行事」「方言調査」「童謡調査」「俗信調査」「方言調査」「特殊風習」「石造物調査」の調査項目である［岩田編　一九九九：四五‐六四頁］。啓蒙と組織化によるその民俗学の、具体的調査研究の出発点に、これらの指針をおこうとしている。

一度目の検挙から釈放後、赤松がはじめて執筆した本格的論考は、その刊行は翌一九三四年（昭和九）七月『兵庫県民俗資料』第一四輯であるが、「神戸鷹取山の民間信仰調査」（脱稿年月日一九三三年一〇月二七日）であった。高取山（鷹取山）は、兵庫県神戸市西部、長田区と須磨区の境にそびえる標高三二八m、六甲山系のうちのひとつである。赤松は、この高取山の民間信仰石造物の調査報告を行なっている。生駒山地域で行なったような本格的調査報告は、「信者を捕えて教師を知り、信者になつて、他の信者と仲間良く（ママ）」なり、潜入しなければならず時間がかかるので、石造物調査報告に限定するといい［赤松　一九三四ａ：三三八 - 三三九頁］、神社・祠堂および石造物を網羅的に紹介する。

　その調査について、次のようにいう。

　　当然にも自分自身が調査する以外に知る方法はない。
　　　　　　　　　　　　　　　　［赤松　一九三四ａ：三五八頁］

そして、その民間信仰調査（新宗教調査）項目を、一〇項目にわたり提案する。一「教会」、二「教師」、三「信者」、四「経営」、五「組織」、六「信仰」、七「布教」、八「特殊の信仰」、九「教師の副業的なもの」、一〇「信者の信仰談を殊に注意して聞くこと」。これらについては、それぞれに説明があり、たとえば、六「信仰」は、これを基本的な大項目とすれば、中項目として、「教義、教義以外の俗信仰、動機、以前の信仰、現在の状態」をあげる［赤松　一九三四ａ：三五八頁］。

　生駒山地域での民間信仰調査フィールドワーク、および、それによる調査研究を発表してきた赤松の、経験的調査研究論であり、調査項目案の提出でもあった。啓蒙と組織化を重視するだけではなく、その調査研究内容を具体的に設定するようにもなっていた。そして、その調査項目の立案は、書斎の机上で作成されたものではなく、フィールドワーク経験から導き出された経験的調査項目であった。

　マルクス主義文化運動によって、ときに言葉がひとり歩きし、演繹的な理念が先走るかのようにみえる赤松の民俗学である。しかし、その実際は、それによる理念を設定しつつ、フィールドワーク経験のなかから帰納的に調査研究を行ない、演繹法と帰納法の往復運動をくりかえす、そのような学問である。フィールドワークには試行錯誤は多い。赤松もそれを経験したことであろう。この、みずからの足と手で調査し、資料を作成し、論理を組み立て、さらに、その経験のなかから次なる調査指針と調査項目を確定する、民俗学のみならずフィールドワークによる学問の基本を、赤松は二〇歳代半ば、一九三〇年代半ばにすでに習得し得ている。

　この赤松の調査研究方法の確立について、それを一般的には民俗学者とされる柳田国男・折口信夫と対比してみると、その意義がいっそう鮮明になろう。このような民俗学としてあたりまえのことが、柳田も折口もできなかった。両者ともに、旅行はしたが、みずからのフィールドワークおよびそれによる資料の提示、論考の組み立てはほとんどない。柳田についてみれば、その調査報告といえるものは、せいぜい『後狩詞《のちのかりことばの》記《き》』（一九〇九）・『遠野物語』（一九一〇）にすぎない。後者については、東京の自宅での佐々木喜善からの聞き書きであった。折口については、沖縄・壱岐などでのフィールドノートはあるが、資料としてまとめたものではない。両者ともに、みずからの手で調査を立案、調査項目を立て、それによるみずからのフィールドワークによって資料を作成、そして、その資料に基づいて論考を組み立てたことは一度もない。

　柳田は、たとえば、彼が明らかにしたいと考えた「固有信仰」、折口は「古代」、それらをせいぜい理念型として分析の基準に設定し、それらにあてはまると考える、他者の作成した資料また文献資料を、例示したにすぎない。「固有信仰」「古代」など、彼らが原型的と考えるイメージに、他者による資料また文献資料を並べていった。それが彼らの行なった作業であった。

　しかし、民俗学をはじめフィールドワークによる学問は、フィールドワークで接触する現実社会のなかで、ときに、みずからの認識体系を転換し、その現実社会のなかの事実を集積し資料化し、その意味を解析することが基本的方法である。くりかえされるフィールドワークは肉体的消耗をともなうことも多い。また、フィールドワークのくりかえしのなかで起こる認識体系の転換が、設定する調査項目を修正させ、調査をやり直させることも多い。

赤松は、みずからがフィールドワークによって調査研究し、さらなる調査指針と調査項目を立案し、それによって現実社会を解析しようとする、このような民俗学の基本を、一度目の検挙をはさんだ一九三三年（昭和八）段階において、すでに体験的に習得するようになっている。

「地域研究はまず、自分の住む地域から初めねばならぬ」――地域調査研究方法論

このようなフィールドワークによる学問の基本を体得した赤松であった。そのうえで、下里村に帰郷した赤松は、みずからの帰郷とその研究を合体させる方法論的論考「地域研究を如何にすべきか」〔脱稿年月日一九三三年一一月二七日〕を執筆する。それは、故郷を回転軸とする地域調査研究方法論の提唱であり、赤松のみならず他の地域研究者、民俗学徒にも適応可能な地域研究のための指針とでもいうべき内容であった。

赤松は、この「地域研究を如何にすべきか」の原稿を、当時、交流のあった黒田善治[*17]（佐久達雄・青山和夫。一九〇七‐九七）に託したが未発表となり、五年後の一九三八年（昭和一三）赤松の手元に戻されたままとなり、脱稿当時活字化されなかった〔岩田編 一九九九：八〇、五一四‐五一五頁〕。

この「地域研究を如何にすべきか」は、赤松が「赤松啓介」を使用したはじめての論考でもある。しかし、未発表になったため、赤松が「赤松啓介」を使用しはじめて活字化された文章は、翌一九三四

年（昭和九）八月『歴史科学』第三巻第九号に発表した、短信アンケート回答「諸家に聴く」となった。この「諸家に聴く」は『歴史科学』編集部からの質問に答えるもので、「今後の希望」という質問に対して、赤松は、「研究並びに調査（資料蒐集）の組織的大衆化。資料倉庫をはひ廻るのも笑止だが資料がないとて公式のさび槍をふり廻すのも一段と笑止だ。問題はわれ〴〵のみが正しい資料を科学的組織的に蒐集しうることを考へることによつて解決されるのだ」［赤松 一九三四b：九一頁］といい、マルクス主義の公式的適用の排除と、庶民からの組織的資料収集の重要性をくりかえす。そして、「赤松啓介」によるはじめての活字化された本格的論考は、一九三五年（昭和一〇）一月『歴史科学』第四巻第一号に発表した「郷土研究状勢の展望」（脱稿年月日一九三四年一一月二一日）であった。

赤松による、本名「栗山一夫」から「赤松啓介」への転換は、一度目の検挙後、一九三三年（昭和八）から一九三五年（昭和一〇）にかけて、下里村へ帰郷、新たな地域調査研究方法論を確立するところからはじめられた。

赤松が「赤松啓介」を使用したはじめての論考、この「地域研究を如何にすべきか」は、赤松がくりかえす、庶民の啓蒙と組織化の提案からはじまる。

> われ〴〵の研究は組織的大衆的研究であらねばならぬ。われ〴〵の任務は科学の変へられた独占にあらずして、その組織的大衆化でなければならぬ。現在のプロレタリア科学研究者は単なる研究者であつてはならぬのだ。彼は研究者であると同時に啓蒙的教育者、組織者であらねばならぬ。
> ［岩田編 一九九九：八三頁］

具体的には、この庶民の啓蒙と組織化は、みずからの生活領域、生産現場からの地域研究として提案される。

地域研究はまづ、自分の住む地域から初めねばならぬ。（但し、本稿は小都市、農村の読者を主としてゐるので、大都市の労働者なら職場内で歴史研究会、故郷を語り合ふ会、史蹟めぐり会などを組織したら良いだらう。住居地を中心とするのも勿論悪くはないが職場を基礎とするのが最も良い。だが地方の小都市は大工場でも多少、大都市の大工場とは相違する。即ち、小都市に設けられた大工場はその地方の農村の安価な労働力を吸収することが条件となつてゐるのが多い。従つて労働者も附近農村の出身が多いから地域研究を居住地にしても良い。農村は勿論いふまでもなからう。）

〔岩田編 一九九九：八五頁〕

農村からまた工場から、生産現場からの地域研究の提案であった。そして、この提案は、六つの大項目からなる地域研究として分類される。

一 地理的調査

二 経済的調査 1農業 2工業 3商業 4漁業 5組織

三 文化的調査 1教育 2組織 3その他

四 習俗的調査 1衣服、食物、カフェー料理店、花柳街、生産器具、住居 2宗教的習俗、残存習俗、小作慣行、冠婚葬祭、年中行事、俗信迷信、方言、民謡童謡、民譚伝説、残存的差別観念

五 歴史的調査 1石器時代の遺物はないか 2古墳、経塚はないか 3古文献に記載はないか 4史蹟名勝天然記念物はないか 5城跡、陣屋跡、古戦場はないか 6徳川時代の文献及び収

蔵記録はないか　7神社、寺院、路傍の石製建造物（鳥居、狛犬、手洗石、墓石、一字一石塔、道路案内標石など）の調査　8老人達から明治以後の有様を聞け。その感想を聞け。世間ばなしに耳を傾けよ。

六　政治的調査　1統制機関　2自治機関　3政党

〔岩田編　一九九九：八六‐八八頁〕〔算数字以下の小項目は省略した――引用者〕

地域の総合的把握のために充分な枠組であろう。民俗学的項目は少なく、大正期から各地で行なわれてきた『郡誌』『市町村誌』編纂の内容を参考にしているのではないかとも推測される。ただし、四「習俗的調査」のなかの「カフェー料理店、花柳街」「残存的差別観念」、五「歴史的調査」のなかの8「老人達から明治以後の有様を聞け。その感想を聞け。世間ばなしに耳を傾けよ。」、六「政治的調査」などは、この時期の『郡誌』『市町村誌』にはみることはできない。赤松独自の調査項目案であろう。

「郷土博物館、図書館を作るべきだ」「習俗の組織的改革の基礎」――地域研究からの実践

赤松は、この地域研究を、研究者単独によるものと考えなかった。柳田を「中央に位置し地方の調査報告を搾取」すると批判し、いっぽう、赤松は、「われ〳〵は直接、労働者農民を組織し啓蒙し、それらの資料を組織的科学的に採取」するという〔岩田編　一九九九：九〇‐九一頁〕。そこに生活する庶民がこの地域研究への参加者とされる。

農民による、労働者による、地域研究であった。

赤松は、この地域研究の成果は、三つの実践をともなうべきであるという。

第一には、「郷土史」編纂である。編纂方針として、社会経済的現実の理解に有効性を発揮し、読者の現状把握に役立つこと、そして、そのためには、誰でもが入手できる安価なこと、さらには、マルクス主義的言辞を控えるべきであるという。

常に経済的社会的発展を以つて基礎づけ、過去現在がかくの如くであり、そして将来の進むべき、切り開くべき道をしめさねばならぬ。そしてそれを安価に提供し、それを教程として一層役立てねばならぬ。記述に際しては不用な左翼的或ひは煽動的言辞——理論ではない——は慎しまねばならぬ。何故なら、それによつて大衆を一層切り離すだけであつて、そうした言辞をむきだしにださずとも普通の言葉を以つて書き得るはずであるからだ。

［岩田編 一九九九：九六‐九七頁］

赤松にとって、地域研究の成果としての「郷土史」は、その地域の庶民にとって、生活に役立つものでなければならなかった。

第二には、このような「郷土史」編纂の段階では、資料の充分な集積が行なわれているので、それを基礎に、地域博物館・図書館を設立するべきであるという。

地域の史的研究的出版物が刊行し得る様になれば、資料も相応まとまるはずであるからそれを基礎にして郷土博物館、図書館を作るべきだ。石器時代の遺物、古墳の出土品、徳川時代の古文書、古地図、新しく調査した報告書、地域に関する記載のある文献、それらを基礎にして作成した遺物遺跡分布図、職業別、人口等々の統計図、地理的地質的地図、郷土年表などがあれば小さい博物館兼図書館なら容易にできる。この管理、経営等々によつて一層、組織的に強力に活動できる。

［岩田編 一九九九：九七頁］

さらなる地域研究の拠点としての、地域博物館・図書館設立の提案であった。

もしも仮に革命が成功したならば、下里村に帰郷し博物館を建てその館員となるという赤松がいだいた夢想、それは、この赤松の構成した地域調査研究方法論のなかに位置づくものであったのかもしれない。

> 第三には、庶民の桎梏となっている習俗の「改革」である。
> 地域研究の躍進は習俗の組織的改革の基礎たり得る。現在一般に慣行される結婚、誕生、葬儀の人生三大行事を初めとし、特に田舎では年中行事といって殆むど毎日、何かの宗教的信仰的慣習が残存してゐる。又、医療機関の不備及び経済的に利用し得ない為にインチキ医療、宗教的医療、所謂危険な迷信、俗信が濃厚に残存してゐる。これらの調査は、それを除くための基礎としてのものでなくてはならぬ。
> 〔岩田編　一九九九：九七頁〕

柳田民俗学および柳田系民俗学が「残存」する民俗事象を美化する傾向があるのに対して、赤松はそうではない。改革すべき「残存」は改革すべきであるという、あたりまえの提案である。柳田民俗学および柳田系民俗学とは真逆の志向であった。

赤松の一度目の検挙、釈放後の帰郷は、生涯を通してのペンネーム「赤松啓介」による故郷からの地域研究としての再出発をもたらした。それは、このような実践をともなう文化運動の提案でもあった。それは、大阪でのマルクス主義文化運動の中断による帰郷であったため、やむなく構築せざるを得ない論理であったかもしれない。しかし、結果的に、それは故郷からの拡大による、等身大の地域研究として、さらには、文化運動の実践として、地域研究と文化運動を連動させた総合的提案として構築されることになった。

現実的に、一度目の検挙以前、赤松が関係したマルクス主義文化運動組織は、一九三三年（昭和八）から翌一九三四年（昭和九）にかけて、弾圧により消滅している。すでにみたように、『新興教育』廃刊は一九三三年（昭和八）六月、新興教育研究所解消は同年八月、プロ科は一九三三年（昭和八）までに活動を停止、戦無については確定することが難しいが、プロ科の停止とともに解消した可能性が高い。全協も、くりかえされる弾圧のなかで、一九三四年（昭和九）までには自然消滅した。赤松がこれらのマルクス主義文化運動組織に依拠することは不可能であった。

一九三〇年（昭和五）、その本名「栗山一夫」の民俗学が、故郷をフィールドとした調査報告、しかも、祖母と外祖父からの聞き書きから出発したように、一九三三年（昭和八）、その生涯のペンネーム「赤松啓介」の地域研究も、故郷からの拡大によって論理を構築する再出発であった。故郷に立ちかえる、地域を基盤とする、それが赤松啓介の学問の基本である。それは、赤松をして常に現実社会から文化運動と学問を構築させる起点ともなる。また、それは、赤松が文化運動に拠ったとき、内容空疎な階級闘争的言辞を抑制し、選民的なエリート党員、職業革命家による中央集権的組織による通常のマルクス主義から一線を画させる。それとともに、民俗学徒として学問を追求するとき、東京の柳田国男を中心とする民俗学の学閥と距離をもたせ、フィールドワークを行なわず他者による資料をみずからへ集中させる柳田民俗学とは異なる体系を準備させることにもなる。

「近代に於いては放射的分布を為してゐる」――柳田周圏論批判と地域区画論

その地域調査研究方法論「地域研究を如何にすべきか」の脱稿から、一ヶ月後の一九三三年（昭和八）一二月三〇日、赤松は「播磨に分布せる月の童謡に就て」を脱稿する。本格的論考を立て続けに執筆する赤松であった。

この「播磨に分布せる月の童謡に就て」は、翌々一九三五年（昭和一〇）四月・五月・七月『ドルメン』第四巻第四号・五号・七号（通巻第三七号・第三八号・第四〇号）に三回にわたって連載される（脱稿年月日一九三三年一二月三〇日）。『ドルメン』発行所は、雑誌『民族』『民俗学』と同じく、岡茂雄が社主をつとめる岡書院である。人類学・考古学・民俗学を中心に、幅広く学術的論考を掲載した一般誌であった。岡茂雄を「編輯兼発行人」として、一九三二年（昭和七）五月創刊、一九三五年（昭和一〇）八月第四巻第八号（通巻第四一号）もって休刊、一九三八年（昭和一三）一一月再刊第一号、第四巻第九号（通巻第四二号）を発刊するが、一九三九年（昭和一四）九月第五巻第七号（通巻第五〇号）をもって廃刊している。

この「播磨に分布せる月の童謡に就て」は、「地域研究を如何にすべきか」が理屈倒れではなかったことの証明でもあった。「播磨に分布せる月の童謡に就て」は、その研究対象が、すでにみた、一九三三年（昭和八）三月『播磨』第三巻第二号に発表した「加西郡童謡集㈠」のなかで、故郷下里村西笠原の外祖父から聞いたという月の童謡「お月さんなんぼ 十三七つ」であり、それによる地域を軸とする伝播分布論である。それは、柳田の「蝸牛考」周圏論の否定でもあった。

赤松は、この月の童謡について、まず、みずからが調査収集した兵庫県播磨地域の事例を紹介する。

この月の童謡は、そのフレーズが後半に入ると、二パターンに分かれるという。ひとつは「油買ひ」系で「油買ひに 酢買ひに」、もうひとつは「銭三文」系で「銭三文ひろて」へと続くという。赤松は、この二パターンについて、兵庫県播磨地域には地域区画があると指摘する。

> 「油買ひ」系が加東、加西、多可と東播の奥地に分布してゐるに反して、「銭三文」系は加古、印南、飾磨、姫路と大体に中播の海岸地帯を主力として分布してゐる様だ。
>
> 〔赤松 一九三五c：四八頁〕

そのうえで、全国的分布は「油買ひ」系であるので、兵庫県播磨地域への最初の月の童謡の伝播は「油買ひ」系で、その後、「銭三文」系が月の童謡に結合したのではないかという。その理由として、「油買ひ」系が内陸部・山間部の分布であるのに対して、「銭三文」系が山陽道・海岸部に分布し受容しやすい条件を持っていたからであるという。

赤松みずからのフィールドワークに即した、民俗事象の地域区画論であった。民俗事象には地域的特徴があることは、多少なりともフィールドワークを経験すればすぐに理解できることであるが、赤松は、この月の童謡の分布について、文章のみならず、**図3**の概念図によっても示す（概念図では「油買ひ」系・「銭三文」系のほかに「わかや」系・「わこうもごんせ」系も示される）。たとえば、一九三〇年代、柳田民俗学および柳田系民俗学で、このような概念図をもって地域的分布論を展開し得た民俗学徒がいるだろうか。**図2**生駒山脈地帯略図でもそうであったが、現在でも、労多いこのような概念図・分布図を作製する民俗学徒は少ない。赤松は、みずからのフィールドワークに基づき、概念図をもって民俗事象の地域区画論を明示する着実な論証を行なっている。

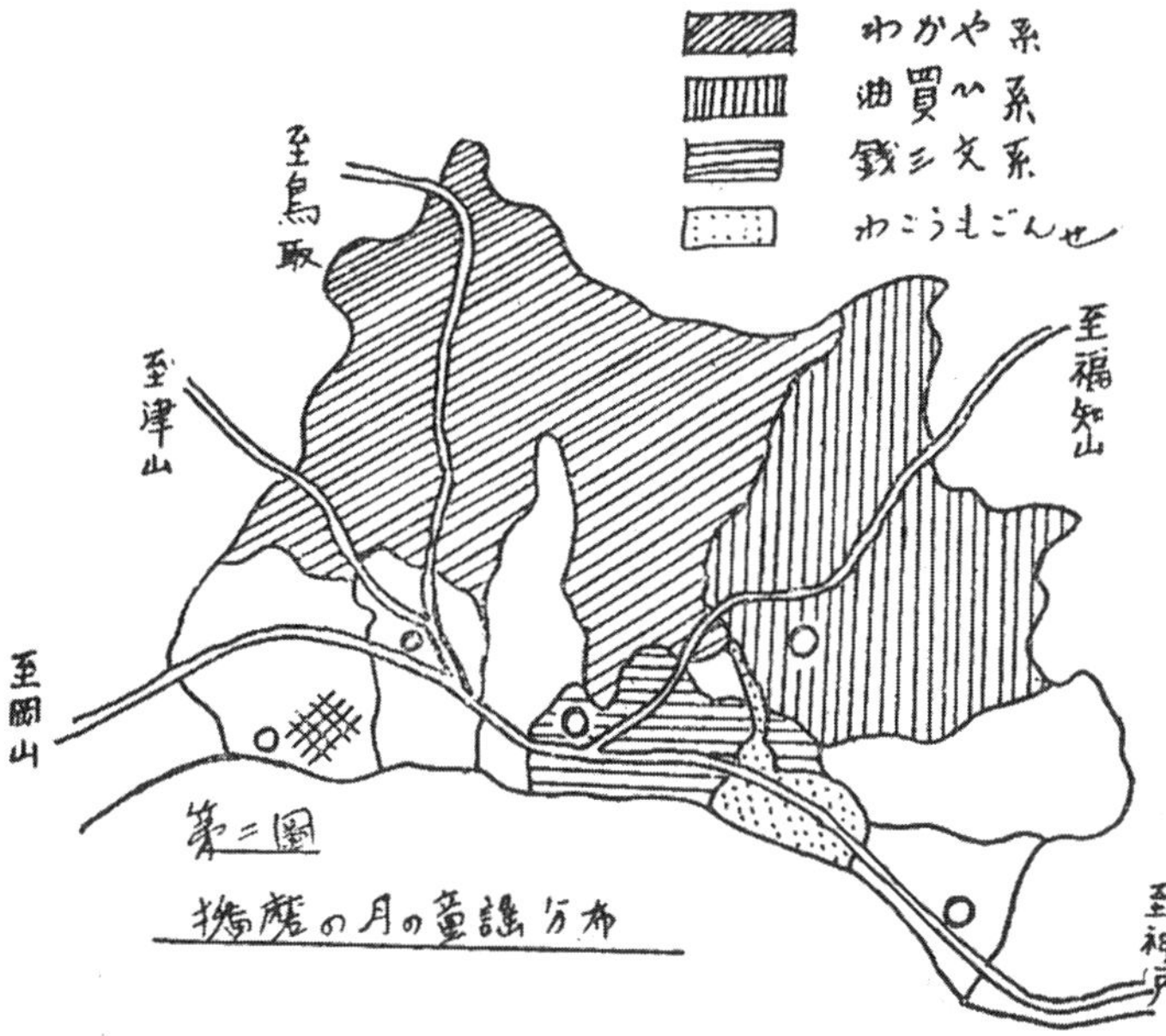

図３　播磨の月の童謡分布［赤松 1935e:24］

しかし、全国的分布論へ踏み出したときには、地方居住による資料収集の制約もあろう、論証抜きの論理的飛躍もみられる。全国的な資料提示は少ないままに、民俗事象の伝播と分布において、江戸と大阪がその発生の中心であるという。特に、政治的中心地である江戸を重視する。

> 江戸の発生型が大阪を圧倒して浸犯してゐるのは政治的権力の江戸にあることと不可分なものであらう。近畿、中国を越へた九州地方への影響などの如き、放射的中心に沿つた移動も、諸大名の政治的移動、渤興《(勃興)》した資本主義的商業の活潑な運動、従つて街道の、航路の、城下町の諸条件が根本的な影響を与へる。周圏的分布だの区画的分布のみに依頼することは方法論的に既に古い。古代に於いては周圏的分布乃至

区画的分布的（ママ）分布を為すことは当然だ。しかし近代に於いては放射的分布を為してゐる。その周圏乃至区画的分布をなすのは地方的及び地区的型式としてであつて、全国的、それ故に基本的には放射的分布となる。
〔赤松 一九三五e：二一四頁〕

「周圏的分布」を「既に古い」という。柳田民俗学の周圏論を否定する。柳田が「蝸牛考」（一九二七）によって提出した周圏論は、中心地としての京都から民俗事象が発生し、それが波状的に伝播分布し、もっとも僻陬の土地に「古風」が「残存」し、中間地帯にはそれより新しい民俗事象が「残存」、中央の京都には最新の民俗事象があるという、単純な伝播分布論である。これに対して、赤松の批判は、民俗事象はそのような同心円状の伝播分布ではなく、特に、近世以降は政治的また社会経済的影響を受け、たとえば、江戸から直接に地方（城下町・地方商業都市など）へ伝播分布するという。赤松はこれを「放射的分布」と名づけた。適切な指摘である可能性も高い。ただ、論証は欠如していた。

赤松による、地域レベルでの地域区画論と、不完全ながらも全国レベルでの「放射的分布」論、民俗事象の伝播分布をめぐって地域と全体を総合的にとらえようとする仮説の提出であった。それを、一九二七年（昭和二）柳田が「蝸牛考」を発表してから七年後の一九三三年（昭和八）、赤松は、柳田民俗学の周圏論を否定し執筆していた。

というよりも、正確にいえば、柳田の「蝸牛考」およびその周圏論に対しては、その妥当性を検証した論考は少ない。赤松の「播磨に分布せる月の童謡に就て」以外では、一九六〇年代から七〇年代にかけて、鹿児島をフィールドとした小野重朗《じゅうろう》（一九一一‐九五）が『農耕儀礼の研究』（一九七〇）・『十五夜綱引の研究』（一九七二）などにより、十五夜綱引きの地域的悉皆調査により、分布の同心円状の中心に「古風」が、周辺に残片が伝播分布するという地域周圏論を展開した程度である（柳田が周辺地域に「古風」が「残存」するというのに対して、小野は地域の中心に「古風」があり周辺地域はその残片が伝播分布するという真逆の主張をしている）。「播磨に分布せる月の童謡に就て」は、不充分ではあるとはいえ、「蝸牛考」発表と同時代の唯一の柳田周圏論否定として位置づけることができるであろう。

「近畿をぶんまはしの中心」——地域社会を切り捨てた柳田国男「蝸牛考」

あらためて、柳田の「蝸牛考」の内容を確認してみよう。それは次のようなものであった。その資料操作は、民俗事象を、それを伝承してきた地域から切り離し、こま切れの民俗語彙とし、全国レベルで並べる作業による。

「蝸牛考」は、蝸牛の民俗語彙として、デデムシ（デンデンムシ）が西日本の福岡県から愛知県まで、デエロが北陸および東日本の長野県・山梨県から山形県・福島県まで分布するところからはじめる［柳田 一九二七a：一二九‐一三二頁］。マイマイツブロはその周辺地域に分布するので、これらデデムシ・デエロより「今一つ兄」、昔の民俗語彙ではないかという［柳田 一九二七b：一六二頁］。これらを論じたうえで、柳田は、周圏論のよく知られたことば、「そこで私の考へるには、若し日本が此様な細長い島で無かつたら、方言は大凡近畿をぶんまはしの中心として、段々に幾つかの圏を描いたことであらう」［柳田 一九二七b：一六六頁］［傍点‐原文］という。畿内を中心地として、同心円状に蝸牛の民俗語彙が伝播分布し、遠方になればなるほどに、古い民俗語彙が「残存」するという理屈である。しかし、地方の存在形態については、それの訛りなどをはじめ「地方的変化」にすぎないとして、地域における多様性を実質的に無視する［柳田 一九二七b：一六八‐一七〇頁］。そして、このマイマイツブロよりも周辺地域に分布するのがカタツムリであるという。「自分の最初からの推定は、それ（カタツムリ―引用者）が必ず更にマイマイ領域の外側に、横はつて居るだらうといふに在つたが、大体に其想像は誤まつて居ないやうである」［柳田 一九二七c：一二八頁］。柳田は、さらに、その周辺を登場させる。それが南九州から沖縄であった。そこには、ミナ・ツグラという語彙が分布するという。これらの分布によって、柳田は、蝸牛語彙の最古はミナ・ツグラであり、次に古い発生がカタツムリ、その次に古いのがマイマイツブロ、もっとも新しい発生がデデムシ・デエロであると結論づける［柳田 一九二七d：二八一‐二八三頁］。

　柳田の「蝸牛考」による周圏論とは、日本列島の中心から遠い僻陬の土地、たとえば沖縄に、古い民俗事象「古風」が「残存」するという思考である。もちろん、柳田とても、仮説としての提出であったことであろう。ただ、そもそもの問題はその基本的な方法であった。民俗事象の語彙、しかも、名詞のみがとりあげられ、伝播分布論の資料とされる。民俗事象は地域社会では名詞それのみで存在するのではない。それがこの全国レベルでの名詞の並列、「一国民俗学」によって資料化されていた。民俗事象を存在させている地域社会を切り捨てている。それが柳田の「蝸牛考」周圏論であった。

　小野重朗もそうであったが、赤松はこのような名詞のみをとり出す分離方法をとらない。民俗事象を、それを存在させている地域社会のなかで資料化し、分析対象とする。地域社会のなかでの分布であり、その存在形態が第一義であった。赤松の「播磨に分布せる月の童謡に就て」は、柳田の「蝸牛考」、周圏論否定であるにとどまらず、その民俗学を地域研究として構想する、その本格的論考でもあった[*18]。柳田民俗学が地域と民俗事象を切り捨てた単なる言葉の「一国民俗学」であるならば、赤松民俗学は民俗事象が地域社会に存在するという当然のことがらを前提とした民俗学であった。

「同地方青年諸君の援助があつた」——啓蒙と組織化による塩田調査研究

「播磨に分布せる月の童謡に就て」もそうであったが、赤松はその論考の起点を、多くのばあい、故郷下里村から出発させていた。故郷からの地域研究が実践されている。

それでは、赤松が、この地域研究と不可分であると考えた、庶民の啓蒙と組織化は実践されていたのであろうか。その実際の成果を確認することは難しいが、すくなくとも、赤松はそれを実行しようとしている。

一九三四年（昭和九）八月『旅と伝説』第七年八月号に、上月《こうづき》三郎というペンネームで発表した「製塩工程の調査」（脱稿年月日一九三四年五月二三日）という論考がある。兵庫県飾磨郡八木村（現姫路市）木場《きば》の塩田についての調査報告であり、その生産様式を分析したものである。その冒頭では、啓蒙と組織化を重視する赤松の構想を宣言する。

　これからの民俗の採集はその地方の人達や、直接其事に従事してゐる人達を指導し、その人達から正確な資料を提供して貰ふ様にすべきである。私達はこうした考へ方から次の様な方針を樹てた。

即ち

一、調査地にまづ研究者を作れ。

二、まづ土地の基本産業、次いで特殊産業から初（始）められねばならぬ。

三、調査は個人的であってはならぬ、組織的で計画的であれ。
といふ三つの基本的態度である。

〔赤松 一九三四e：八一頁〕

すでにみた、前年一九三三年（昭和八）八月三〇日私製フィールドワーク手帳『郷土調査要項 全』の冒頭にかかげた三項目の調査研究方針の深化といってよいだろう。「調査地は兵庫県——播磨——飾磨郡八木村木場部落である。同地方青年諸君の援助があつたことを深く謝したい」〔赤松 一九三四e：八二頁〕ともいうので、同地域の若者たちとの共同調査であった可能性が高い。啓蒙と組織化を重視する、その調査研究方針の実行であった。

「製塩工程の調査」は、木場の塩田について、⑴塩田風景、⑵生産工程、⑶労働者の順番で詳述する。⑴塩田風景では、木場の塩田には、在来の「地式」と新たに導入された「讃岐《さぬき》式」の二様式があり、後者の方が合理化がすすんでいるという。その二様式を整理したうえで、海水を導入するハマミド（浜溝）をはじめ、塩田の全体像を紹介する。

⑵生産工程は、海水から塩が生産されるまでの塩田の工程である。たとえば、カンスイとよばれる濃度一五〜一六度の塩水を塩にする最終工程は、次のようであった。

ツボ　ツボはカマヤとならんで土提の上にあり小麦ワラで噴いた正方形に近い建物である。高い土提の上にあるが屋根の下は塩田と同じ低さ迄掘り下げられて深い。即ちツボは正方形の穴の上に屋根をふいたのみなのである。こゝにポンプ、ハネツルベで送られて来たカンスイが溜められる。

（中略）

スナコシ　ツボから送られたカンスイは高い台の上に作られたスナコシへ吸上げられ、こゝで混雑

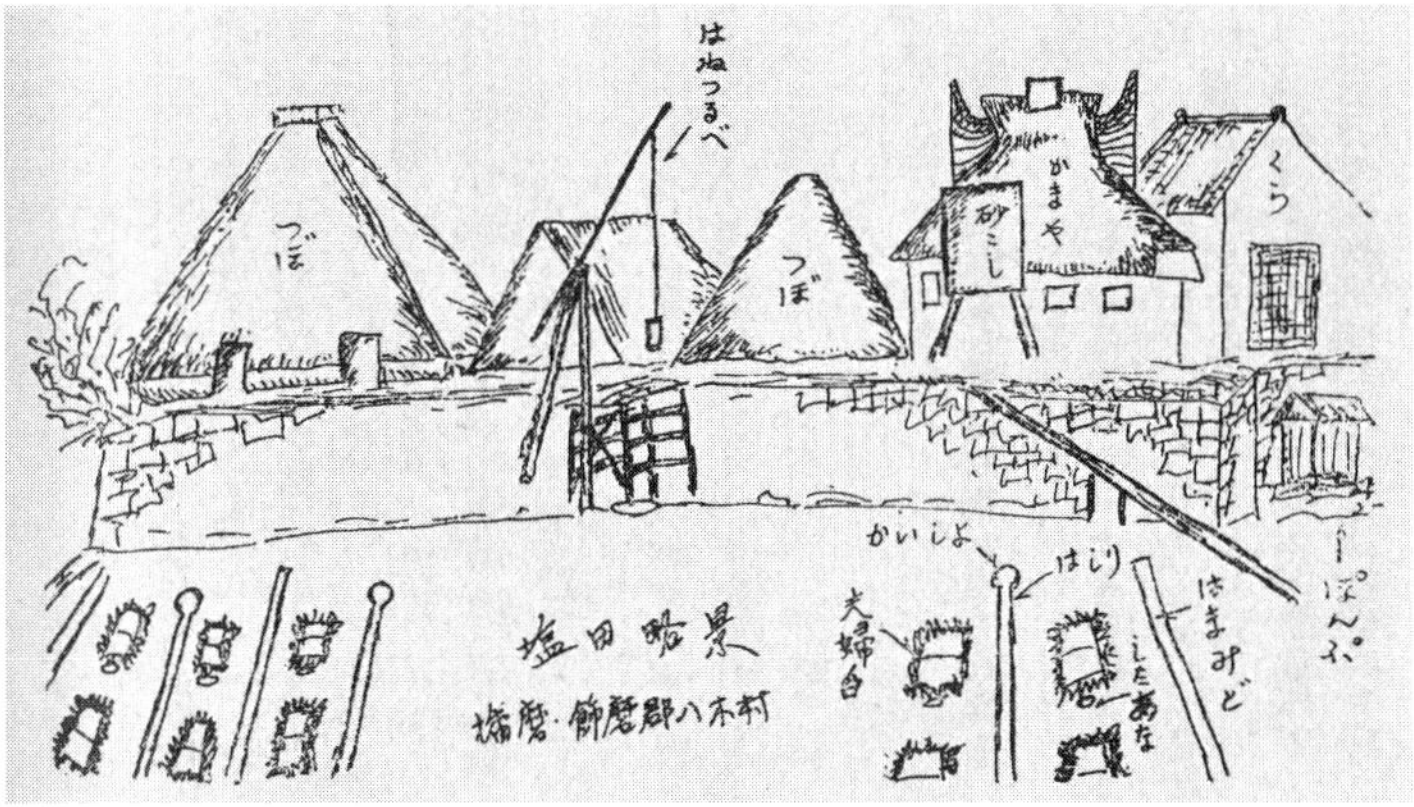

図４　塩田略景［赤松 1934e:88］

物を除去しカマヤへ送られる。
カマヤ　釜屋とはカンスイを焚いていよいよ塩とする処である。（中略）
マエガマ　前釜は大きな正方形の釜である。後方上にある小さいヌルメ釜の穴から流出した暖かいカンスイは、こゝで百度乃至《ないし》百十度の火熱によつて焚かれ塩となる。

［赤松　一九三四ｅ：八六‐八七頁］［傍点‐原文］

カンスイを釜で焚き、塩を生産している。赤松は、これらを文章だけではなく、概念化したスケッチによって図示する。それが**図４**である。図の下段に、ハマミドにより海水を塩田に導入しカンスイとするまでの工程を、図の上段に、ツボに留めたカンスイをカマヤに移し焚き塩を生産する最終工程をえがく。図示も含め、具体的で詳細な調査報告であった。

(3)労働者も、「地式」と「讃岐式」の二様式別に紹介される。二様式とも、ミズシとよばれる親方が統轄するが、「地式」では子供・女性労働者をも含み分業化が激しいのに対して、新しい「讃岐式」では月給制・日給制もあり合理化がすすんでいるという。

「製塩産業に手工業的残存の豊富な基礎」――「半封建的」「残存」の解体を目的

そして、赤松が指摘するのは、このような「讃岐式」導入による合理化にもかかわらず、塩田における製塩工程に、手工業的生産が継続していることであった。赤松は、それを「半封建的」農業と関連づけて次のようにいう。

製塩要具に於いて最も多様な型式従つて多くの改良が加へられてゐるのは釜だけで（中略）近代の精鋭な科学的機械化、全生産に於ける高度な能率化は行はれてゐない。これは製塩産業が他の産業に比して重要でないからでもなければ、その生産工程が簡易で機械化を必要としないからでもなくて、製塩産業に手工業的残存の豊富な基礎には、日本の農業が半封建的性質を多分に含有し、その結果副業的部分による農業経済の補充が重要性を持つてゐることにある。

［赤松 一九三四e：九一頁］

脆弱な半封建的農業の補完であるために、副業的存在として製塩工程における手工業生産が維持されるという論理である。

これについては、精密な論証がなされたわけではないが、木場に即して、次のようにいう。

製塩はその産業的要求に応じて山勢の海に迫る地形に営まれる。本調査地の八木村木場の如きも亦、その好標本であつて水田は僅に二町八反に過ぎず、これに反して畑は二十一町歩を占め、その畑も背後の連山の山頂に近きまで開拓された段畑である。従つて塩田に対する経済的依存は甚だ大である。そしてともかく現在まで機械化、能率化が避け得られ、手工業的生産が踏襲され得たのは、塩が専売品として、その生産にも統制が加へられ保護されたことにある。若しこれが自由な生産に委ねられてゐたならば今日の如き手工業的残存の豊富さは見られなかつたであらう。

〔赤松 一九三四e：九一頁〕

木場が、水田二町八反に対して、おそらくは生産性が低い段畑二一町歩という海浜農業集落であるために、それへの経済的補完として、手工業的な製塩工程が「残存」するという。また、政府による塩専売制度（一九〇五年塩専売制度。一九九七年廃止）が、かえって機械化を妨げ、生産性の低い製塩工程を「残存」させているともいう。

赤松のこのような生産生業研究は、一度目の検挙からの釈放後の、あらたな実践であった。すでにみた「民謡随想」（一九三二）に生産への着目があったが、フィールドワークに基づいた本格的な生産関係への着目は、この「製塩工程の調査」がはじめてである。そして、これは民俗学の一般的分類における生産生業論とは大きく異なるものとなった。民俗学における生産生業論は、各生業の内容と、その生業の地域社会のなかでの機能的複合の再現が一般的である。しかし、赤松の生産関係への着目は、その生産関係の「半封建的」「残存」を解明し、それの解消を目的とした。マルクス主義的発展段階論の適用ともいえるが、庶民にとって「半封建的」「残存」は桎梏であると考え、それからの解放を目ざした。これは、すでにみた「地域研究を如何にすべきか」が提唱した三つの実践のうちの第三、庶民の桎梏となる習俗の「改革」と連動する主張でもあった。

柳田民俗学および柳田系民俗学は、たとえば「先祖」の民俗事象を、日本の「固有信仰」として解明すべき目的に置き理想化した。しかし、赤松民俗学はそれとは異なり真逆である。赤松にとって、調査研究対象としての民俗事象は「半封建的」「残存」であり、庶民の桎梏になるため解体されなければならない。赤松民俗学はそれを目的として設定したことになる。

　赤松が兵庫県飾磨郡八木村木場をフィールドとしたこの塩業研究「製塩工程の調査」を発表したことはほとんど知られていない。その原因は、本名「栗山一夫」でもなく、「赤松啓介」でもなく、ペンネーム「上月三郎」によったことにもあろう。しかし、塩業研究としてみても、完成度の高い先駆的仕事であった。この時期、アチックミューゼアムが、塩業研究に着手している。一九三二年（昭和七）、全国（朝鮮を含む）一五二ヶ所の製塩地に、二二項目の調査票を配布、それを集計したアチックミューゼアム編『アチックミューゼアム彙報第三四　塩俗問答集』（一九三九）を完成させる。また、千葉県東葛飾郡（現市川市）の近世塩業史を、文献資料研究によってまとめた楫西光速『アチックミューゼアム彙報第四九　下総行徳塩業史』（一九四一）もある。前者は調査票によるアンケート調査、後者は文献資料による。フィールドワークによるものではない。赤松の「製塩工程の調査」は、塩業研究として先駆であるだけではなく、フィールドワークによった塩田研究という意味でも、重要な先駆的仕事であった。

　さらにいえば、塩田研究が本格化するのは、アジア太平洋戦争敗戦後、塩田が廃止される時期になってからであり、塩田が生業として機能していた同時代の塩業研究としても、赤松の「製塩工程の調査」は稀有であった。アジア太平洋戦争敗戦後、渋沢敬三（一八九六‐一九六三）が、『アチックミューゼアム彙報第三四　塩俗問答集』に基づいて、「塩――塩俗問答集を中心として」（一九四七）を発表し、そのなかで古式塩田を紹介する。しかし、これは塩の民俗の全体像を紹介することに比重があり、塩田研究としてまとめられたものではない。宮本常一も『瀬戸内海の研究 Ⅰ』（一九六五）の第二編第七章「上ケ浜塩田と島」で揚浜式塩田の研究を行ない、また、坂口一雄も『伊豆諸島の塩と生活』（一九七七）で原初的製塩方法を紹介するが、これらはいずれも文献学的研究であり、フィールドワークによったものではない。フィールドワークによった塩田研究の本格化は、ようやく一九七〇年代である。たとえば、広島県教育委員会編『塩の民俗資料緊急調査報告書』（一九七四）、日本塩業大系編集委員会編『日本塩業大系 特論民俗』（一九七七）があるが、これらは塩田がほぼ廃止された一九七〇年代に、その消滅しつつある塩田を記録しようとして編纂された。

このように、塩田研究史を概観してみても、赤松の「製塩工程の調査」は、塩田が社会的に機能していた時代の唯一といってよいほどの、フィールドワークに基づいたその調査研究であった。

赤松が「製塩工程の調査」で使用したペンネーム「上月三郎」については、「赤松啓介」とは事情が異なった。これは、『旅と伝説』掲載にあたり、その「編輯発行兼印刷人」であった三元社の萩原正徳からの要請であったという。赤松は次のように回想する。

> 柳田宗が増えて、柳田さんの民俗学のやり方が僕にはよう判ったからね、批判したんですわ。編集者の萩原さんが、私はあなたの原稿を没にするつもりはないと、しかし柳田さんが原稿をくれなくなると困るのでペンネームを使ってくれ、というので、上月三郎という筆名を使うようになりました。
>
> ［赤松 一九八〇a：二一八頁］

ペンネーム「上月三郎」の使用は、柳田民俗学批判に配慮した三元社の萩原正徳からの要請を受け入れた結果であった。しかし、すでに**表1**でみたように、『旅と伝説』に合計二三本もの論考を寄稿した赤松であったが、『旅と伝説』では「上月三郎」はこの一本にとどまり、「田中恒雄」が一本あるほかは、他はすべて本名の「栗山一夫」によっている。[*19]

「計画的組織的大衆的採取の可能な方法を確立」——調査票による計画的調査

赤松が提唱する啓蒙と組織化は、基準として調査項目を設定し、調査票による調査研究としても実行される。調査票、現代風にいえば、アンケート調査である。現在、アンケート調査は、各種調査研究のみならずメディアなどでも氾濫するが、一九三〇年代ではいまだ一般的ではない。たとえば、いまみたアチックミユーゼアム編『アチックミユーゼアム彙報第三四　塩俗問答集』は調査票による調査研究ではあるが、この時点では、歴史学・民俗学など人文科学がこのような資料収集を行なうことは少ない。

そうしたなかで、赤松は、すくなくとも二回、調査票による資料収集を行ない、その成果を論考としてまとめている。二回とも、兵庫県印南郡東《ひがし》志《し》方《かた》村（現加古川市）小学校での、生徒への調査票配布、回収による。同小学校教員への依頼と、その協力によったと考えられるが、その教員名は記録されていない。

赤松は、一回目の調査票による調査を、一九三三年（昭和八）七月、尋常小学校四年生女子児童二四人を対象とし俗信調査として行なう〔赤松　一九三五f：一〇〇、一〇三頁〕。その成果を一九三五年（昭和一〇）四月『土の香』第一五巻第一号に「俗信調査方法の基礎として——兵庫県印南郡東志方村の俗信」（脱稿年月日一九三五年二月二四日）としてまとめる。二回目の調査票による調査は、調査年月は不明であるが、二六項目の調査項目を作成、尋常小学校六年生女子児童四三人を対象とし宗教調査として行なう［赤松 一九三七a：一〇二頁］。その成果を一九三七年（昭和一二）一二月『唯物論研究』第六二号に「農村児童の宗教的意識に就て」〔脱稿年月日一九三七年一一月一二日〕としてまとめている。

啓蒙と組織化を重視する赤松が、なぜ、調査票による資料収集を行なったのか。それを、一回目の俗信調査の成果、「俗信調査方法の基礎として――兵庫県印南郡東志方村の俗信」からみていってみよう。

この論考は、赤松の他の論考と同じように、その冒頭は啓蒙と組織化を重視する基本的理念からはじまる。

> 採取技術の進歩を人々が手工業的熟練にのみ期待してゐる限り、それは最早民俗学の発展の為めに桎梏と化してゐる。われわれが今後開拓すべき道は、そんな個人的中世的なギルドの親方の如き熟練と秘法の習得であつてはならない。もつと計画的組織的大衆的採取の可能な方法を確立しなければならない。近代の諸科学はそれが可能であることを保証してゐる。なにも封建社会の如き放浪的趣味的な調査でなければ、民俗学の資料にならないのではない。全くその反対だ。科学的調査を機械的調査に代置されては創意性が失はれてしまふが、しかも尚古き方法よりは客観的などけ《（だけ）》資料として勝れたものとなるだらう。
> ［赤松 一九三五f：九九頁］

庶民への啓蒙と組織化に加えて、「計画的」であることを重視する。個人の恣意性に左右されるフィールドワークではなく、調査研究目的に基づく「科学的調査」の提案であった。

続けて、俗信は、「宗教的残存」として社会的影響力を持つので、俗信調査が重要であるという。しかし、従来の俗信研究は個々の俗信を羅列するだけであり、その展開を期待することができない。こま切れの俗信の収集だけではなく、その存在形態を重視するべきであるという。

俗信に於て、何が問題となるべきか　即ち

一、年令 性別で差がないか
二、どれだけの俗信を持つてゐるか
三、どんな俗信が多いか
四、地域的な差があるか
五、時間的な差があるか

といふことである。［赤松 一九三五f：一〇一頁］

たとえば、一「年令 性別で差がないか」では世代別・性別で分類し、それを、五「時間的な差があるか」と関連させて、人間の成長過程において俗信の保有に変化をみることが可能であり、また、それを確認することの必要性を説く。

調査票集計の結果は、次のようなものであった。

尋常小学校四年生女子児童二四人から総数一四八例の回答があった。一人の最高保有量は一六例、最低保有量は一例、平均値は一人六例であった。これによって、赤松は、一〇歳女子児童の平均俗信保有量を六例とすることができるという［赤松 一九三五f：一一一頁］。

もっとも回答例の多いのは箒《ほうき》の俗信であるという。

ほうき《（箒）》をふんだら、手のない子ができる。さん《（産）》がおもい《（重い）》。
ほうきをとりやい《（あい）》すると、あほになつてしまひます。手がわるくなる。
［赤松 一九三五f：一〇四頁］

箒の俗信は、これらをはじめ一八例を数えることができたという。たとえば、葬送儀礼、死に装束から発生した禁忌を紹介する。

きもの《（着物）》のゑり《（襟）》のとこを《（ところを）》はんたい《（反対）》にしたら、しんだ《（死んだ）》もん《（者）》。さかむけ《（逆向け）》てきた《（着た）》ら、しんだもん。かいさま《（半様）》にうちまへると、しんだもん。左まい《（前）》にきる《（着る）》と、それはしぬ《（死ぬ）》おり《（折）》にきる。

［赤松 一九三五f：一〇六‐一〇七頁］

赤松は、このような集計結果のうえで、そこには、一〇歳女子児童における俗信保有の特徴があるのではないかという。

これを通じて見るならば、家内的な事項多く、この期の少女達の日常生活を反映してゐる。換言すれば少女達の日常生活が保有俗信を制約してゐると見るべきだと思ふ。これが男子ならば、もう少し家外的なもの、例へば「蛇を指せば指が腐る」といふ様な例に集中されはしないかと考へる。

［赤松 一九三五f：一一一頁］

一〇歳女子児童の俗信保有が家内的である、という性差に言及する結論は一般的であるかもしれない。しかし、赤松の俗信研究は、俗信を伝承する人間に即し、その存在形態を把握しようとする、方法論的課題においては一貫している。これを柳田民俗学の俗信研究と対照してみてもよいかもしれない。柳田は一九三八年（昭和一三）『禁忌習俗語彙』をまとめている。これはその「語彙」というタイトルのとおり、民俗語彙を基準として、他者調査による資料により禁忌を並列したが、その禁忌を伝承する伝承者については考慮しない。

これに対して、赤松は地域研究として構想するためであろう、俗信とともに、それを伝承する伝承者を重視する姿勢を持つ。もちろん、この赤松の調査票による成果は、その母体数も少なく、一事例研究にすぎない。しかしすくなくとも、調査票によるアンケート調査がいまだ一般的ではなかった一九三〇年代、それを試み、その資料を伝承者に即して分析しようとした調査研究方法論の有効性については、確認してよいのではないだろうか。

「調査の方法は項目の印刷された用紙を配布」――調査票調査による宗教意識分析

二回目の調査票による調査研究成果、一九三七年（昭和一二）一二月『唯物論研究』第六二号に発表した「農村児童の宗教的意識に就て」は、アンケート調査としてより本格的であった。この東志方村尋常小学校六年生女子児童四三人を対象とした宗教意識調査は、全二六項目の調査項目を作成、「調査の方法は項目の印刷された用紙を配布し、これに適当な「書入れ」及び「印」をつけさせた」ものであった［赤松 一九三七a：一〇三頁］。質問項目全二六項目は、集落および家内における神と仏についてであり、集落内神社・寺院・地蔵、家内の神棚・仏壇、天皇・皇后「御真影」、「皇大神宮」掛け軸、そして、幽霊など怪異現象にまでおよぶ。たとえば、その質問項目の最初の二項目は、

　一、村ニアル神社名又ハ祭神名

　二、村ニアル寺ノ名及其ノ寺ノ宗旨及本尊

である［赤松 一九三七a：一〇三頁］。

赤松と唯物論研究会およびこの「農村児童の宗教的意識に就て」を発表した『唯物論研究』との関係については、あとで再論するが、赤松の唯物論研究会入会は、その『反戦回想録』によれば一九三六年

（昭和一一）一一月［岩田編 二〇〇〇ｂ：四九一頁］[*20]、唯物論研究会の出版物へのはじめての寄稿は同年一二月『唯研ニユース』第六〇号の「資料の交換を希望する」であった。唯物論研究会が唯物論研究会事件で弾圧され解消、『唯物論研究』の後継誌『学芸』が発刊停止となるのが一九三八年（昭和一三）一一月であるので、赤松の唯物論研究会参加はその解消のわずか二年前である。

「資料の交換を希望する」は、古代の初期仏教、廃寺趾の研究のための、資料交換の提案である。赤松はみずからの住所、連絡先を末尾に記す。

送付申込みの宛所は兵庫県加西郡下里村西笠原栗山一夫です。

［赤松 一九三六ａ：一頁］

赤松は確実に故郷下里村、母の実家の西笠原にいた[*21]。

赤松の「赤松啓介」としての地域研究は、離郷した故郷ではなく、居住する故郷からの実践である。そして、赤松が調査票を実施した印南郡東志方村尋常小学校も、加西郡下里村とは郡は異なるが加西郡境で西笠原から近い。同じく兵庫県播磨地域である。この調査票、アンケート調査についても、赤松の故郷からの地域研究として理解することができよう。

赤松は調査票を次のように整理する。まずは、集落レベルからである。

たとえば、いまみた調査票の第一項目の神社については、そこに信仰心を看取することは難しく、「伝統」的な存在にすぎないという。

㈠の質問に対する回答は四十三名中三十一名で、殆んど神社の存在を確認してゐる。しかし正確な祭神名を答へたものは一名もなく、僅かに祭神の信仰に就て述べた者が三名に過ぎない。けだしこれは当然であつて、児童はそうした神社に対する信仰から知つてゐるのでなく、伝統的な部落に於

> ける感情から覚えたのだ。
>
> ［赤松　一九三七ａ：一〇七頁］

第二項目の寺院についても、集落内に寺院を持つ児童の回答から、それへの信仰心はなく、「伝統」による存在にすぎないという。

> ㈡に対する回答は所在部落の被調査者十九名中十五名で、これも所在部落の者は殆んど知つてゐると見てよい。その内訳は名称・宗旨を知つてゐる者四名、名称のみの者一〇名、宗旨のみの者一名となり、名称を知つてゐるだけの者が最も多いが、これは児童が宗派による信仰で知つたのでなく、部落に存在する伝統で知つてゐるのだから当然である。本尊に就て一名も答へなかつたのは、祭神と同様に信仰によるものでないことをしめし、間接には農民が、そんなことを問題にしないことが明かだ。
>
> ［赤松　一九三七ａ：一〇七頁］

家レベルでは、家内の神棚・仏壇・「御真影」、「皇大神宮」掛け軸はほとんどの家庭にあり、神棚には供物・燈明が、仏壇にも供物・線香があげられるが、それをもって、回答した児童に宗教心がそなわっているとはいえないという。そして、これについても、「伝統」的環境のなかにいるにすぎないという。

集落レベルと家レベル、児童からの調査票に基づいての分析結果の結論は、次のようなものであった。

> 私達には家庭内に於ける宗教的教育が極めて漠然としてゐるので、それは単に伝統的な環境にのみ依存してゐることが窺はれる。神社に対する拝礼の如きも小学校に於ける教育に過ぎない。
>
> ［赤松　一九三七ａ：一一二頁］

小学校児童を対象とした、調査票による集落および家レベルでの民間信仰調査であった。結論は、それを宗教心としてではなく、「伝統」として把握したにすぎないかもしれない。しかも、母体数はわずか四三人、現在のアンケート調査からみれば、圧倒的小規模である。しかし、アンケート調査の特徴といえる資料の数量化、それによって、調査対象の性質を推定する操作は、一九三〇年代では民俗学のみならず人文科学における先駆的仕事として位置づけることができる。

小学校児童を対象とした調査票による二回の調査は、赤松が関心を持ってきた俗信および民間信仰調査として行なわれた。すでに戦無は解消しているが、生駒山地域で実行した民間信仰調査のような、戦無の反宗教活動の延長線上にあると考えることもできる。ただ、赤松が、この俗信および民間信仰調査を調査票によるアンケート調査として行なう発想を、どこから得たのか、それは不明である。統計学的ななんらかの学習成果によるものか、それとも、独自の発想であったのか、それを確認することはできない。

赤松は、その提唱する庶民の啓蒙と組織化、さらにはそこでの実践を「計画的」な「科学的調査」とするために、このような調査票を利用した。調査票からの数量化が、確実な論証であるかどうかについては、現在のアンケート調査においても疑問を持たなければならないが、赤松は資料と論証の信ぴょう性を意図し、このような調査票による実践を試みていた。

庶民の啓蒙と組織化を提唱する赤松は、木場での塩田調査、東志方村尋常小学校での調査票調査を行なった。これらが赤松の目的とする啓蒙と組織化として成功していたか否か、それを確認することももはやできない。しかしすくなくとも確実なことは、故郷に生活し研究を志す人間が、地域の協力者とともに調査研究を行ない、それによる一次資料によって地域研究の実践を行なったことである。地域の民俗事象から民俗語彙によって民俗事象を引きはがし、それを「一国民俗学」として全国レベルで並列する柳田民俗学および柳田系民俗学とは、大きく異なる調査研究方法でありその実践であった。

2　故郷からの「赤松啓介」の考古学

「去る5月帰国以来、郷国の地域的調査をやつてゐる」——考古学の地域的悉皆調査

赤松の地域研究としての実践は、民俗学のみならず、考古学にもおいてもそうであった。一九三三年（昭和八）三月五日の一度目の検挙後、帰省した赤松は、その民俗学と並行して、考古学の調査研究をもすすめる。「赤松啓介」考古学の本格的展開も、この時期からである。

その中心的課題は、古墳時代から律令体制形成期、古代国家における階級社会の形成と大和王権の支配を、兵庫県播磨地域において論証することであった。調査研究方法は、民俗学と同じく、みずからのフィールドワークの資料収集による。そのフィールドワークは、生駒山地域の民間信仰調査が徹底した悉皆調査であったように、加古川流域を地域的な面としてとらえ、古墳を中心としてこの地域の遺跡の悉皆調査を行なうというものである。

赤松は、一九三四年（昭和九）一月『人類学雑誌』第四九巻第一号に「播磨考古雑信」（脱稿年月日一九三三年一一月七日）という短報を寄せる。

去る5月帰国以来、郷国の地域的調査をやつてゐるが、考古学方面の見聞を集めて通信したい。

〔赤松　一九三四f：三五頁〕

表3 「播磨加古川流域に築造されたる古墳及び遺物調査報告」掲載巻号と対象地域

No	連載順	巻号	年月	対象地域		〔脱稿年月日〕
1	(一)	第49巻第7号	1934年(昭和9)7月	下里川及び万願寺川流域	(1) 網引南方古墳群	1934年3月16日
2	(二)	第49巻第8号	1934年(昭和9)8月		(2) 下里村の古墳 (3) 賀茂村古墳群 (4) 北条町附近の古墳	
3	(三)	第49巻第9号	1934年(昭和9)9月		(5) 玉野古墳群 (6) 上流水源地方	
4	続篇1	第50巻第1号	1935年(昭和10)1月	加古川下流左岸地域	(1) 東部地方 (2) 神吉地方	1934年9月2日
5	続篇2	第50巻第2号	1935年(昭和10)2月		(3) 志方地方 (4) 法華山附近 (5) 西部地方	
6	続篇3	第50巻第5号	1935年(昭和10)5月	加古川中流左岸地域	(1) 来住地方 (2) 河合地方	1935年4月5日
7	続篇4	第50巻第6号	1935年(昭和10)6月		(3) 滝野地方	

「去る5月帰国以来」とは、いうまでもなく、一度目の検挙から釈放後の帰省を意味する。もっとも、この「播磨考古雑信」は、赤松が行なう兵庫県播磨地域での考古学調査の概略を報告するにとどまっていた。

その本格的な調査研究報告は、「播磨加古川流域に築造されたる古墳及び遺物調査報告」として、『人類学雑誌』の一九三四年（昭和九）七月第四九巻第七号から翌一九三五年（昭和一〇）六月第五〇巻第六号まで、七回にわたり連載された。加古川流域の古墳を、加古川本流・支流別に地域区分し悉皆調査、地域別に整理する。

表3は、その掲載巻号と調査地域を整理したものである。㈠㈡㈢、最初三回の連載は、「下里川及び万願寺川流域」〔脱稿年月日一九三四年三月一六日〕として、赤松の故郷下里村の下里川流域、その東側の万願寺川流域を対象とする。旧加西郡、現在の加西市域である。下里川は、普光寺川と合流した万願

寺川と合流、JR加古川線粟生駅南で加古川本流と合流する。（続篇1）（続篇2）、次の二回の連載は、「加古川下流左岸地域[*22]」（脱稿年月日一九三四年九月二日）として、旧印南郡を対象とする。現在の加古川市北西部であり、㈠㈡㈢による最初三回の連載「下里川及び万願寺川流域」の南側にあたる。（続篇3）（続篇4）、最後二回の連載は、「加古川中流左岸地域」（脱稿年月日一九三五年四月五日）として、旧加東郡を対象とする。現在の小野市西部・加東市西部であり、最初三回の連載「下里川及び万願寺川流域」の東側にあたり、JR加古川線粟生駅から西脇駅までの区間、その西側の地域にあたる。

この『人類学雑誌』における七回の連載は、これらの地域、支流を含めて加古川中流域から下流域の古墳を網羅し、図版を含めての調査報告であった。赤松の故郷下里村からはじめ、そこから面を拡大する。故郷を起点として、地域にローラーをかけ、順番につぶしていく調査方法をとる。[*23]

その考古学の故郷からの本格的出発であった。

その考古学も、民俗学と同じく、啓蒙と組織化に基づいた「計画的」な「科学的調査」を志向する。「播磨加古川流域に築造されたる古墳及び遺物調査報告」の冒頭の「緒言」は、次のようにいう。

> われわれはこの調査に於いて、二つの当面の重要な課題の解決の基礎の為に精力的に斗争《（闘争）》しつゝ、ある。即ち、その一は研究及び調査に於ける科学的方法論の確立であり、その二は考古学的研究並びに調査に於ける集団的組織的拡大強化である。
>
> ［赤松 一九三四g：二一四頁］

さらに次のように説明する。

> その調査に於いてわれわれは集団的組織的調査方法を採用する。即ちわれわれの現在までの調査は、官僚的調査乃至趣味的調査に限られ、従つてそれは少しも組織的でなかつた。われわれはこれに反

して計画的組織的活動によつて調査を躍進せしめる。（中略）土地の住民に無関係な、これを無視した調査でなくして住民の自由的調査であり、それの統制と指導による綜合《（総合）》的調査である。これは断じて通俗講演式の一時的興味の喚起にあらずして、考古学的実践による啓蒙であり、文化運動の一翼として正当にとりあげられてゐる。

［赤松　一九三四g：一二五頁］

赤松の学問に対する姿勢は、考古学においても、民俗学と同じように、それを地域における文化運動として意識、地域住民の啓蒙と組織化を基本とするものであった。

「現状は処々欠失したるも復原して図示する」——手弁当による精密な調査報告

考古学においても、赤松の悉皆調査とその調査報告は、精密であった。一例として、「下里川及び万願寺川流域」のうち、「下里村の古墳」の前半を紹介しておこう。

下里村の古墳は群をなしてゐない。僅に倉谷《くらたに》に2個、大村に1個が正確なものである。

(A)倉谷西端古墳

小坂から坂を降つて路傍に崩壊した横穴式石槨が露出してゐる。撹乱甚だしく詳細不明なるも西南方に築かれてゐる。洗米《せんまい》、オハギなどを供へて祭つてゐる。

(B)倉谷北方古墳

倉谷北方山腹に南に開口された横穴式石槨あり。地形は倉谷部落の背後を東西に走つてゐる山岳の南側中腹にあり従つて南方に開口するのは当然であり眺望又、可。石槨の使用石材は巨大、即ち玄室は7枚の巨岩を以つて壁としその上に小石材を乗せ、天井石は2枚である。羨道《せんどう》は破壊されて不明。特殊な構造はないが所謂「包丁型」をなしてゐる。本流域に於いては最大の石材を使用せる古墳で、恐らく本墳の出土と思はれる次の石棺を共に注目しよう。

(C)家型石棺

北方古墳の築かれたすぐ麓、民家の後方にあり、その製作優秀、かつ複雑である。現状は処々《ところどころ》欠失したるも復原して図示する。この附近には稀有の様式である。

［赤松 一九三四h：八‐九頁］

下里村倉谷（現加西市倉谷町）にある、横穴式石室と家型石棺による古墳の調査報告である。(B)「倉谷北方古墳」については、**図5**横穴式石室の実測図、**図6**家型石棺の実測図がともなう。下里村倉谷は、赤松の母の実家下里村西笠原の南隣の集落である。また、倉谷からみて南隣は、赤松が調査票によるアンケート調査を実施した兵庫県印南郡東志方村小学校のある東志方村である。

赤松が調査報告した、これら(A)「倉谷西端古墳」、(B)「倉谷北方古墳」、(C)「家型石棺」は、二〇一〇年（平成二二）加西市史編さん委員会があらためて報告している。その位置とそれぞれの調査報告の内容から判断して、赤松の(A)「倉谷西端古墳」は加西市史編さん委員会による焼野《やけの》古墳、(B)「倉谷北方古墳」は加西市史編さん委員会による後藤山《ごとうやま》古墳、(C)「家型石棺」は、加西市史編さん委員会による後藤山古墳登り口民家裏手にある家形石棺のことであろう［加西市史編さん委員会編 二〇一〇：三五八‐三五九、三五三‐三五五、三五五‐三五六頁］。

同じ古墳でありながら、加西市史編さん委員会は、赤松の命名を採用せず、また、赤松の調査報告にも言及しない。赤松の先駆的調査研究とその内容は忘却されているのであろうか。

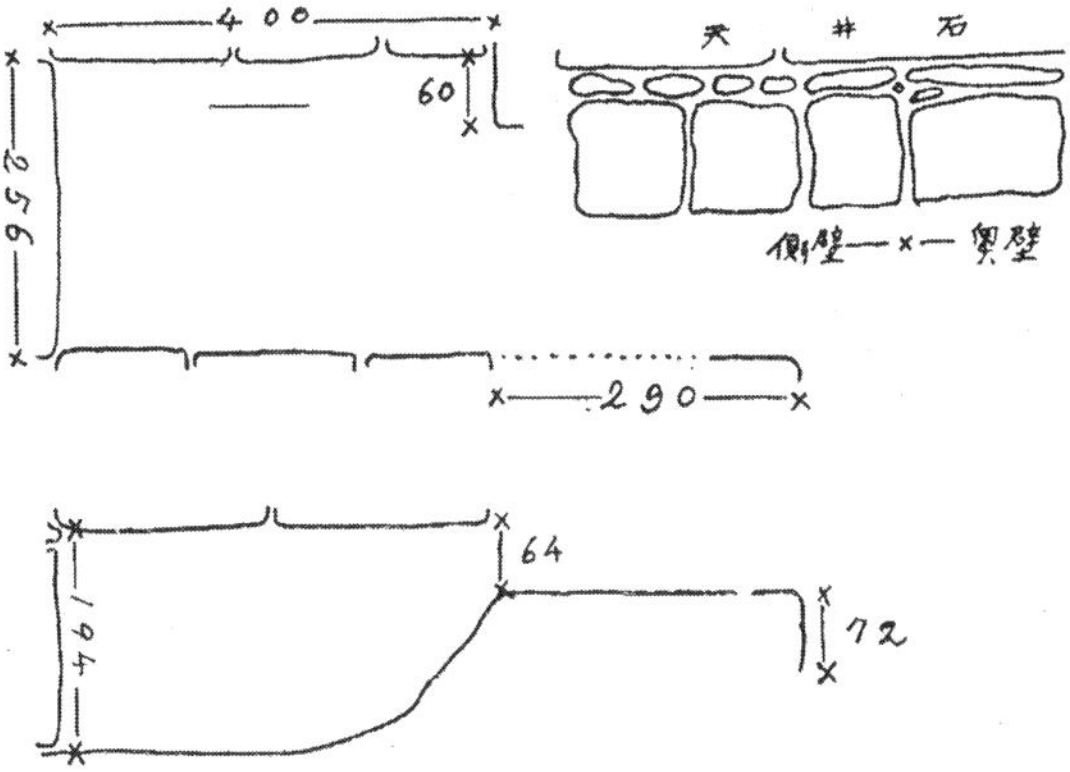

下里村倉谷古墳石室

図5　下里村倉谷古墳石室実測図［赤松 1934h:8］

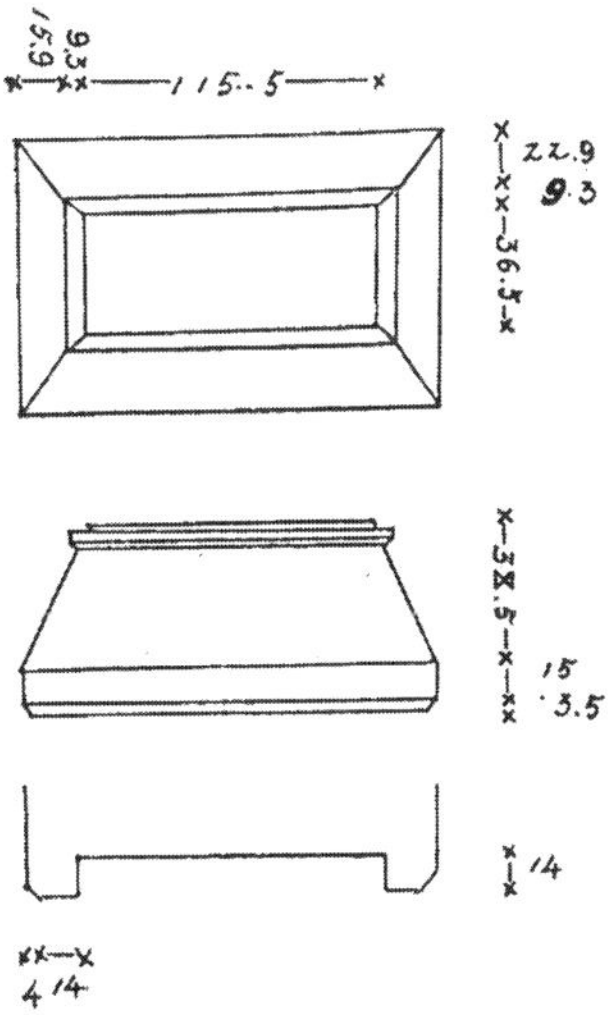

倉谷家型石棺

図6　倉谷家型石棺実測図［赤松 1934h:9］

赤松の調査報告は正確であった。それは、**図5**・**図6**による概念図と実測値を確認するだけで充分であろう。**図5**で示す(B)「倉谷北方古墳」（後藤山古墳）横穴式石室について、赤松の図示する実測値は、玄室四〇〇cm＋羨道二九〇cm＝全長六九〇cm（六・九m）、幅二五六cm（二・五六m）、玄室高さ一九四cm（一・九四m）である。これについて、加西市史編さん委員会は、次の実測値を記録する。

> 規模は、現状で全長6.8m確認できる。玄室は長さ4.1m、幅2.8m、羨道は幅2.0mある。高さは現状では1.9mだが、10〜20cmの堆積土が確認できるので、本来の高さは2.1m前後であったと考えられる。
> ［加西市史編さん委員会編 二〇一〇：三五五頁］

赤松の実測値は全長六九〇cm（六・九m）、玄室高さ一九四cm（一・九四m）であり、加西市史編さん委員会は全長六・八m、玄室高さ一・九mを記録する。ほぼ同じである。

図6で示す(C)家型石棺（家形石棺）についても、赤松の図示する蓋部実測値は、左右対称であるため実測値は左側のみであるが、右側についても復原すると、一五・九cm＋九・三cm＋一一五・五cm＋九・三cm＋一五・九cm＝全長一六五・九cmとなる。幅についても上下対称であるため実測値は上側のみであるが、これを下側についても復原すると、二二・九cm＋九・三cm＋三六・五cm＋九・三cm＋二二・九cm＝全長一〇〇・九cmとなる。蓋部高さは、三八・五cm＋一五・〇cm＋三・五cm＝全長五七・〇cmとなる。これについて、加西市史編さん委員会は、この家形石棺の状況と実測値を次のように記録する。

> 後藤山古墳の北麓、登り口にある民家の裏手に石棺が置かれている。位置から判断して後藤山古墳から引き出されたものと推測される。一部を破損し、残された部分にも割れ目が走るなど傷みが著しいのは、古墳からの転落によるものであろうか。形態から家形石棺の蓋であると考えられ、長さ

172cm、幅102cm、高さ55cmをはかり、天井平坦面の幅は57cmである。

［加西市史編さん委員会編 二〇一〇：三五五頁］

赤松が記録する「北方古墳の築かれたすぐ麓、民家の後方にあり」と位置情報が一致する。家形石棺蓋部実測値についても、赤松のそれは全長一六五・九cm、幅全長一〇〇・九cm、高さ全長五七・〇cmであり、加西市史編さん委員会のそれは、全長一七二cm、幅全長一〇二cm、高さ全長五五cmを記録する。全長がやや異なるが、ほぼ同じである。

赤松は、民俗調査でも、考古調査でも、手弁当の調査であったはずである。めぐまれた調査機材を保有していたと考えることもできない。本格的な発掘調査は困難であり、露出部分を中心とする調査にならざるを得なかったはずである。しかし、その制約された条件のなかで、最大限の精密な調査およびその記録化を行なっていたと考えることができる。

「この流域に於ける最大、かつ整備された古墳」——前方後円墳「玉塚」（玉丘古墳）

そして、「下里川及び万願寺川流域」は、その「上流水源地方」のなかで、富合《とみあい》村玉野新家《たまのしんけ》（現加西市玉丘《たまおか》町）の加古川流域最大の前方後円墳「玉塚」を紹介する。「玉塚」は、現在、加西市玉丘町「玉丘古墳」として知られ、全長約一〇九m、前方部約五〇m、後円部径約六四mの規模を持ち、葺石が確認されている［加西市史編さん委員会編 二〇一〇：二八六頁］。周囲の陪塚（円墳）・クワンス塚古墳（円墳）などとともに、加西市玉丘史蹟公園として整備されている。富合村玉野新家は、赤松の生家下里村段下新田から、当時の行政区画では富合村と下里村とで異なるが、北東約二kmに位置している。赤松の幼少期最初の記憶であり、博物館員であることを夢想した飯盛山（「飯盛嵩」）からみても北方約二kmの距離にしかすぎない。赤松は、その生家の近隣に、この地域最大の前方後円墳「玉塚」（「玉丘古墳」）を持っていたことになる。

赤松が記述するこの「玉塚」（「玉丘古墳」）は、次のようなものである。

この流域に於ける最大、かつ整備された古墳である。型式は周湟、前方後円、2段乃至3段、後円部中心墳丘に葺石あり、埴輪円筒破片出土、竪穴式長持型組立石棺と推定される残存あり、刀剣の出土を伝へてゐる。（中略）地方研究者によつて播磨風土記《（播磨国風土記）》を基礎に根日女命《ねひめのみこと》の墓だと推定されてゐるが不可、尚、本墳附近に陪塚を思はれる2、3の円墳あり、その他にも処々に円墳あり、殊《こと》に青年会館裏よりは刀剣が出土したと伝へてゐる。

［赤松 一九三四：i：一二四頁］

『播磨国風土記』が語る根日女命伝説とは、「賀毛郡」のなかの「飯盛嵩」に続く、貴種流離の皇子二人と国造の娘根日女命との間の悲恋譚である。「玉塚」（「玉丘古墳」）はこの根日女命の墓に比定されているが、それについては「不可」とする。

『播磨国風土記』による根日女命伝説とは次のようなものであった。五世紀後半、履中《りちゅう》天皇（?-?）の皇子市辺押磐皇子《いちのべおしはのみこ》（?-?）が近江国で雄略《ゆうりゃく》天皇（?-?）によって殺害される。その二人の皇子、意奚《おけ》・袁奚《をけ》（のちの仁賢《にんけん》天皇・顕宗《けんそう》天皇とされる）は美嚢《みのう》郡志深里《しじみのさと》に逃れる。そこで、国造許麻《こま》の娘根日女命《ねひめのみこと》に求婚する。根日女命は受け入れるが、二人の皇子が譲りあい歳月を重ねるうちに、根日女命は老い亡くなる。悲しんだ二人の皇子は、「朝日夕日の隠《かくろ》はぬ地《ところ》に墓を造りて、其の骨《かばね》を蔵《おさ》め、玉を以《も》ちて墓を餝《かざ》らむ」と命令する。それにより、「此の墓に縁《よ》りて玉丘と号《なづ》け、其の村を玉野と号く」

ようになったという［秋本校注 一九五八：三四一-三四三頁］。

現在でも、加西市玉丘史蹟公園では、この伝説をもとに、「玉塚」（「玉丘古墳」）を根日女の墓に比定しようとする。しかし、赤松は早くもそれに異議を提出していた。

なお、現在、加西市史編さん室の古墳研究では、この「玉塚」（「玉丘古墳」）の成立年代を四世紀末とし、五世紀後半の根日女命伝説とは年代的隔たりがあり、その墓であることを否定する。そのうえで、『播磨国風土記』成立期の八世紀に存在していた伝説として、この根日女伝説を理解するべきであるとする［加西市史編さん委員会編 二〇〇八：四八-四九頁］［加西市史編さん委員会編 二〇一〇：二八八-二八九頁］。

赤松が「古代のロマン」のような根日女命伝説による「玉塚」（「玉丘古墳」）＝根日女命墓説を否定したのは、その成立年代ではなく、古墳を支配階級の政治権力の象徴としてとらえていたからであった。最初㈠㈡㈢三回の連載「下里川及び万願寺川流域」の「綜合《（総合）》的考察」のなかで次のようにいう。

> 古墳は古代社会末期に於ける経済的生産力発展の基礎の上に支配階級の政治的権力の映像として築造された一個の社会的築造物である。　［赤松 一九三四ｉ：二八頁］
>
> われわれは古墳を単なる考古学的遺物であるといふ愚を捨てねばならぬ。何故なら古墳は前述の如く一定の生産諸関係に基礎を持つ社会の政治的権力の表現であるから、単なる考古学的資料を以つて解決し得る程に容易な内容を持たぬ。故にわれわれはその社会の政治的経済的動向の基礎の上に古墳を見るべきであり、かくてのみ正しい考察は可能である。　［赤松 一九三四ｉ：二九頁］

地域史が陥りがちな好事家的「古代のロマン」ではなく、赤松はその地域考古学においても、冷静な姿勢を保つ。その結論は一般的であるともいえるが、「計画的」な「科学的調査」を志向し、それを実践したことによる、的確な指摘と考えてよいだろう。

「まづ文化集積の進行するのは盆地である」——盆地空間の地域的特徴

赤松の地域考古学は、その悉皆調査に基づき、加古川流域の古墳について、その地域的特徴をも指摘することにあった。日本古代史の通説にあてはめるのではなく、加古川流域における存在形態を、北条を中心とする盆地空間によって説明するまでに至る。

> まづ文化集積の進行するのは盆地である。——何故なら其処は最も適当な灌漑源に富み、かつ最小の労力で最大の耕地を獲得できるからだ。加古川を遡上した文化は早くから北条盆地に集積した。この盆地を四周する山麓に多くの古墳の築造されてゐるのは長き世代に渉る開拓と発展が、こゝを中心として進行したことを明かにし、玉塚の存在はこゝにこの地方を支配する中心勢力の成長を地上に記録する。次いで下里川流域のやゝ広潤な地その万願寺川との合流地附近に大聚落の成立を記録する。
> ［赤松 一九三四・i：三〇頁］

「玉塚」（「玉丘古墳」）のような前方後円墳を持ち、円墳も含めて古墳数も多い北条盆地、赤松は、最初㈠㈡㈢三回の連載が対象とした「下里川及び万願寺川流域」をもって、古墳時代の中心はこの地域であったという。

それに続く次の二回の連載（続篇1）（続篇2）では、その南側「加古川下流左岸地域」、旧印南郡地域を対象とする。この地域では、「本流域に於ける古墳は、その封土築造の型体に於いて、円墳のみで前方後円墳その他の型式は一つもない」［赤松　一九三五h：二一頁］といい、この地域の周縁性を指摘する。

そして、最後二回の連載（続篇3）（続篇4）による東側の「加古川中流左岸地域」、旧加東郡地域についても、前方後円墳がなく円墳のみの分布であるとして、同様の指摘を行なう。

本地域に築造された古墳を通じての一つの特徴は、その低位性にある。即ち、竪穴石室古墳に於いては、円墳のみに限られ、前方後円墳は見るを得ない。横穴石室古墳に於いては僅に家型石棺蓋3個、棺底1個の知見があるのみで、その製作も良好とはいひ難く、石室の築造も、まづ通常といふべきあつて特に注目するに足るべきものはない様である。従つて本地域は、竪穴石室古墳期に於いても、横穴石室古墳期に於いても、加西・印南の諸郡より著るしく立遅れてゐることを証するものゝ如くで、これは単に本地域に限らず全加東郡を通じての現象であることは注目するに足るだらう。　［赤松　一九三五j：二八頁］

旧加東郡地域の古墳の特徴は、その量的かつ質的な「低位性」であるという。

しかし、この地域については、いっぽうで、窯跡が三ヶ所、水晶採取・砂鉄精錬址と推定される遺跡があるとして、「原始工業地」であったのではないかともいう。

未だ明確に判らないが、水晶採取、砂鉄精錬址などの注目すべきものを持つことは、古代に於ける本地方が原始工業地として活動せることを証するものゝ如く、その精確な追求は東播古墳築造期を論ずる者の最大の任務であらう。唯、これが吾々の誤認であつたとしても、窯跡に就いてさえ詳細な追求が放棄されねばならなかつたのは、吾々の技術が未だ、その性格的な欠陥を克服し得ずアマチユア的水準を越えないことに原因があり遺憾に堪えない。

〔赤松 一九三五j：三〇-三一頁〕

アマチュア地方研究者であることを余儀なくされる赤松は、「原始工業地」であるのかどうかを論証するための調査研究技術を持たない。それを「遺憾」であるという。ただ、赤松は、それを克服するための手段があるという。

吾々が組織的計画的活動を、あらゆる困難にもかゝはらず遂行することによつてのみ、技術的水準の低劣性を克服して考古学の一層の発展の為の担ひ手となることができる。（中略）こゝに特に地方研究者の協力を待望すると共に、アカデミック的研究者が、それを忘れるならば自ら墓穴を掘るものであらう。

〔赤松 一九三五j：三一頁〕

七回にわたった調査報告「播磨加古川流域に築造されたる古墳及び遺物調査報告」が啓蒙と組織化による調査研究の提唱からはじまったように、その結論も、地域研究者の「組織的計画的活動」が考古学の調査研究を進展させるという。

赤松は、その民俗学のみならず考古学においても、方法論的にも、また、そのフィールドワークの実践においても、地域研究から議論を組み立てる研究者であった。地域研究からの提言である。そこには、マルクス主義的言辞のひとり歩きはない。また、史的唯物論的発展段階論への教条的迎合もなかった。

「早川二郎がすすめてくれ」――『歴史科学』からの「赤松啓介」の誕生

赤松は、『人類学雑誌』の一九三四年（昭和九）七月第四九巻第七号から翌一九三五年（昭和一〇）六月第五〇巻第六号まで、七回の連載「播磨加古川流域に築造されたる古墳及び遺物調査報告」に続き、一九三五年（昭和一〇）八月『歴史科学』第四巻第九号に「東播の古代社会状勢概観」〈脱稿年月日一九三五年二月一九日〉を、同年一一月『歴史科学』第四巻第一二号に「竪穴式高塚期の文化階梯――播磨加古川流域の研究」〈脱稿年月日一九三五年九月七日〉を発表する。「播磨加古川流域に築造されたる古墳及び遺物調査報告」が地理的配列による遺跡ごとの調査報告であるのに対して、これら「東播の古代社会状勢概観」と「竪穴式高塚期の文化階梯――播磨加古川流域の研究」は、編年史的に青銅器時代→竪穴式古墳時代→横穴式古墳時代→初期仏教時代の歴史的展開によって叙述し、加古川流域の古代史を整理する本格的論考であった。

この「東播の古代社会状勢概観」と「竪穴式高塚期の文化階梯――播磨加古川流域の研究」は、赤松がその考古学においてはじめて「赤松啓介」を記名した論考でもある。すでにみたように、赤松がはじめて「赤松啓介」を活字媒体に刻んだのは一九三四年（昭和九）八月『歴史科学』第三巻第九号の短信アンケート回答「諸家に聴く」、民俗学では翌一九三五年（昭和一〇）一月『歴史科学』第四巻第一号に発表した「郷土研究状勢の展望」であった。それらにやや遅れてであったが、故郷からの「赤松啓介」の考古学が誕生する。

民俗学および考古学、両者ともに「赤松啓介」誕生の掲載誌は、『歴史科学』であった。

この『歴史科学』における「赤松啓介」の記名は、「郷土研究と『歴史科学』」（一九七七）による赤松の回想では、マルクス主義古代史学者早川二郎（小出民声《こいでみんせい》。一九〇六‐三七）の勧めによったという。

早川二郎がすすめてくれ、彼の忠告で初めて「赤松啓介」を使った。詳しいことは記憶にないが、万一ということもあるからペンネームのほうがよいという主旨であったと思う。

［赤松 一九七七：四頁］

ただし、赤松と早川二郎との交流は、赤松の回想においてのみ存在し、早川二郎が一九三七年（昭和一二）一一月埼玉県秩父山中で遭難死したということもあり［森 一九三七：二頁］、早川二郎側からそれを確認することができない。

赤松は、あとでみるように、早川二郎が日本の古代社会に奴隷制をみとめないアジア的生産様式論を展開したことと関連して、「和島誠一氏との四十年」（一九七一）のなかで、次のようにも回想する。

当時、講座派の歴史研究者も古代社会に奴隷制社会を欠いたとする早川二郎、奴隷制社会があったとする伊豆公夫・渡部義通・服部之總などに分れていたが、ぼくが早く接触したのが早川二郎であり、彼はぼくが奴隷制存在論に傾いていると知ると、自分の家へ泊めてやるから上京せよ、奴隷制やアジア的生産様式について論争したいとすすめてくれた。そのうちに秩父の山中で凍死してしまったので、ついに機会を失ったのは残念である。

［赤松 一九七一：一一頁］

兵庫県在住の赤松と東京在住の早川二郎とは、直接会ったことはなく、書簡のやりとりのみであったと考えられる。早川二郎の妻加藤喜久代の回想によれば、一九三三年（昭和八）二月、黒田善治が早川二郎宅を訪問しそこから早川二郎のアジア的生産様式についての議論が本格化したというので［加藤 一九八六：四四九‐四五〇頁］、赤松は、戦無などの活動を通して交流のあった黒田善治を通して早川二郎との交流が生まれたのではないかと仮定しておきたい。

「赤松啓介」の由来については、管見の限りでは、赤松自身がそれを説明したものはみあたらない。ただし、この「赤松啓介」を開くと、マルクス主義の象徴色「赤」い「松」が、「啓《ひら》」き「介《たす》」ける、となる。「啓」は、赤松の好んだ啓蒙の「啓」でもあった。また、「赤松」は兵庫県播磨地域が室町期赤松氏の所領であったことに由来する可能性も高い。すでにみた「下里村の民譚」（一九三〇）の一七「城山の落ちた話」で、赤松は母の実家の下里村西笠原に伝わる落城伝説を次のように伝える。

嘉吉《かきつ》年間赤松満祐《みつすけ》が京師《けいし》に将軍義教を弑《しい》して領国播磨に帰つて追討軍と戦つた時、本村西笠原の城山に築いた赤松刑部介《ぎょうぶのすけ》則繁《のりしげ》も亦一族の誼に応じて山名氏の軍と戦つた。この時城兵は登る敵兵がよくすべる様にと竹の皮を山一面に敷いた。すると山名氏はこの竹の皮に火をつけて焼きたてたので城は忽ち落ちた。今でも城山の上には焼けた石が転つてゐる。又この赤松則繁の子孫は今も麓の西笠原に佐伯氏を名乗つて現存してゐるが三本杉を家紋としてゐる。

［赤松 一九三〇a：七〇頁］

一四四一年（永享一三・嘉吉一）嘉吉の乱で将軍足利義教（一三九四-一四四一）を殺害、しかし、山名氏によって自死に追い込まれた赤松満祐（一三七三？-一四四一）の一族赤松則繁（一四〇〇-一四四八）が、西笠原の城山で山名氏と戦い敗北、その子孫が「佐伯氏」と名字をかえ西笠原に住み着いたという。全国的に数多い落人伝説による村落開発伝承である。赤松の母の実家は「佐伯氏」であった。赤松啓介の「赤松」とは、母の実家の「佐伯氏」がもともと「赤松」氏であったという伝説に由来すると考えることもできる[*24]。

それでは、赤松が早川二郎のすすめで「赤松啓介」を使った『歴史科学』はどのような雑誌であったのであろう。

『歴史科学』は、「編輯発行人兼印刷人」を中村徳二郎（?-?）とし、歴史物を多く刊行した白揚社（東京市神田美土代《みとしろ》町）からであった。一九三二年（昭和七）五月創刊号（第一巻第一号）を刊行、四年後の一九三六年（昭和一一）一二月第五巻第一二号（通巻五一号）をもって廃刊した。その性格は、伏字の多い、その創刊号の第一論文グーコフスキー「歴史科学とは何ぞや」、第二論文エヌ・ルーキン「歴史科学における党派性のために」をひもとくだけで充分であろう。

グーコフスキー「歴史科学とは何ぞや」は、「わが同盟は社会主義が建設されつゝある世界唯一の国である。この国境の彼方には資本主義の諸国、すなわちわれわれの隣人にて同時に××の×が連つてゐた。われわれは資本主義世界の生活を極めて注意して観察しなければならぬ。×にうち×つためには、何よりもまづこれを研究しなければならぬ。」［グーコフスキー 一九三二：一頁］からはじめ、生産関係に土台としてそれの展開過程に歴史的「発展」をみようとする。エヌ・ルーキン「歴史科学における党派性のために」は、「激烈な階級闘争の下で、サヴェート同盟は「直接の、展開された社会主義建設の時代、社会主義の時代」に入つた（スターリン）」［エヌ・ルーキン 一九三二：三二頁］からはじめ、各国の階級闘争史を前面に打ち出す。

『歴史科学』のいう「歴史科学」とは、換言すれば、マルクス主義的唯物史観、しかも、ソ連を規範とするそれであった。赤松は、そのような雑誌に民俗学と考古学の論考を寄稿、それとともに、「赤松啓介」を使うようになっていた。

この『歴史科学』の性格は、一九三六年（昭和一一）一二月その廃刊にともない、後継誌として、翌一九三七年（昭和一二）一月、同じ中村徳二郎を「編輯発行兼印刷人」として白揚社から創刊号（第一号）を刊行した『歴史』と対照してみても明確であろう。『歴史科学』が持ったマルクス主義的唯物史観を意図的に払拭するかのように、『歴史』第一号は「特輯 外人の見た日本歴史」とし、第一論文は民衆史・荘園史家西岡虎之助（一八九五‐一九七〇）「支那側に於ける上古日本に対する経済的魅惑」、第二論文は外交史家丸山国雄（一九〇五‐八〇）「幕末維新時代来朝外国人の日本観」である。それぞれ創刊号の第一論文と第二論文によって、『歴史科学』と『歴史』を比較するだけでも、前者がマルクス主義的唯物史観を、後者が実証的論考を基本軸とする編集方針であったことをうかがうことができる。なお、この『歴史』も、一九三八年（昭和一三）五月第一六号をもって廃刊する。

「古墳の築造は、より一層の努力を消費する寺院建築によつて置き換えられた」——古墳から初期仏教寺院へ

発表誌が、このようなマルクス主義的唯物史観を基本軸とする『歴史科学』であったとしても、そこに誕生した「赤松啓介」の考古学は、階級的視点と発展段階論的視点は強いものの、教条的また観念的ではなく、悉皆調査に基づく実証に裏うちされている。故郷下里村を中心に、具体的フィールドとして加古川流域を設定し、地域的特徴を抽出させつつ、古墳から初期仏教寺院への歴史的展開過程を明らかにする。

マルクス主義的唯物史観とフィールドワークによる地域研究の融合であった。

たとえば、「東播の古代社会状勢概観」のなかで、古墳（「高塚」）について、次のようにいう。

竪穴にせよ横穴にせよ、かゝる高塚の構築は、既に階級的分裂が急速に進行してゐる証拠であり、奴隷並びに農奴化しつゝある氏族員の強力的駆使なくしては、かゝる巨量の労力を消費する構築は不可能であらう。又、副葬品として刀剣、甲冑、馬具、鏡、玉類、鉄鏃等々の貴重品があることは、既に氏族共有制が崩壊し私有財産制が確立されてゐたものと考へねばならぬ。

［赤松 一九三五k：九三頁］

赤松は、すでに「播磨加古川流域に築造されたる古墳及び遺物調査報告」でも指摘していたように、古墳（「高塚」）を私有財産制の発達と、それによる階級分化の表象としてとらえる。古墳の被葬者の多くは、大和朝廷に服属する地域の豪族層、地域の支配者であるので、赤松のこのような指摘は適切であろう。

同時に、赤松は、加古川流域における古墳の分布の特徴について、竪穴式古墳から横穴式古墳への展開を次のようにいう。

われ〳〵は竪穴期に比すならば横穴期の古墳が一般に技術的に優秀であり、かつ竪穴期の築造を見ない奥深い山林地帯にまで河川に沿ふて遡上してゐるのを見る。即ち竪穴期古墳はその多くが古川本流乃至沿岸地方に散在してゐるにかゝはらず、横穴期古墳は全支流に渉つて築造され、現在の聚落と大差なき分布ぶりを見せてゐる。そして前者が群集してゐるといつても二〇墳以下のものであつたにかゝはらず、後者の群集墳は少きも一〇以上多きは三〇〇に達するものがあり、以つて竪穴期に比し飛躍的に発達せることを証してゐる。

［赤松 一九三五k：九五頁］

加古川流域では、竪穴式古墳から横穴式古墳への展開過程において、地域的かつ量的拡大が顕著であるという。

そして、「竪穴式高塚期の文化階梯——播磨加古川流域の研究」では、この地域的特徴を立地条件によって説明する。加古川流域の古墳は、その立地条件によって三分類できるという。それは、⑴「山頂上」（一三例）、⑵「高原状山地」（一七例）、⑶「洪積台地方乃至沖積地」（一三例）であり、歴史的展開もこの⑴⑵⑶の順番により、高地から低地へ、古墳の立地が移動し、前方後円墳は⑶の段階での登場であるという。

> これを整理すれば、山頂の高塚は単独、竪穴石室、封土円形、周湟なく、漢式鏡の副葬あり、高原状山地に築かれた高塚は比較的狭い地域に密集、石室なく、封土円形多きも稀に帆立貝式高塚あり、浅い周湟□持ち、洪積台地及び沖積台地に築かれたものは広い地域に渉つて散在し、石室又は組合石棺を持ち、前方後円墳現はれ、封土亘《（マヽ）》大となり、葺石あり、周湟顕著、土堤の構成を見る。
>
> 〔赤松 一九三五ｌ：六六頁〕〔□—原文一文字空欄〕

マルクス主義的唯物史観により私有財産制の発達と階級分化の歴史的発展としてとらえながらも、同時に、それを加古川流域の地域的特徴に即して、精密に実証しようとする姿勢である。

古墳の調査報告に限定した「播磨加古川流域に築造されたる古墳及び遺物調査報告」に対して、「東播の古代社会状勢概観」と「竪穴式高塚期の文化階梯——播磨加古川流域の研究」では、加古川流域に即して、古墳の消滅のなかから、地域における初期仏教寺院の登場があるとも指摘する。地域の権力者である豪族が、その権威の象徴として、古墳にかわるものとして、初期仏教寺院の建立を選んだというのである。

か、る地方貴族は国司と協力して仏教の移入に勉めた。寺院は地方貴族、官僚の一般民衆及び隷奴使用によつて建設された。古墳の築造は、より一層の努力を消費する寺院建築によつて置き換えられた。

〔赤松 一九三五k：九七頁〕

赤松は、具体的に、加古川流域で「布目瓦」が出土する遺跡を、初期仏教寺院遺跡と推定し、それを八ヶ所紹介する。その地域は竪穴式古墳と横穴式古墳の分布する地域に重なるという。実際のフィールドワークによる地域研究に即した、古墳から初期仏教寺院への転換の論証であった。

「西笠原廃寺」「配置は薬師寺式」——初期仏教寺院の地域研究

初期仏教寺院の調査研究は、赤松の故郷、加古川流域にとどまらず、兵庫県播磨地域全域にまで広がる。赤松は、その成果を、一九三七年（昭和一二）四月『歴史科学』の後継誌『歴史』第四号「播磨における初期仏教文化」〔脱稿年月日一九三六年一一月一三日〕と、翌一九三八年（昭和一三）八月角田文衞編『国分寺の研究 下巻』所収「播磨国分寺」として発表する。また、一九三七年（昭和一二）二月『経済評論』第四巻第二号「古代聚落の形成と発展過程——播磨加古川流域の研究」も、古代集落史をその発掘例が少ないために、古墳と初期仏教遺跡により構成し、それにより、実質的な古墳研究、初期寺院研究として完成させている。

「播磨における初期仏教文化」のなかで、赤松がまず強調するのは、播磨には、文献に記録されない初期仏教遺跡が多いことであった。廃寺跡三一ヶ所、瓦窯跡三ヶ所、土器製作跡三ヶ所、合計三七ヶ所があるが、このうち、文献に残るのは播磨国分寺（兵庫県姫路市御国野町国分寺）のみである。これらのうちには、播磨国分寺創建以前に、すでに造営されていた仏教遺跡が多いのではないかという［赤松 一九三七b：三一‐三二頁］。赤松の分析方法は、伽藍配置の解明、年代測定が可能な中央の諸仏教寺院の瓦と出土瓦との比定であった。それにより、播磨には国分寺創建以前に初期仏教寺院の存在を確定することができるという［赤松 一九三七b：四九‐五二頁］。そして、「巨大な墳墓の築造が廃絶したのは、寺院創建へ移つたゝめに他ならないのである」［赤松 一九三七b：五〇頁］として、古墳から初期仏教寺院への移行を指摘する。これについては、「播磨国分寺」でも、播磨国分寺が古代末までに衰退し、慶長年間（一五九六‐一六一五）再興、以後、国分寺（真言宗）として継続することを文献資料によって確認するいっぽう、古墳から初期仏教寺院への移行は播磨の大和政権への政治的・文化的服属を示すという［赤松 一九三八c：一一四八頁］。

このような指摘をくりかえしつつ、赤松が播磨の初期仏教寺院をもっとも整理して発表したのは、「古代聚落の形成と発展過程――播磨加古川流域の研究」であった。東播磨地域で合計一二ヶ寺、うち、加西郡（現加西市）では四ヶ寺を確認することができるという。

＊（ ）は加西市史編さん委員会による名称・所在地。

(1)西笠原廃寺 加西郡下里村西笠原・鍋山 （野条《のじょう》廃寺 加西市野条町字上南ノ谷）
(2)繁昌《はんじょう》廃寺 加西郡九会《くえ》村繁昌・川西 （繁昌廃寺 加西市繁昌町字川西）
(3)殿原《とのはら》廃寺 加西郡在田《ありた》村殿原・国府寺境内 （殿原廃寺 加西市殿原町寺ノ前・鈴ヶ森）
(4)吸谷《すいだに》廃寺 加西郡富田《とみた》村吸谷・観音堂 （吸谷廃寺 加西市吸谷町字観音垣内）

これらのうち、赤松の帰省先であった母親の実家、西笠原の(1)西笠原廃寺（野条廃寺）について、赤松は次のように整理する。

西笠原廃寺は下里川東岸のゆるやかな丘陵上にあり、伽藍配置を完存してゐることは単に播磨のみならず全国的にも重要な資料であらう。配置は薬師寺式をなし南北八〇米《メートル》、東西六五米で、土橋廃寺よりやゝ小さい。心礎は未だ発掘されてゐないが古瓦は巴瓦三種・唐草瓦三種が出土し、その奈良町末乃至平安朝初期にあることを示し、下鴨里の中心が形成されたことを物語つてゐる。

〔赤松 一九三七c：五三－五四頁〕

「土橋廃寺」とは加東郡大《おお》部《べ》村（現小野市）土橋廃寺、「配置は薬師寺式」とは中門を入りその両側に西塔と東塔、正面に金堂、背後に講堂を配置する伽藍様式のことである。赤松は、その建立時期を「奈良朝末乃至平安朝初期」、八世紀末から九世紀初めに推定している。また、赤松は、「播磨における初期仏教文化」のなかでも、両寺が薬師寺式であることを指摘し、ここでは西笠原廃寺（野条廃寺）の伽藍配置概念図をも掲載する〔赤松 一九三七b：三七－三九頁〕。**図7**がそれである。これによれば、回廊が周囲をかこみ、南側の中門から入り、西塔と東塔、正面に金堂、背後に講堂を配置している。

しかし、この西笠原廃寺（野条廃寺）は、一九四三年（昭和一八）海軍姫路航空隊鶉《うずら》野《の》飛行場建設のためそのほとんどが破壊された。鶉野飛行場跡は現在でも、その長大な滑走路跡・防空壕跡などが残る戦争遺跡であるが、遺跡化する以前のその建設が、古代の仏教寺院遺跡を破壊していた。この破壊のために、現在では、この西笠原廃寺（野条廃寺）の正確な再調査は不可能となった。そうしたなかで、現在、加西市編さん委員会は、この西笠原廃寺（野条廃寺）の創建を、赤松と同じく、八世紀末から九世紀初めに比定、また、播磨国分寺系瓦の出土があることから、他の初期仏教寺院とは異な

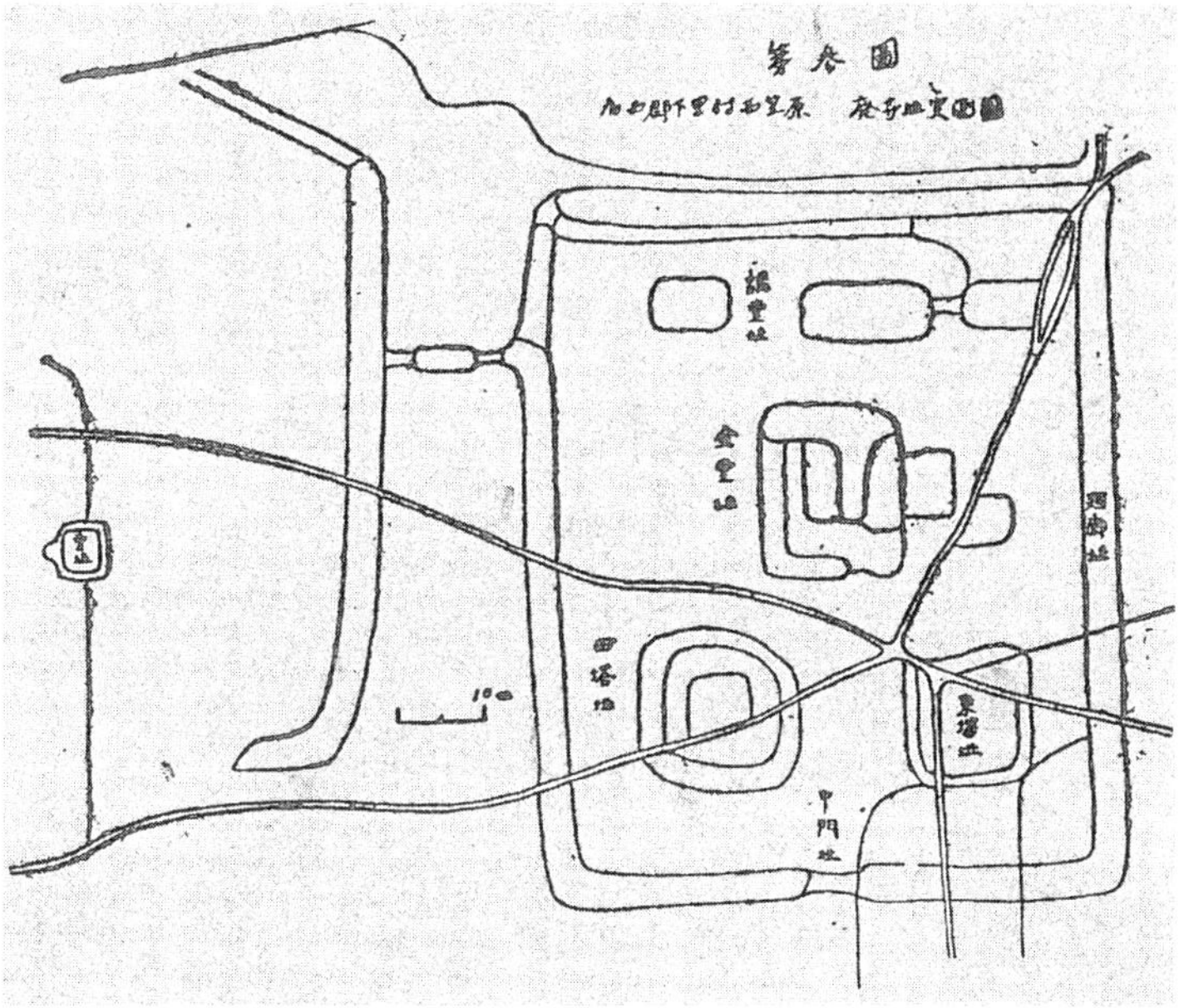

図７　西笠原廃寺（野条廃寺）概念図［赤松 1937b:39］

る性格を持つのではないかと推定している［加西市史編さん委員会編 二〇一〇：三九六、四七七・四七八頁］。

現在、加西市史編さん委員会は、さきにみた、下里村倉谷（現加西市倉谷町）の(A)「倉谷西端古墳」、(B)「倉谷北方古墳」、(C)「家型石棺」と同じく、ここでも赤松の調査報告について言及しない。特に、この西笠原廃寺（野条廃寺）については、正確な発掘調査が不可能になった現在、その遺跡破壊が行なわれる以前の調査であった赤松の調査報告はその概念図とともに重要な資料であるはずである。

ここでも、赤松の先駆的調査研究は忘却されているのであろうか。[*25]

赤松の初期仏教寺院研究は、調査報告にとどまらなかった。地方豪族の権威の象徴として、初期仏教寺院を古墳からの延長線上にとらえる現在の通説を、これら具体的事例において論証していた。たとえば、⑵繁昌廃寺については、『播磨国風土記』の「栖原里」の北部集落の中心、⑷吸谷廃寺については、『播磨国風土記』の「修布里」の中心集落での造営であり、古墳が存在する中心集落に初期仏教寺院が建立されたのではないかという［赤松 一九三七c：五四‐五五頁］。

> 廃寺が奈良朝後期以後と思はれる二・三を除いて殆んど横穴式高塚及び「里」の指示する聚落——それも中心聚落を一致することが明かになつた。これは廃寺所在地が何れも竪穴式後期高塚築造の地形と殆んど一致するもの、多きことによつて、その両者の社会的建築物としての一致を推察するに足るだらう。
> ［赤松 一九三七c：五五頁］

これらは、現在、加西市史編さん委員会が同様の指摘をしている。⑵繁昌廃寺については、その南方に後期古墳が、⑷吸谷廃寺についてはその北方に大型横穴式石室を持つ堂山古墳があり、後期古墳造営者と初期仏教寺院造営者に明らかな連続性が認められるという［加西市史編さん委員会編 二〇一〇：三〇五、四五六、四七二頁］。なお、加西市史編さん委員会がいう堂山古墳とは、赤松が「播磨加古川流域に築造されたる古墳及び遺物調査報告」のなかで調査報告する「窪田古墳」と同じであり、「巨大なる円墳にして中腹に大日庵といふ寺院あり、その背後に横穴式石槨が巨口を開いてゐる」と記す［赤松 一九三四h：一四頁］。「大日庵」とは、加西市窪田町にある大日寺（天台宗）のことである。

このように、赤松の故郷をフィールドとする地域考古学は、手弁当の制約された条件のもとでの調査ではあったが、ひとつひとつの具体的事例により、また、それらを相互関連性によってとらえ、結論を帰納する方法をとった。一九三三年（昭和八）帰省後の赤松が実践した考古学は、発掘調査技術が格段に進歩した現在的水準からみても、劣ることはないだろう。また、そのなかには、(1)西笠原廃寺（野条廃寺）の調査報告のように、その遺跡破壊により、現在では、その実態把握が不可能となった遺跡もある。

　赤松考古学が故郷から出発した本格的な地域研究であったことは、赤松民俗学と同じであった。ときにマルクス主義的言辞を吐きつつも、その調査研究においては、地域に根ざし、しかし、個別の遺跡に限定せず、特定の地域的範囲の悉皆調査をもって議論を組み立てる、それが赤松の基本的研究方法であった。

「糊とハサミの仕事」『東洋古代史講話』（『東洋古代民族史』）――はじめての単行本

アジア太平洋戦争敗戦前、一九三〇年代の赤松の単行本は、あとでみる一九三八年（昭和一三）五月発行三笠全書（三笠書房）『民俗学』が知られる。これが赤松の最初の単行本であるという誤解もある。しかしそうではなく、赤松のはじめての単行本は、一九三六年（昭和一一）八月五日発行（白揚社）『東洋古代史講話』であった。赤松は一九〇九年（明治四二）三月四日生まれであるから満二七歳であった。内容的には、民俗学ではなく、考古学的成果をとり入れた原始古代史である。その出版は、赤松がその考古学の論考を発表し、ペンネーム「赤松啓介」を使うきっかけとなった『歴史科学』『歴史』の発行所白揚社である。これは、タイトルをかえ、三年後の一九三九年（昭和一四）五月一〇日発行（白揚社）『東洋古代民族史』として再版されている。

　この『東洋古代史講話』も、ペンネームの使用をすすめてくれた早川二郎と、古代史学者・詩人の伊豆公夫（赤羽寿《ひさし》・赤木健介。一九〇七‐八九）の推薦であった。赤松は「『東洋古代史講話』の頃」（一九五九）のなかで次のように回想する。

本を出版するようになったのは、伊豆公夫、早川二郎などのすすめで白揚社の『歴史科学』に書いているうち、誰も東洋史を書くものがないので、一ぺん書いてみないかということであったと思う。東洋史関係では佐野袈裟美《けさみ》氏がいたのだが、同氏が入獄中でぼくが代打者に選ばれたというのだろう。

［赤松　一九五九ａ：四四頁］

佐野袈裟美（一八八六‐一九四五）は、文芸評論家であり東アジア史研究者でもあった。その代役であったという。

『東洋古代史講話』は、伝播論的文化人類学・考古学の成果をも援用し、原始・古代の東アジア民族構成史によって前半の第一章「東亜洪積世社会史」・第二章「東亜種族構成史」を、唯物史観的な古代国家史によって後半の第三章「東亜古代文化史」・第四章「東亜古代社会史」・第五章「東亜古代社会の特質」を構成する。少年期の読書、西村眞次『国民の日本史 第一篇 大和時代』（一九二二）、津田左右吉『神代史の研究』（一九二三）・『古事記及び日本書紀の新研究』（一九一九）の影響もあろう、その原始古代史は、記紀（『古事記』『日本書紀』）神話を実在とする皇国史観のような非科学的な古代史ではなく、民族がどのように移動し、また、定住し、社会を形成していったのか、それを民族構成史として概観する。そのうえで、唯物史観によって、階級社会の形成、それによる古代国家の成立をえがく。

しかし、その内容は、赤松のオリジナルはなく、他者の研究を要約、接合し、引用をくりかえす。赤松みずからの調査研究ではない。これについては、赤松も自覚していたのであろう、次のように回想している。

> 初めての出版でなにか感激したかといえば、実は糊とハサミの仕事なので、あんまり自慢にもならず、いつになったらほんとうの自分の仕事ができるのかと、なさけない方が先であった。
>
> 〔赤松　一九五九ａ：四四頁〕

「糊とハサミの仕事」であったという。そのためであろう、『東洋古代史講話』は、各節ごとに参考文献を明記する。「糊とハサミの仕事」であることを正直に伝えている。

赤松は次のようにも回想する。

> ぼくたちは文字通り「弾圧の嵐のなか」で戦い、それに加えて生活苦にせめつけられているといったあんばいで、二重三重の苦しい環境での研究である。のんきに大学生活を楽しみ、暖い研究室で万巻の書籍や資料にかこまれての研究とはわけが違う。たとえ糊とハサミといわれようと、事実を知らずに理論で割切るとそしられようと、ぼくたちにできた精一ぱいの仕事をしたと答えるよりほかない。
>
> 〔赤松　一九五九ａ：四五頁〕

「糊とハサミの仕事」であった。しかしそれは「精一ぱい」の仕事であった。それが赤松のはじめての単行本『東洋古代史講話』である。

「農業に決定的な重要性を持つ人工灌漑」――アジア的生産様式論

そうしたなかで、この『東洋古代史講話』を特徴づけるのは、最後の第五章「東亜古代社会の特質」で、アジア的生産様式について言及したことであろう。赤松における唯一のアジア的生産様式論であったのではないだろうか。

アジア的生産様式とは、いうまでもなく、カール・マルクス『経済学批判』（一八五九）「序言」が概観する社会構成史による歴史的発展段階、「アジア的、古代的、封建的および近代ブルジョア的生産様式が経済的社会構成のあいつぐ諸時期として表示されうる」とした、「古代的」に先行する原初的生産様式のことである［大内他監訳 一九六四：七頁］。しかし、カール・マルクスによるその説明がほとんどなかったため、一九三〇年代、アジア的生産様式論が沸騰した。日本の歴史学界でも、それを生産様式のひとつとするのかどうか、また、そうであるとするならば、それを氏族制、奴隷制、農奴制など、どの歴史的段階に対応する生産様式とするべきであるのか、多様な議論があった。たとえば、羽仁五郎（一九〇一‐八三）・服部之《し》總《そう》（一九〇一‐五六）など講座派主流の近現代史家は幕末・明治維新期にアジア的生産様式の濃厚な残存をみようとし、赤松にペンネーム使用をすすめたマルクス主義古代史学者早川二郎は古代の奴隷制ではなく農奴制に対応する封建的生産様式の一種として理解した［福冨 一九七八：三九二‐四〇〇］。早川二郎は、日本の古代社会では商業と奴隷制が未発達であったとし、原始の共同体社会が奴隷制を通過せずに封建社会へと移行したとして、原始社会の終末期から封建社会への成立期にアジア的生産様式をみようとする［早川 一九三四：七四‐七五頁］［早川 一九三五：一二四‐一二五頁］。

このようななかで、赤松の説くアジア的生産様式は、羽仁五郎・服部之總また早川二郎とも異なり、日本の古代社会に奴隷制をみとめ、カール・マルクス『経済学批判』に沿った原初的生産様式としてであった。

> アジア的生産様式に関する吾々の見解を要約すれば、『経済学批判』に於ける「アジア的生産様式」なるマルクスの表象は、古代的、封建的、近代ブルジョア的の三生産様式と共に同列に置かれるべき、且つ歴史的継起性に於いてそれらの最初に古典的生産様式に先行する位置に置かれるべき、一つの独自な社会構成を意味するものと解する。ところで他の三つの生産様式は何れもその各々に照応する収取形態を持つ。即ち古典的生産様式は奴隷制を、封建的生産様式は農奴制を、近代ブルジョア的生産様式は賃労働制を持つてゐる。だがアジア的生産様式は何ら固有な収取形態を持つてゐない。（中略）吾々はマルクスのアジア的なる表象が『経済学批判』に関する限り独自の社会構成であることを認める。しかし、それはマルクスがまだ氏族制社会の存在を明瞭に知らなかつたため、階級社会発生の原初形態として当時印度《インド》、支那《中国》等に特徴的に見られた村落共同体に、その萌芽を見出して一応アジア的生産様式として把握したのである。そして明かな様に当時といへどもマルクスはこれを階級社会の最初の歴史的継起的構成として考へた。だから、これを前階級社会に押上げることは断じて誤謬でなければならぬ。
>
> 〔赤松：一九三六b 二二四-二二五頁〕〔赤松 一九三九a：二二四-二二五頁〕

アジア的生産様式は、マルクスがインド・中国の村落共同体を参考にしつつ、階級社会の原初的形態をイメージしたものであり、マルクスが古代奴隷制以前の氏族制社会についての理解を欠いていたために、これら村落共同体を参考にして設定した原初的生産様式であるという。交流のあった早川二郎ほどの理論的模索によるのではなく、一般的理解であったといってよいだろう。なお、ここに「収取」という聞き慣れない単語があるが、これは「搾取」などに置き換えることが可能であろう。

赤松は、このようにアジア的生産様式を生産様式の原初的形態としてとらえるなかで、そこに共同体的灌漑農業を原因とする濃厚な停滞性を指摘する。

> 即ちこゝに東洋の、アジアの停滞的特質が抉出されてゐる。これを要約すれば、農業に決定的な重要性を持つ人工灌漑に特徴づけられる自然的制約によつて共同体が崩壊しないのみならず一層強化され、農業と農村家内工業の結合による殆んど完全な自足的性質の獲得は商業の未発達をもたらし、共同体の公撲《（公僕）》であつた官僚が治者階級に押し上り土地の国有を宣言し地代を租税として強収する所謂東洋的専制政治を強行し、それらは東洋に於ける静止的、停滞的性質を特徴づけた。
> 〔赤松：一九三六b 二二八‐二二九頁〕〔赤松 一九三九a：二二八‐二二九頁〕

共同体的灌漑農業こそが、アジア的停滞性の基底にあるという。これも、アジア的生産様式についての一般的理解といってよいだろう。なおこれについても、アジア的生産様式について理論的模索を重ねた早川二郎が、その『古代社会史』（一九三六）のなかで、アジア的生産様式には共同体的灌漑農業以外もあり〔早川 一九三六：一八四‐一九四頁〕、そこにその特徴のすべてを還元するべきではないとした主張とは異なっている。

アジア的生産様式の理解について、早川二郎と比較したとき、赤松のマルクス主義の特徴が明らかにならないだろうか。

第一には、赤松は論理的ではある。しかし、理論家ではなかった。理論的模索、さらにはそれにともなう、マルクス主義的論争によって空まわりすることもなかった。赤松は、民俗学ではその地域からの実践により柳田民俗学否定をくりかえしたが、そのマルクス主義においては、セクト性をもともなう相互批判（攻撃）のなかに身を沈めることもなかった。

第二には、赤松をして、この論理的ではあるが、理論家ではない研究者として立たせたのは、その故郷からの地域に根づいたフィールドワーカーであること、そこに要因があった可能性が高いことである。その民俗学のみならず、考古学においても、その生活世界からの拡大により、フィールドワークをくりかえし、調査研究を行なう、それが赤松の学問である。あらかじめマルクス主義があるわけではなく、また、それによる理論、社会構成史があるわけでもない。

実態から乖離した論理の構築はおのずと不可能となる。理論は最大公約数であればよく、実態からの、地域からの、みずからのフィールドワークによる研究の論理的構築、それが赤松のマルクス主義であった。回想のなかで、みずからのはじめての単行本を「糊とハサミの仕事」と言い切ることができたことは、その故郷からの研究に対するひそやかな自信のあらわれと考えることもできるかもしれない。

第三には、赤松のアジア的生産様式論が、三二年テーゼ（日本に於ける情勢と日本共産党の任務に関するテーゼ）受容と関連性があったのかどうかである。一九三〇年代以降、日本のマルクス主義またその周辺でも、「天皇制」概念を新造した三二年テーゼの影響は大きい。

赤松の回想「地域研究・批判」（一九八〇）によれば、大阪中央郵便局勤務時代、一九三二年（昭和七）から一九三三年（昭和八）初めに、三二年テーゼを読んだという。「日本共産党が大工場大経営に細胞を作れといっていたんで、党からもすぐ連絡が来て北地区委員会へ入れられた。（中略）『赤旗』を読ませられ、「三二年テーゼ」は夜、下宿で頭からフトンかぶって読んだ」［赤松 一九八〇a：一二三頁］。しかし、赤松による三二年テーゼの回想はこれだけであろう。当時、三二年テーゼ翻訳は、非合法版『赤

旗 特別号』河上肇訳と合法版『インタナショナル』第六巻第一四号（一九三二年九月）村田陽一訳の二翻訳があるので［山辺編 一九六四：xliv］、この回想から推測して、赤松は三二年テーゼを前者非合法版河上肇訳で読んだことになる。

三二年テーゼは、日本の近代国家、「天皇制」をアジア的停滞性に基づく半封建的支配、絶対主義的支配とし、当面の課題、革命を社会主義革命へ「強行的転化」させるブルジョア民主主義革命であるとした［山辺編 一九六四：六一七‐六一九頁］。実質的な、ロシア革命的二段階革命論であり、日本の近代国家の半封建性を重視し、明治維新を絶対主義的変革とする視点の原型でもあった。

しかし、赤松の論考は、このあとみるように、その多くで民俗事象を封建習俗の残存としてとらえつつも、日本の近代国家の基本は資本主義的経済のもとにあるとする。同時代の日本国家は資本主義的生産様式が基本であるとし、封建習俗の残存はそれに従属する存在とされる。仮に、明治維新を位置づければ、赤松はそれを不徹底なブルジョア民主主義革命と理解していることになろう[*26]。赤松の歴史認識は、講座派的なそれとは異なっていたと考えなければならない。赤松におけるアジア的生産様式論の受容は、アジア的停滞性を視野に入れ農業生産そして灌漑用水の調査研究に比重を置きつつも、資本主義社会のなかの封建習俗の残存としてであった。三二年テーゼのような明治維新＝絶対主義的変革、二段階革命論に基づくものではない。

Ⅲ

民俗解体のための現代民俗学

壮年期近影（1956年。『一揆 上』
庶民評論社口絵写真より）

1　生産関係の民俗学

「日本農業の零細農奴的耕作」——生産関係への機微におよぶ観察

赤松の考古学は、『歴史科学』『歴史』などを通して、早川二郎などマルクス主義歴史学者との交流のもとで、主な研究対象を古墳時代から初期仏教文化時代にかけて、フィールドを兵庫県播磨地域（特に加古川流域）とし、天皇王権が地域をその支配下に置く過程を論証しようとした。また、一九三六年（昭和一一）八月発刊『東洋古代史講話』ではアジア的生産様式、アジア的停滞性についての理解を持った。

このような、故郷からの「赤松啓介」の考古学、マルクス主義的考古学が、その民俗学に影響を与えることがなかっただろうか。

それを論証することは難しい。ただ、確実に指摘できることは、『東洋古代史講話』を経た一九三七年（昭和一二）から、赤松民俗学にそれまではなかった二つの特徴がみられることである。

一つは、それまでみられなかった研究対象が付け加わる、あるいは、研究対象が拡大することである。農業生産研究を積極的に展開するようになる。年中行事のような儀礼を対象とするばあいでも、それを農業生産との相互関連性においてとらえようとする。それまで、赤松民俗学が研究対象としてきた主な分野は、昔話・伝説・民謡など口承文芸、俗信・新宗教など民間信仰、人間社会の観念的部分である。消費である。しかし、この時期からの赤松は、生産へとその研究対象を拡大する。

それは、研究対象の拡大にとどまらない。新たな分析方法の提出でもあった。農業生産研究は民俗学では生産生業に分類されるが、赤松の調査研究は、単なる民俗学的な生産生業研究としてではない。生産関係としてであった。また、農業生産のなかにあらわれる社会関係をも抽出しようとする。

消費としての口承文芸や民間信仰のみならず、生産としての農業、そこにおける社会関係の解明、それが、赤松民俗学が新たに獲得した調査研究であった。マルクス主義的な一般表現を使えば、上部構造のみならずそれの土台、下部構造への注目、これが赤松民俗学において現れてきたということができる。

正確にいえば、すでにみた、一九三四年（昭和九）四月『旅と伝説』第七年八月号「製塩工程の調査」のなかで、赤松は三点の調査指針を提示、二つめは「まづ土地の基本産業、次いで特殊産業から初《(始)》められねばならぬ」であった。そして、フィールドワークに基づく塩田調査を発表した。これは赤松の言葉にしたがえば「特殊産業」の調査研究であり、すでに赤松の構想のなかに「基本産業」農業研究があったと理解することもできる。この「基本産業」農業生産について、本格的論考を発表するようになるのが一九三七年（昭和一二）以降であった。

もっとも、ここにおいても、故郷をフィールドとする赤松民俗学の基本に変化はない。

たとえば、次にみる、一九三七年（昭和一二）一月『唯研ニユース』第六三号に発表した「畦《あぜ》の話」は、赤松の帰省先、母の実家のある下里村西笠原の事例によっている。

「畦の話」は、水田の取水と排水をめぐる水利について、それに鋭敏な農民社会をエッセイ風にえがく。この「畦の話」は、農民社会の機微について、赤松が現実に基づいた正確な認識を持っていたことをも理解させてくれる。

都市的ニユース——といふのは一寸変だが、そうしたものに混つて泥臭い田舎の話も亦よからうと思ふ。畦は要するに田圃の畦である。（中略）諸君が若し畦を単に田圃の境界を指示するに過ぎないと思つたら大変な間違ひである。畦は所有の、乃至田圃の境界であると共に、それに附属する一切の権利を明確に主張するだらう。この畦は第一に作業のための通路であり、第二に水利権と密接に結合してゐる。畦の何処を切取つて水を入れるか、または落すかといふことは厳然として定められてゐる不文律であり、売買の際に引継かれなければならない。

［赤松 一九三七d：一頁］

水田の畦とは、単なる土地の境界ではなく、水利権、水田の取水と排水に大きく関係するという。

一々《いちいち》指示して貰つて成程と合点するが、それを文章に綴ることは誠に厄介にも困難なほどデリケートだ。これも日本農業の零細農奴的耕作が与へる一つの表現であるといへるが、ともかく驚くべき精緻な感覚を持つてゐる。畦の切る処を変へるか、また新しく切つたといふときには、部落の老人連が総動員されて、その田の何処を切るのが幼時からの、また祖父、曾祖父達からの約束であつたかに就て証言させられる。それを聞くと実に細かいことまでよく伝承されるものだと思ふ。今はもう魂どころでない白骨さへ消滅したであらう人達の名前や交渉までが明るみに投出される。これも一朝の困難の時を思ふからだ。それでなくても田植え時には何処の田へ入れた水を何処の田へ落して、それから——ちやんと定められた約束がある。これが伝承される基礎は勿論、それが生産と不可分の関係を持つからだ。

［赤松 一九三七d：一頁］

「日本農業の零細農奴的耕作」、小農経営による細分化された農地、稲作のための水田では、適切な取水と排水が必要である。畦はその取水路と排水路を切る。その位置が小農の水田稲作において死活問題であり、社会伝承としても存在するという。

耕地整理が一般化し、用水路が整備され、また、休耕田が増えた現在では想像すら難しいが、渇水期には水論（水争い）が頻発したかつての日本農村では、用水確保は最重要課題であった。故郷に生活するがゆえであろう、赤松は農業生産の微妙な感覚を理解するようになっていた。

そして、赤松におけるこのような用水への着眼は、その考古学におけるアジア的生産様式論からの影響を推定することができよう。すでにみた赤松のアジア的生産様式論では、灌漑用水との関連においてアジア社会の停滞性を指摘した。アジア的生産様式論としては一般的であろうが、共同体的灌漑農業にその停滞性の原因をみようとする。それが、赤松民俗学のなかでも、用水への着眼としてあらわれたと考えることができる。

「封建領主からの労働地代」——現代的視点による封建習俗の残存としての民俗事象

一九三七年（昭和一二）以降の赤松における、二つめの特徴は、一つめの農業生産、およびそれに関係する共同体規制を、封建習俗の残存として理解するようになることである。赤松は、その封建習俗の残存を、現代社会のためには解体されなければならないと考える。

たとえば、赤松は、一九三七年（昭和一二）三月『唯研ニュース』第六六号に発表した「日役の役割」〔脱稿年月日一九三七年二月三日〕で、道普請（「道ふしん」）・用水整備（「溝さらへ」）など集落の共同労働（「日役」）を、封建習俗の残存、封建的労働地代の残存であるという。その事例は、ここでも母の実家、帰省先の下里村西笠原である。

> 「日役」とは部落のための仕事に共同で従事することである。だからまた「村役」ともいふ。地方及び部落で多少の相違はあるが播磨加西郡地方の部落では道ふしん、溝さらへ等が普通である。即ち、下里村西笠原では道ふしんと溝さらへだけで、道ふしんも溝さらへも共に田植え前に行はれるから、何れも植え付けの準備のためといへよう。この日役には一戸に一人は必ず出なければならない。だから男のゐない家では女でも、また子供でも相当な年齢なら出て良いのだ。（中略）だが、この日役に日当の当るのと当らないのとがあり、溝さらへは一日一人に就き米三升を標準として支給されるが、これに反して道ふしんは日当を支給しないので、これを「ツブシ」日役といつてゐる。「ツブシ」とは無駄にしたといふような意味だ。　［赤松 一九三七e：二一頁］

まず下里村西笠原の道普請（「道ふしん」）・用水整備（「溝さらへ」）を例として集落の共同労働を紹介する。赤松はこの共同労働を封建社会の労働地代の残存ととらえる。

> ところで私の考へたいのは日役の果す役割である。封建社会に於ける日役がもつと《（ママ）》基本的な意義をもつてゐたことは、こうした日役によつて封建領主からの労働地代――賦役を支払つてゐたことによつて明かだ。即ち、それは部落のための仕事に共同で従事することであると共にまた領主のために部落が共同でその仕事に従事することでもある。　［赤松 一九三七e：二一頁］

労働地代の残存であるというこの指摘が適切であるかどうかは、検討の余地があり、そこに論理の飛躍があるとしても、ここでは、赤松が集落の共同労働を美化せず、それを封建習俗の残存ととらえた、その認識方法に重要性を認めたい。残存ととらえるのは、赤松がそれを現代の桎梏と認識しているからであり、過去の復原をノスタルジックに志向せず、社会現象をあくまで現代の現象として、また、同時代史として理解しようとする視点を貫いているからでもあった。

これについては、赤松が中心となり組織した兵庫県郷土研究会が一九三七年（昭和一二）二月創刊した機関誌『兵庫県郷土研究』創刊号（第一巻第一号）に、赤松が発表した「農業習俗の停滞性に関して――兵庫県加西郡下里村虫送り行事」のなかで、稲作農耕の停滞性が封建習俗の虫送り行事を残存させているという指摘とも連続性を持つ。ここでもその事例は、西笠原をはじめ下里村の虫送り行事の悉皆調査によってである。虫送りへの参加が共同労働（「日役」）の集落さえあるという。そして、赤松が問いかけるのは、この封建習俗がなぜ現代に残存するのか、その解明の必要性であった。

> 現代残存せる前代――封建的習俗は決して基本的習俗なのでなくて補助的な役割を果したに過ぎない。だからこそ現在にまで残存し得たのである。（中略）故に前代の封建的習俗の残存は、如何なる場合にも現在の、資本主義社会に於ける相互的諸関係の制約乃至依存によつて残つたものであらねばならぬ。だから吾々に与へられた課題は、残存せる封建的習俗の純粋な、典型的な形態で追及することではなくして、如何にして残存し、何故残存したか――を追求することである。
> ［岩田編 二〇〇四：三三頁］

兵庫県郷土研究会および『兵庫県郷土研究』についてはあとで再論するが[*27]、この『兵庫県郷土研究』創刊号に発表した「農業習俗の停滞性に関して――兵庫県加西郡下里村虫送り行事」も、その発表年月は一九三七年（昭和一二）二月であった。赤松は、一九三六年（昭和一一）八月発刊『東洋古代史講話』でのアジア的生産様式についての議論を経て、一九三七年（昭和一二）に入り、このように、民俗事象を資本主義社会における封建習俗の残存としてとらえようとする視点を明確に打ち出すようになっている。

民俗事象を封建習俗の残存ととらえる、赤松のこの認識方法については、柳田系民俗学の共同労働についてのとらえ方と比較してみると明確であろう。たとえば、この時期、橋浦泰雄（一八八八‐一九七九）が柳田国男編『日本民俗学研究』に「協同労働の慣行」（一九三五）を、柳田国男編『山村生活の研究』に「協同労働と相互扶助」（一九三七）を、その後、坪井（郷田）洋文（一九二九‐一九八八）が『日本民俗学大系　第四巻　社会と民俗Ⅱ』に「互助協同」（一九五九）を発表、集落の共同労働を全国レベルの資料によって概括的に整理する。彼らの共同労働のとらえ方は、それを集落内の相互扶助として肯定的にとらえ、赤松のように共同体規制とする否定的認識ではない。また、封建習俗の残存であるという認識もない。

赤松の認識方法は、故郷でみずからが直面する事実をもって語ろうとしていることもあろう、リアルで具体的であった。

一九三七年（昭和一二）二月『唯研ニユース』第六四号に発表した「村の制裁」（脱稿年月日一九三七年一月二〇日）も、集落の共同制裁（村ハチブ）の現代における崩壊を具体的にえがく。

兵庫県加東郡のある集落で、村ハチブとした家の周囲に鉄条網を張り見張り番をつけ監視、すべて交際を停止させるという事件があった。この事件は、それを行なった集落の中心人物が不法監禁と脅迫罪で検挙され決着したという。なぜ、このような激しい村ハチブになったのか、赤松は次のように解説する。

> これはこうでもしなければ現在では「村八分」が徹底しないためで、昔のように村から追ひ出すわけに行かず、さりとて交際を断つた位ではかへつて余計な費用が要らず、村で買ひ物ができなければ他処で買ふといふわけで少しも苦痛にならない。昔なら、されるといふだけで非常な苦痛を感じたのだが、現在ではそうした道徳的苦痛さへ減じてゐるし、更に村人達にも対立ができて一致した排斥ができぬ。この場合でも最初は断交の申合せだけだつたが、少しも行はれぬので鉄条網に番人といふことになり、それでも行はれたため遂にその家も鉄条網を張られるといふようなことになつた。現在の法律は被罰者が如何に村の共同生活を破壊しようと、それが法律に抵触しない限り罰しないのみならず、反対にこうした懲罰を不法監禁として罰する。この事件は流石《さすが》に物凄い「村八分」をやられて詫びを入れたが、そのための談合金のことから強迫が重《かさな》り不法監禁及び強迫罪が成立した。
>
> ［赤松 一九三七f：一二頁］

集落の封建的慣習法とでもいうべき村ハチブの残存と、それと近現代の法制との相剋であった。

「田舎派『唯研』」――民俗学の「栗山一夫」と『歴史科学』『唯物論研究』の「赤松啓介」

一九三七年（昭和一二）以降、顕著にあらわれてくる赤松民俗学の二つの特徴、一つめのアジア的生産様式論に影響を受けた農業生産への着目、二つめの現代的視点から民俗事象を封建習俗の残存として理解する研究方法論、赤松がこれらによる論考の多くを発表したのは、いまみた唯物論研究会の広報誌『唯研ニュース』（⇩『ダイヂエスト』）、そして、その機関誌『唯物論研究』（⇩『学芸』）であった。

それでは、なぜこの時期に、このような赤松民俗学の二つの特徴が顕著にあらわれてくるのであろうか。

それ以前から、赤松は、マルクス主義的思考を受容しつつも、その民俗学においても考古学においても、着実なフィールドワークに基づく地域研究がその中心であった。そうしたなかで、『歴史科学』（⇒『歴史』）への投稿と『東洋古代史講話』執筆は、いっそうマルクス主義的思考を深化させ、その研究方法の中心に位置させるようになったと考えることができる。

それが、唯物論研究会入会と『唯研ニュース』（⇒『ダイジェスト』）・『唯物論研究』（⇒『学芸』）への寄稿によって、明確になったと考えられるのである。

唯物論研究会は、唯物論哲学者戸坂潤（一九〇〇‐四五）・科学史家岡邦雄（一八九〇‐一九七一）・哲学者三枝博音《さいぐさひろと》（一八九二‐一九六三）などが中心となり、社会の現実に即した唯物論研究を目的として、一九三二年（昭和七）一〇月二三日設立された。一九三八年（昭和一三）二月一二日解散、『学芸』発行所として継続するが、同年一一月二九日中心メンバーが唯物論研究会事件で検挙され解消する。赤松にペンネーム使用と『東洋古代史講話』執筆を薦めた古代史学者早川二郎も創立時からの会員であり、一九三五年（昭和一〇）一一月からは幹事のひとりであった［加藤 一九八六：四四九、四五四頁］［岩倉 二〇一五：資料八頁］。早川とともに赤松に『東洋古代史講話』執筆を薦めた伊豆公夫も創立発起人のひとりであり、一九三五年（昭和一〇）一一月からは幹事のひとりであった［古在 一九八二：七四頁］［岩倉 二〇一五：資料七頁］。

唯物論研究会は、設立の翌月、一九三二年（昭和七）一一月、機関誌『唯物論研究』を創刊する。一九三八年（昭和一三）三月、前月の唯物論研究会解散により第六五号をもって廃刊するが、唯物論研究会を学芸発行所として継続、同年四月『学芸』第六六号を創刊する（号数・レイアウトを『唯物論研究』から継続）。しかし、同年一一月二九日唯物論研究会事件によってこの学芸発行所も解消、『学芸』は第七三号をもって廃刊となる。また、唯物論研究会は、広報誌『唯研ニュース』を刊行する。これは、設立の翌年、一九三三年（昭和八）一一月創刊、唯物論研究会が解散する一九三八年（昭和一三）二月第八八号をもって廃刊するが、『学芸』発行所から同年五月後継誌『ダイヂエスト』第八九・九〇合併号を創刊する（号数を継続）。唯物論研究会事件によって、この『ダイヂエスト』も同年一一月第九六号をもって廃刊となった。

唯物論研究会は、その設立の翌年、一九三三年（昭和八）四月一〇日本郷仏教青年会館での講演会が官憲により解散され、最初の弾圧を受ける。このとき、設立時から参加していた多くの自然科学系会員が退会、同年八月には、設立時中心メンバーの三枝博音も退会する［古在 一九八二：八三‐八五頁］［岡邦雄 一九七六：一〇‐一一頁］。さらに、一九三五年（昭和一〇）一一月一〇日第四回総会では、会員数五〇人減の報告があった［岩倉 二〇一五：一三一頁］。赤松と交流のあった早川二郎と伊豆公夫が幹事になるのは、退会者が増え会員数が減少し続ける、一九三五年（昭和一〇）一一月第四回総会からであった。

赤松の唯物論研究会入会は、このように、退会者が続出、弾圧も予測される一九三六年（昭和一一）一一月である［岩田編 二〇〇〇b：四九一頁］。伊豆公夫と和島誠一の推薦であった。「田舎派『唯研』の情況」（一九八八）のなかで次のように回想する。

私は唯研の会員としては、極めて新しい。（中略）一九三六年ごろ、和島が訪ねてきて唯研の会員がどんどん減ってきて困っている。お前、入会しろ、ということであった。

［赤松 一九八八：三七頁］

「唯物論研究会の思い出」（一九九二）のなかでは次のように回想する。

東京の伊豆公夫が和島誠一を寄越しまして、唯物論研究会へ入れと言うてきた。（中略）伊豆公夫の紹介ということで入ったわけです。

［赤松 一九九二：六頁］

赤松の唯物論研究会入会は一九三六年（昭和一一）一一月、唯物論研究会事件による唯物論研究会の完全解消（『学芸』発行所解消）が一九三八年（昭和一三）一一月二九日であるので、その唯物論研究会会員としての参加は、完全弾圧も予想されるその末期の二年間であった。しかし、下里村西笠原在住の赤松は、この二年間に多くの論考・エッセイを、機関誌『唯物論研究』（⇒『学芸』）と広報誌『唯研ニュース』（⇒『ダイヂエスト』）に発表する。**表4**は、それを整理したものである。機関誌『唯物論研究』（⇒『学芸』）へ八本、広報誌『唯研ニュース』（⇒『ダイヂエスト』）へ一〇本、合計一八本もの論考・エッセイを寄稿している。これらのうち、一九三八年（昭和一三）一二月『学芸』第七四号掲載予定の「考古学に於ける歴史の問題」[*28]は、この第七四号が製本され完成していたが唯物論研究会事件で押収され、行方不明となったため［古在 一九八二：九八 - 一〇〇頁］、幻の論考となった。また、赤松は、唯物論研究会の『学芸』発行所への再編とともに、唯物論全書から名称変更した三笠全書の一冊として、一九三八年（昭和一三）五月『民俗学』を刊行しているので、唯物論研究会への寄稿者としてはもっとも活動的なひとりであったといってよいだろう。

一度だけであったが、赤松は東京の唯物論研究会事務所を訪問している。一九三七年（昭和一二）三

表4　赤松啓介『唯物論研究』（⇒『学芸』）・『唯研ニュース』（⇒『ダイヂエスト』）掲載論考

『唯物論研究』（⇒『学芸』）

No	掲載誌	号	発行年月日	タイトル	名義
1	『唯物論研究』	54	1937年（昭和12）4月1日	農村に於ける封建習俗の残存と崩壊	栗山一夫
2	『唯物論研究』	57	1937年（昭和12）6月1日	我妻東策著『農村産業機構史』	栗山一夫
3	『唯物論研究』	58	1937年（昭和12）8月1日	農業習俗とその特質――兵庫県東播地方報告	栗山一夫
4	『唯物論研究』	62	1937年（昭和12）12月1日	農村児童の宗教的意識に就て	赤松啓介
5	『唯物論研究』	64	1938年（昭和13）2月1日	民俗学最近の研究情勢と動向	赤松啓介
6	『学芸』	68	1938年（昭和13）6月1日	農民の博物的知識に就いて	赤松啓介
7	『学芸』	71	1938年（昭和13）9月1日	郷土研究雑誌最近の動向	赤松啓介
8	『学芸』	74	1938年（昭和13）12月1日	考古学に於ける歴史の問題	栗山一夫

＊『学芸』第74号は唯物論研究会事件により特高警察により押収され行方不明。『ダイヂエスト』第96号巻末広告による。

『唯研ニュース』（⇒『ダイヂエスト』）

No	掲載誌	号	発行年月日	タイトル	名義
1	『唯研ニュース』	60	1936年（昭和11）12月1日	資料の交換を希望する	栗山生
2	『唯研ニュース』	63	1937年（昭和12）1月15日	畦の話	栗山一夫
3	『唯研ニュース』	64	1937年（昭和12）2月1日	村の制裁	栗山一夫
4	『唯研ニュース』	66	1937年（昭和12）3月1日	日役の役割	栗山一夫
5	『唯研ニュース』	68	1937年（昭和12）4月1日	汽車が恐ろしかつた話	栗山一夫
6	『唯研ニュース』	72	1937年（昭和12）6月1日	村の噂	栗山一夫
7	『唯研ニュース』	81	1937年（昭和12）10月15日	播磨の秋	赤松啓介
8	『唯研ニュース』	85	1937年（昭和12）12月15日	村の家族組織	赤松啓介
9	『ダイヂエスト』	89・90合併号	1938年（昭和13）5月15日	生産品の細分化に就いて	赤松啓介
10	『ダイヂエスト』	95	1938年（昭和13）10月15日	ヒャクマス	赤松啓介

月から四月にかけて、赤松は関東地方・東北地方・北陸地方への視察旅行を行なう。東京では、和島誠一宅・伊豆公夫宅を拠点とし、三月二九日から三一日まで東京人類学会・日本民族学会連合大会（於：東京帝国大学）、四月三日唯物論研究会芸術部研究会（於：唯物論研究会事務所）に出席、アチックミューゼアムなどを訪問、和島から隅田川河畔の工場街を案内されている［岩田編 二〇〇四：八三七頁］。そのとき、唯物論研究会事務所で、戸坂潤・舩山《ふなやま》信一（一九〇七‐九四）などに紹介されたという[*29]［赤松 一九九四：八〇頁］。

　この唯物論研究会への投稿も、赤松はその多くに「赤松啓介」を使った。**表4**で整理したように、『唯物論研究』（⇩『学芸』）では、一九三七年（昭和一二）一二月第六二号の「農村児童の宗教的意識に就て」から、『唯研ニュース』（⇩『ダイヂエスト』）では一九三七年（昭和一二）一〇月第八一号「播磨の秋」から、唯物論研究会への寄稿で「赤松啓介」を使う。『歴史科学』（⇩『歴史』）では、**表5**にみるように、合計一一本の論考を寄稿しているが、これについては、二本の「栗山一夫」を除き、すでにみた一九三四年（昭和九）八月第三巻第九号の「諸家に聴く」から、そのほとんどが「赤松啓介」である。

　赤松は、『歴史科学』（⇩『歴史』）に続いて、この『唯物論研究』（⇩『学芸』）と『唯研ニュース』（⇩『ダイヂエスト』）によって、「赤松啓介」を拡大させている。[*30]

　これについては、赤松による論考への記名を、民俗学系の雑誌への寄稿と対照したときいっそう明確になろう。たとえば、すでに**表1**でみたように、赤松は『旅と伝説』に、一九三〇年（昭和五）七月第三年七月特別号（通巻三一号）の「下里村の民譚」から一九三九年（昭和一四）一二月第一二年一二月号（通巻一四四号）の「畦草刈の話」まで長短合計二三本を発表しているが、それらのうち、「上月三郎」

表5　赤松啓介『歴史科学』(⇒『歴史』) 掲載論考

No	掲載誌	巻号	発行年月日	タイトル	名義
1	『歴史科学』	第3巻第9号	1934年(昭和9)8月1日	諸家に聴く	赤松啓介
2	『歴史科学』	第4巻第1号	1935年(昭和10)1月1日	郷土研究状勢の展望	赤松啓介
3	『歴史科学』	第4巻第4号	1935年(昭和10)3月25日	播磨加古川流域の一揆	赤松啓介
4	『歴史科学』	第4巻第8号	1935年(昭和10)8月1日	東播の古代社会状勢概観	赤松啓介
5	『歴史科学』	第4巻第12号	1935年(昭和10)12月1日	竪穴式高塚期の文化階梯──播磨加古川流域の研究	赤松啓介
6	『歴史科学』	第5巻第1号	1936年(昭和11)1月1日	兵庫県地方研究状勢の展望	赤松啓介
7	『歴史科学』	第5巻第3号	1936年(昭和11)3月1日	兵庫県地方研究状勢の展望(二)	赤松啓介
8	『歴史科学』	第5巻第12号	1936年(昭和11)12月1日	古代に於ける日鮮の交渉	赤松啓介
9	『歴史』	第2号	1937年(昭和12)2月1日	兵庫県郷土研究会ニユース	栗山一夫
10	『歴史』	第4号	1937年(昭和12)4月1日	播磨における初期仏教文化	栗山一夫
11	『歴史』	第15号	1938年(昭和13)4月1日	郷土研究の二つの方法に就て──『郷土研究の手引』を読む	赤松啓介

表6　赤松啓介『民間伝承』掲載短報

No	巻号	発行年月日	タイトル	名義
1	第2巻第1号	1936年（昭和11）9月20日	ツキタオシ	栗山一夫
2	第2巻第2号	1936年（昭和11）10月20日	海面の呼称	栗山一夫
3	第2巻第3号	1936年（昭和11）11月20日	風位呼称	栗山一夫
4	第2巻第5号	1937年（昭和12）1月20日	播磨の亥の子	栗山一夫
5	第2巻第6号	1937年（昭和12）2月20日	墓石と欠く習俗	栗山一夫
6	第2巻第9号	1937年（昭和12）5月20日	フケ宮	栗山一夫
7	第2巻第10号	1937年（昭和12）6月20日	東播正月行事	栗山一夫
8	第3巻第1号	1937年（昭和12）9月20日	ハヤソメハン	栗山一夫

表7　赤松啓介『ひだびと』掲載論考

No	巻号	発行年月日	タイトル	名義
1	第6年第12号	1938年（昭和13）12月1日	播磨から飛騨の人々へ	栗山一夫
2	第7年第1号	1939年（昭和14）1月1日	播磨から飛騨の人々へ（二）	栗山一夫
3	第7年第7号	1939年（昭和14）7月1日	苗の話	栗山一夫
4	第7巻第9号	1939年（昭和14）9月1日	草稗の問題	栗山一夫

を使った一九三四年（昭和九）八月第七年八月号（通巻八〇号）の「製塩工程の調査」と「田中恒雄」を使った同年六月第七年第六号（通巻七八号）の「川上八幡宮に関する伝説」を除き、他の二一本は本名「栗山一夫」を使う。**表6**は、赤松が民間伝承の会編『民間伝承』に掲載した合計八本の短報、調査報告であるが、一九三六年（昭和一一）九月第二巻第一号の「ツキタオシ」から翌一九三七年（昭和一二）九月第三巻第一号の「ハヤソメハン」まで、すべて本名「栗山一夫」である。[*31] **表7**は、赤松が飛騨考古土俗学会編『ひだびと』に掲載した合計四本の論考である。これも一九三八年（昭和一三）一二月第六年第一二号の「播磨から飛騨の人々へ」から一九三九年（昭和一四）九月第七巻第九号の「草稗の問題」まですべて本名「栗山一夫」である。赤松は、民俗学系の雑誌への寄稿では、それまでと変化はなく本名「栗山一夫」であった。

　唯物論研究会会員といっても、それは「田舎派『唯研』」、地域研究者としてである。しかし、マルクス主義文化運動への参加、『歴史科学』（⇒『歴史』）に続いて、この『唯物論研究』（⇒『学芸』）と『唯研ニユース』（⇒『ダイヂエスト』）への寄稿、マルクス主義文化運動への参加が、「栗山一夫」を「赤松啓介」へと踏み出させていた。

「その極めて顕著な停滞性」——農業生産の停滞性

　それでは、赤松が唯物論研究会の『唯物論研究』（⇒『学芸』）に発表した論考は、どのような内容であったのであろうか。『唯研ニユース』（⇒『ダイヂエスト』）についてはすでにみたので、次は、『唯物論研究』（⇒『学芸』）発表論考についてみてみよう。

赤松にとっての『歴史科学』（⇩『歴史』）は、主に考古学・古代史であった。これに対して、赤松にとっての『唯物論研究』（⇩『学芸』）は、『唯研ニュース』（⇩『ダイヂエスト』）と同じく、民俗学がほとんどである。

赤松がはじめて『唯物論研究』（⇩『学芸』）に発表したのは、一九三七年（昭和一二）四月第五四号の「農村に於ける封建習俗の残存と崩壊」〔脱稿年月日一九三七年三月四日〕である。ここでも、フィールドは帰省地の母の実家下里村西笠原など加西郡であった。民俗事象を封建習俗の残存としてとらえ、その崩壊過程と新たな近現代の社会現象との混在を明らかにしようとする。

その冒頭は、封建習俗の残存の解体に、未来への希望をかかげる、宣言とでもいうべき文章からはじまる。

> 資本主義が中世的は《（な）》家父長制の沈滞と重圧から農業を引出したとき、農村はその古い形態を新たな「基礎」の上に復活しなければならなかつた。日本資本主義を特徴づける農業に於ける封建的生産関係の残存は、かゝる矛盾を一層激化せしめてゐる。このことが村の文化にも、極めて明瞭に反映せずにはゐない。即ち、村の人達は農業が工業の発展に追ひつき得ないで苦しんでゐるように、また古き習俗の維持と新しき習俗の浸入に悩んでゐる。（中略）何が村の苦悩の源泉か、それを明確に解決することなくして百の対策も何の価値があらう。土地、そして地代——そこに鍵があつても、これが触れることのできないものならば、村の苦悩は涯《はて》しなき泥濘の道のように続くだらう。しかし古き生産関係が徐々に解体する様に、古き習俗も崩壊して行く。そこに明るい希望が私達を力づけるだらう。
>
> 〔赤松 一九三七g：一〇二－一〇三頁〕

封建習俗が残存するが、それと新しい生活習俗とのバランスがとれないなかに、農民の苦悩がある。しかし、それは封建習俗の崩壊によって解決されるだろうという。

続けて、赤松は、農村では、以前に比べて、階層差・差別が減少し家格差も大きな問題とならなくなった。しかし、ユイ・道普請・池普請をはじめ共同労働は残存し、停滞的封建習俗は根強い。それは、農村の商業をみると顕著であるという。

たとえば、下里村役場もあり、その中心地でもある西笠原では、小商店が多く、明治から大正・昭和にかけて増加、業種も細分化、発展しているという。赤松はそれを統計表によって示し、その増加を近代商業の発展ではなく、封建習俗の残存にともなう発展ではないかと指摘する。

農村の小商店は「二季払」、現金払いではないツケ払いである。

> 村の商業には、極めて立遅れた封建的慣習が残されてゐる。即ち、それは商取引の支払が盆と暮れの「二季払」であることだ。（中略）農村ではまだこの二季払がからみついてゐる。しかしこれは一方からいへば不可避なのであつて、一般農民が麦と米の販売によつて支払しない限り、とうてい廃絶し得るものではない。だから農村の商人が幾度会合して「現金取引励行」を叫んでも、如何ともし難いのである。それがためにこそまだ〳〵多くの村々では太陰暦を使用するのだ。けれどもこのことは必然に農村の物価を高くするだらう。
> ［赤松 一九三七g：一一一-一一三頁］

「二季払」ツケ払いは、支払いの先延ばしであり、利息がともなう。それが、農村の物価高、結果的な農民の支出増をもたらす。しかし、農民にとって「二季払」は、農産物販売による主な現金収入が米作と麦作による一年二度であるために必然的であり、これが農村の商業の実態、小商店の発展の原因であるという。そして、赤松は、現金払いの産業組合が都市近郊農村を除いて普及しないのは、このような農村の米作と麦作による現金収入の構造にそもそもの原因があると指摘する。

赤松が明らかにしようとしたのは、封建習俗の残存、そして、それによる農村の停滞性であった。赤松は、たとえば、それを、「村の制裁」では同時代の村ハチブを法制との相剋のなかで赤裸々にえがき、「日役の役割」では農村の共同労働の実態を実費も含めて紹介した。そして、この「農村に於ける封建習俗の残存と崩壊」では、現金払いが実行されない「二季払」にともなう農村の物価高であった。

赤松が『唯物論研究』（⇩『学芸』）に発表した他の論考も、農村の停滞性の指摘に比重をおく。一九三七年（昭和一二）八月『唯物論研究』第五八号に発表した「農業習俗とその特質――兵庫県東播地方調査報告」（脱稿年月日一九三七年七月一一日）、一九三八年（昭和一三）六月『学芸』第六八号に発表した「農民の博物的知識に就いて」（脱稿年月日一九三八年五月一〇日）は、その代表といってよいだろう。これらも、故郷の帰省先下里村西笠原をはじめ加西郡をフィールドとし、農業生産を農耕儀礼（年中行事）・民間信仰との相互関係によってとらえようとする。

たとえば、「農業習俗とその特質――兵庫県東播地方調査報告」は、稲作の二番草と三番草の間に、虫送りがあるという。

> 稲が成長して二番草頃になると虫がつき易い様になるので、夏の夜の景観を彩る虫オクリが行はれる。日が決つてゐないからといふので年中行事から除外しようとする者もあるが、しかし虫がついたらする・つかぬとしないといふ村は極めて少く、また日が決つてゐないといふもの、土用三郎に行ふ村が多いから、これを年中行事として見るのは決して不当ではない。

［赤松　一九三七h：一〇四頁］

ほかにも、苗代とそのあとの水口祭、稲刈りとそのあとの亥の子などがある。それらをふまえて、赤松が主張するのは、封建習俗の残存としてのそれら農耕儀礼であり、それらの母体となる農業生産の停滞性であった。

私達が農村年中行事に於いて容易に指摘し得る特質は、その極めて顕著な停滞性であり、濃厚な宗教性であり、特徴的な崩壊である。読者は如何に多くの宗教的行事が農業生産過程にからみつき、農村文化の封建性を特徴づけてゐるかを見出すだらう。苗代造り・種蒔きから田植え初め・終りまで、虫送り・雨乞ひから刈上げまで、そしてこれを中心とする一ヶ年の一挙一動に宗教的行事が浸透してゐるのである。これらの習俗は何れも古い封建社会の残存であるのみならず、実に原始及び古代社会の残糟までがからまつて東洋的特質の如実な停滞を立証した。

［赤松　一九三七h：一一八‐一一九頁］

「農民の博物的知識に就いて」は、農民の知識獲得方法を、農業生産と自然暦との関係のなかで明らかにしようとする論考である。民俗知識の解明であった。この「農民の博物的知識に就いて」で、赤松が強調するのは、農民の民俗知識には、動植物由来が多く、天候由来が少ないことであった。たとえば、「播磨加西郡下里村西笠原では、今でも鎮守の境内の葉が黄ばんだ頃を、麦蒔きのシユン《（旬）》だとしてゐる」［赤松　一九三八d：六三頁］。

赤松は、このような、民俗知識獲得における動植物由来は、農業生産の停滞性を示すのではないかという。

天文に対して無関心であつたといふことは、基底的には農業生産の発達を地盤とする政治的未成熟が、未だ徹底してゐなかつたためといふより外はない。（中略）現在に於ける伝承も、殆んど動・植物や具体的な自然現象に限られる傾向にあることは、また日本の農業の停滞的な性質に基底を持つものと考へられる。即ち、自然的条件、特に気候条件の極めて複雑多様な影響が、そうした特質の基礎に於て一般的な基準となるべき天象への注目を阻止したといへよう。

［赤松 一九三八d：六四頁］

民俗事象を封建習俗の残存としてとらえる赤松民俗学は、そのなかに、発展を阻害する停滞性をみようとした。もちろん、このような結論が適切であるのかどうかについては、検討の余地がある。ただ、ここで確認しておかなければならないのは、赤松がその考古学におけるアジア的生産様式論の受容をへて、その民俗学において、民俗事象を封建習俗の残存としてとらえ、くりかえしそこに停滞性の原因をみようとしたことである。

赤松民俗学において、民俗事象の伝承は、継続されるべきものではなく、社会の発展のためには阻害要因であり、解体されるべきものとなった。それはもちろん、ノスタルジックに美化される日本文化ではなかった。

「鶏の飼養が副業的な意義を持つてきた」——同時代の村の生活を直視

この赤松民俗学の視点は、おのずと、同時代の村の生活を直視する。

たとえば、いまみた「農村に於ける封建習俗の残存と崩壊」における農村の小商店増加とそこにおける「二季払」の習慣は、同時代そのものを映しだした。

「農民の博物的知識に就いて」の養鶏では、それがかつて宗教性をも持つ飼育であったにもかかわらず、資本主義経済のもとでの農家の副業へと転換したという。

一般的なトリが鶏を意味するように、また天岩戸の神話に現はれてゐるように、日本民族と鶏との関係は営養的な理由の他に、また宗教的な理由も多かつた。近頃では養鶏が所謂副業として成立する様になつたためと、時計の普及などによつて鶏の一般的な飼養がなくなつてゐる。私などは夜中に鳴く鶏の声で一番ドリが鳴いてゐる。三番ドリが鳴いてゐるなどと時刻を計つてゐた祖母を記憶するし、昔話や伝説にも鶏や鶏鳴の大きい意義を持つもののあるのは周知だらう。即ち鶏の飼養が副業的な意義を持つてきたのは、資本主義社会に於てであつて、前代に於ては営養的な意味を持つとしても、それは深いベールでおほはれてゐたのである。　［赤松 一九三八d：六八頁］

続けて、養鶏が農家の副業として成立したことは、養鶏する鶏にも変化をもたらしたという。

それによつて鶏の種類にも大きい変化の見られるのは当然で、前代に於ては必ずしも多産を目的としなかつたから、現在のような多産系の鶏とは著るしく変化してゐた。今日では私達が幼時に記憶するような、倭小《(矮小)》な日本的な鶏を見ることができない。飼ひ方にしてもトリカゴで伏せておくか、放し飼ひにしてゐたので、今日のような鶏舎は想像もできなかつたのである。今日播磨地方で副業的に飼養されてゐるものには、鶏のほかに兎・豚・家鴨など、珍らしいものでは狸があり、兎は軍部や農会の奨励で急速に増加した。しかしてこれらの飼養は純然たる経済的な意義に於ける副業としてで、前代のような宗教的なベールは全く喪失してゐる。　［赤松 一九三八d：六八頁］

他の農家の副業についても概観している。赤松には、同時代の農村の現実、微細な点にいたる観察眼があった。

このような同時代の村の生活の直視は、おのずと、民俗事象をノスタルジックに美化する、柳田民俗学および柳田系民俗学の否定ともなる。「農村に於ける封建習俗の残存と崩壊」は次のように終わる。

> 郷土生活研究所の同人諸君が、そこから「日本人のみが持つと思はれる美はしい性情」を発見しようと、私達は勝手にさせるだろう。だが、そうした習俗が現実に維持できないことは明かにしてきた如くである。かくて村は、封建的習俗にからみつかれながらも、それを引づつて新しい世代へ歩もうとしてゐる。
>
> 〔赤松 一九三七g：一一六頁〕

郷土生活研究所の「日本人のみが持つと思はれる美はしい性情」とは、一九三四年度（昭和九年度）から一九三六年度（昭和一一年度）まで三年間にわたり、柳田国男が指導する木曜会メンバーを中心として、全国五二ヶ所の農山村に対して行なった山村調査（「日本僻陬諸村における郷党生活の資料蒐集調査」）の初年度（一九三四年度）『採集手帖』の「趣意書」冒頭がいうその調査目的をさす。

> 日本人のみが持つてゐる美質と思はれる性質に就いては、今迄詳くは調べられてゐませんので、未だその由つて来る所を審《つまびらか》にせぬものが沢山残つてゐます。
>
> 今回私共の新に着手せんとする郷土生活研究所の目的は、これらのものを知る為め、今日古風と謂はれてゐる村人の生活様式の中から、出来るだけ具体的にその根原を探り出すことであります。
>
> 〔郷土生活研究所編 一九三四：一頁〕

『採集手帖』の「趣意書」は、「日本人のみが持つてゐる美質と思はれる性質」とするので、赤松の引用とはわずかに異なるが同じであろう。柳田国男指導の山村調査の目的とは、この日本人の「美質」なるものの解明のために、「村人」の「古風」の探求を行なうことにあった。

しかし、そこでは、「美質」とは何か、「古風」とは何か、そのような説明はない。観念論にさえも達せず、誰がみても、非科学的で、学術的課題設定には遠い言葉のひとり歩きであった。この山村調査の成果は、個々のフィールドワークにおいては誠実な実践もあり、資料を蓄積した。しかし、その調査研究目的は何であるのか、理解しがたい内容によるものであった。

赤松の、山村調査に対する、柳田民俗学および柳田系民俗学の否定は的確であった。現実を直視する赤松民俗学であった。それが、柳田民俗学および柳田系民俗学を非科学的であると否定しつつ、明確に立ち現れてきている。

「唯柳田氏の打ち振る指揮棒に合致するか、否かが問題」——『山村生活の研究』を否定

赤松の、山村調査の否定は、それが設定した調査目的に対してだけではなかった。その成果、最終報告書として発刊された柳田国男編『山村生活の研究』（一九三七）に対しても、地域の民俗学者、地域研究者として、それを否定する。

それは、山村調査およびその最終報告書『山村生活の研究』が、柳田周辺、特に木曜会構成メンバーを中心に組織され、調査地の地元研究者を無視、その調査研究内容も柳田民俗学のための資料収集活動にすぎないということにあった。

まず赤松が指摘するのは、民俗学はがんらい地域研究として資料調査を起点とする学問であるにもか

かわらず、山村調査が地元研究者によらず、柳田周辺の人物を東京から派遣して実行された全国調査であったことである。

一九三八年（昭和一三）九月『兵庫県郷土研究』第二巻第四号に阿閇《あえ》富士雄のペンネームで発表した「調査・調査員・調査網に就て」のなかで、『山村生活の研究』の読後感を次のようにいう。

郷土生活研究所の山村調査の報告を読んで、誰もが第一に気付くことがある。それは四十(五十二)ヶ所の自ら着手した調査地の尽くといつて良いほどが、全くその地方の研究者を無視して行はれてゐるといふことである。地方の研究者で参加してゐるのは筆者に明かなかぎりでは、兵庫県佐用郡石井村を担当した河本氏(河本正義)だけだ。それでは他の諸地方に研究者が居ないのかと云へば、決してそうではない。では何故、そうしなければならなかつたを(たかを)考へて見たいと思ふ。

〔岩田編 二〇〇四：四六六頁〕

山村調査五二ヶ所の調査は、地域に研究者がいるにもかかわらず、そのほとんどの土地で、彼らを無視し行なわれている。赤松が知る限りで、地域在住の研究者は兵庫県の河本正義（？－？）だけであるという。

『山村生活の研究』巻末の「調査地一覧表」によると、参加した調査員は、ひとりが複数の調査地、また、複数人で一調査地を担当しているばあいもあるので、五二ヶ所に五二人の調査員ではなく、合計一二三人であった。その調査員の人名をあげると（○数字は担当調査地数）、杉浦健一⑥・大間知《おおまち》篤三⑥・橋浦泰雄⑥・最上孝敬《たかよし》⑤・倉田一郎④・瀬川清子④・山口貞夫③・守随一《しゅずいはじめ》③・関敬吾②・桜田勝徳②・大《おお》藤《とう》時彦②・佐々木彦一郎②・小寺廉吉①・金城朝永《きんじょうちょうえい》①・河本正義①・鈴木棠三①・松岡かつみ①・山口康雄①・織戸健造①・後藤興善①・比嘉春潮①・宮本常一①・杉浦瓢①である［柳田編 一九三七：五五一‐五五四頁］。この人名をみると、複数回、特に、三ヶ所以上の調査地を担当している調査員はいずれも柳田の自宅書斎を会場として行なわれていた木曜会構成メンバーである。赤松の指摘するとおりである。

それでは、なぜこのようになったのか。赤松は次のようにいう。

> それは中央研究者といつても柳田系統の者であること、勿論これは当然だが、に明かな様に、それは柳田氏の意図を完全に実現させなければならなかつたからであつた。彼らにとつて資料の蒐集も整理も問題でない。唯柳田氏の打ち振る指揮棒に合致するか、否かが問題である。換言すれば資料は、その指揮棒に合致するか否かで拾捨《（ママ）》されるので、変な、しかし正しい資料なんかに混り込まれては迷惑に違ひない。［岩田編 二〇〇四：四六七頁］

山村調査とは、「唯柳田氏の打ち振る指揮棒に合致するか、否かが問題」、柳田民俗学の枠組のための資料収集であって、地域研究のためでも、民俗学のためでもないという。

実際に、『山村生活の研究』のどこをひもといても、調査地に即した資料整理はなく、調査項目別に個別事例を羅列するのが『山村生活の研究』の整理である。

一例をあげてみよう。六五項目に分けて整理された四二「死後の供養」（杉浦健一）における両墓制についての部分である。盆の精霊《しょうりょう》迎え・送りのなかでそれが整理される。

> 三重県森村では銘々の家にサンマイを持つてゐるので、十三日には其処に杉の松明を立てゝ置き夜迎へに行つて、それに火をつけたまゝ持ち帰り仏壇のあるデヰの入口から入つて其火を仏壇の蠟燭

に移す。十五日の送り火は仏壇の蠟燭の火を松明に移しサンマイに送つて行く。群馬県赤城根村では新盆の家では墓より家の門まで百八燈を立てゝお迎へする。兵庫県石井村では昔は墓から家までの道を箒で掃き浄めた。以上の例で精霊が墓から迎へられて家々の精霊棚や仏壇に来り祀られることが明かになつた。恐らく精霊は埋められた処から来ると云ふ考へより起つたものであらうか、注意して見ると墓には死者を埋めた墓と、他に石塔を立てゝ参拝するのみの墓と二つある場合もある。千葉県久賀村ではオハカ（埋葬所）とラントウバ（石碑の立つた所）と二ケ所あり、盆の精霊迎へにはオハカ即ち埋めた所に行く。京都府知井村では埋めた所をムラバカ又はソーバカと云つて立派でない。石塔はムシヨー場に立てゝある。これは寺の近くにあつて丁寧にしてある。法事の時は僧はムシヨー場のみで読経する。お盆の精霊迎へには両方へ行く。滋賀県東小椋村では共同墓地に埋め歯のみを寺の墓へ収《（納）》める。一周忌までは寺の墓に参り、僧の読経も此処で行ふ。然し盆にお迎へに行く時は両方へ行く。墓より精霊を迎へるのとは別に山、海、川から迎へるものがある。

［柳田編 一九三七：三七〇頁］

両墓制における盆の精霊迎え・送りが、遺体埋葬地と石塔墓地、どちらで行なわれているかを事例紹介する部分である。この部分は合計五六五字ある。この五六五字のなかで、事例として登場するのは、「三重県森村」「群馬県赤城根村」「兵庫県石井村」「千葉県久賀村」「京都府知井村」「滋賀県東小椋村」、六ヶ村六事例である。一ヶ村一事例平均一〇〇字にも満たない。そして、それらの事例は地域的特徴とは無関係に並列される。また、それぞれ地名表記は当時の行政村により集落を無視し、その事例における厳密な調査地点を欠くのも『山村生活の研究』であった。

このような地域を無視した『山村生活の研究』については、当時、赤松以外でも、ただひとりであったが、それを疑問視し発言した民俗学者がいた。長崎県壱岐《いき》在住の山口麻太郎（一八九一‐一九八七）である。山口は、『山村生活の研究』による山村調査の整理が適切であるのかどうか、一九三九年（昭和一四）六月『民間伝承』第四巻九号に「民俗資料と村の性格」を発表し、率直な意見を述べる。

> 山村調査の最終の綜合報告書は「山村生活の研究」として出版された。しかし私は心ひそかに失望したといふよりは是でよいのであらうかと云ふ大なる疑惑に包まれてしまつた。（中略）
> 村に於ける個々の生活事象は互に有機的に結合して居る。
> 村人の生活は村の形と質との中に生育して居る。
> こんな事が云へるのではないか。これがとりもなほさず村の生活といふべきではないか。従つて村の生活調査も其記述も此三（二）項の上に立たなければならないのではないか。是が私の根本の考へであつた。「山村生活の研究」のみならず其後の一般民俗学の態度が何《ど》うもしつくり来ない。個々の生活事象は村の生活から遊離して取扱はれ、村の性格は考慮する事なしに資料価値が決定せられ、各個の郷土生活事象は生活の基地を離れて研究所の試験管に並べられて居る様な気がする。
> 〔山口 一九三九a：八頁〕

村の生活はそれぞれの村の「有機的」「結合」のなかに存在するにもかかわらず、個々の民俗事象がそこから分離させられ、村への考慮がなく配列されているという。山口は、それをして、「研究所の試験管に並べられて居る様な気がする」と表現する。それのみならず、山口は、『山村生活の研究』以後の「一般民俗学の態度が何うもしつくり来ない」とさえもいう。

山村調査が現実の村での調査研究であるにもかかわらず、その最終報告書がその村の生活から遊離した『山村生活の研究』であったことは、適切な批判であるといえよう。そしてそれは、山村調査を指揮し『山村生活の研究』の編者が柳田国男である以上、その批判は、イコール柳田民俗学および柳田系民俗学批判でもあった。しかし、この山口の「民俗資料と村の性格」に対して、関敬吾（一八九九-一九九〇）が、同じ『民間伝承』第四巻第九号に回答した「批判に答へて」、一九三九年（昭和一四）一一月『民間伝承』第五巻第二号に山口が再投稿した「再び民俗資料と村の性格に就いて」に回答した「再批判に答へる」では、その結論において、日本は「単一」民族であり、その「単一」民族の文化研究であるので民俗学は「日本民俗学」であるということにあった。山口のもっとも重視する、村の「有機的」「結合」によった村の生活の解明については実質的に無回答であった。

『山村生活の研究』に対して、その木曜会構成メンバーによる調査員名を軸に否定した赤松と、村の生活を無視していると批判した山口とでは、一見、異なるようにも見える。しかし、両者の方向性は一致している。民俗学は地域研究であり、その地域のための学問であるということにある。そして、『山村生活の研究』つまり柳田民俗学および柳田系民俗学は、この地域研究、地域の生活のための学問であるということを切り捨てているということにあった。

「年中行事は農業生産過程である」——儀礼と生産関係の相互連続性

赤松の農業生産研究は、唯物論研究会への寄稿以外でも行なわれる。唯物論研究会事件による唯物論研究会完全解消が一九三八年（昭和一三）一一月二九日、唯物論研究会事件が地方にもおよび赤松が検挙されるのが一九三九年（昭和一四）一一月八日であるので、赤松は、唯物論研究会完全解消後も、一年間、調査研究を継続できた。そして、この一年間、赤松は唯物論研究会へ寄稿した論考と同じように、農業生産研究を民俗学系雑誌に発表し続ける。

それは唯物論研究会完全解消以前からも行なわれている。一九三七年（昭和一二）七月『日本民俗』第二巻第一一号に発表した「オトウと苗代《なしろ》に就いて」（脱稿年月日一九三七年六月七日）は、[*32] すでにみた、同年四月『唯物論研究』第五四号「農村に於ける封建習俗の残存と崩壊」、同年八月『唯物論研究』第五八号「農業習俗とその特質——兵庫県東播地方調査報告」と同時期の論考である。

赤松がこの「オトウと苗代に就いて」を発表した『日本民俗』は、発行所を日本民俗協会とし、北野博美（一八九三 - ？）が「編輯兼発行人」となり発行していた民俗芸能・年中行事研究雑誌である。一九三五年（昭和一〇）八月創刊、一九三八年（昭和一三）八月第三巻第六号までその発行を確認することができる。

赤松は、その冒頭で、次のようにいう。

> 年中行事は農業生産過程である——といふのが、私の絶対的な把握である。（中略）私は生産過程そのものが中心であつて、習俗は、それとの相互規定関係に於いて、特に民俗学的技術に依存する——といふ方針だ。
>
> ［赤松 一九三七i：二五頁］

赤松の注目は、正月行事のオトウでトウヤ（頭屋あるいは当屋）また阿弥陀堂などで供えた漆《うるし》枝を、苗代への種蒔き時点で、その苗代の水口に挿すことであった。たとえば、加西郡北条町小谷では、正月のオトウのあと、各家が漆枝を持ち帰り、それを、苗代への種蒔き前に、水口で五本一列に挿すという。

正月行事としてのオトウが、農業生産の開始、水口祭と相互関連するという。

すでに、赤松は「農業習俗とその特質――兵庫県東播地方調査報告」で、二番草のあと虫送りを行なうといい、農業生産と年中行事を相互関連性のうえでとらえていた。その方法と同じである。

このような方法は、一九三九年（昭和一四）七月『ひだびと』第七年第七号に発表した「苗の話」（脱稿年月日一九三八年四月二〇日）のなかでいっそう明確になる。この「苗の話」は、苗代の稲苗のうち、田植えによって水田に移植されない「一本苗」「周辺苗」「予備苗」の三種類を、農業生産過程のなかで紹介しつつ、その民間信仰的特徴を抽出した論考である。「一本苗」は苗代のなかに一本から二本程度抜きんでて成長している苗、「周辺苗」は苗代周辺に生育する苗、「予備苗」は田植え後浮苗などのために予備とする苗のことである。その目的は、「農民が如何に宗教的残糟を排除し、科学的知識を獲得してきたか」［赤松 一九三九c：一頁］を明らかにすることにあった。この目的も封建習俗の残存の解明ということができよう。ここでもそのフィールドは播磨地域であった。

赤松が「苗の話」を発表した『ひだびと』は、岐阜県高山市の江《え》馬《ま》修《なかし》（一八八九－一九七五）・江馬三枝子（江馬ミサホ。一九〇三－八三）が主宰する飛騨考古土俗学会から、一九三三年（昭和八）一月創刊、一九四四（昭和一九）五月第一二年第五号をもって廃刊した、考古学・民俗学雑誌（小説の掲載もある）である。「編輯兼発行人」は江馬三枝子がその本名の江馬ミサホによってつとめた。江馬修は、梅村騒動（明治維新期の打ちこわし・農民一揆）をえがいた小説『山の民』（一九四八）で知られる人道主義的プロレタリア小説家、江馬三枝子は『飛騨の女たち』（一九四二）・『白川村の大家族』（一九四三）により、飛騨白川村の大家族の民俗誌をえがいた。瀬川清子（一八九五－一九八四）とともに女性民俗学者のパイオニアである。

赤松は「苗の話」のなかで、まず、苗代の技術革新を述べる。従来の水苗代から、床を造りそこに稲籾をまく折衷式苗代に転換しているという。しかし、苗代の水口では水口祭は続けられている。赤松がもっとも重視するのが、苗代のなかに抜きんでる「一本苗」であった。

> 苗代の苗床をよく見てゐると、なかに一本乃至二、三本だけ極めて顕著に成育し、他の苗から群を抜いて突き出てゐるのがある。　［赤松　一九三九c：五頁］

農民はこの「一本苗」を認知し、多くは「ヒへだらうと答へる」［赤松　一九三九c：六頁］という。苗代のヒへ（稗）、いうまでもなく、かつて全国の苗代および水田で見ることができ、雑草として認識されていた田稗《たびえ》のことである。

赤松が注目するのは、このヒへと認識される「一本苗」に呼称、民俗語彙があることであった。

> まづ最も多いのはAテンヂクナへ系で、これには①テンヂク、②テンヂクナへといふのがあり、明石・加古・印南など沿海地方で主として行はれてゐるようだ。次はBヤリナへ系で、これには①ヤリナへ、②ヤリカタゲがあり、美嚢・加東郡の奥部である東条・吉川・淡河の諸渓谷に行はれてゐる。次はFバカナへ系で、これには①バカナへ、②バカイネがあり、加東・美嚢・明石の西部地方殊に加古川の本流に沿ふて分布してゐるらしい。その他にはC①チョロナへ、②ヒョロヒョロナへ、Dタカナへ、E①トビナへ、②トビイネ、G①ボケ、②ボケイネ、③トボケ、Hノラ、Iコメナへ、Jヒへなど十種十七種類の方言があり、何れも散在的でグループ的な分布はない。
> ［赤松　一九三九c：六頁］

赤松は、「一本苗」民俗語彙には大きく分けて、Aテンヂクナへ系、Bヤリナへ系、Fバカナへ系の三種類があり、そのうち、Aテンヂクナへ系の分布がもっとも広範囲であるという。赤松は、この整理に即した「一本苗」民俗語彙分布図をも作成する。それが図8である。この図8によれば、「一本苗」民俗語彙が、周圏的ではなく区画的に分布していることは明確である。

そして、赤松は、これらもっとも広範囲に分布がおよぶAテンヂクナへ系を中心に、その分布を次のように整理する。

> かかる一本苗の用語に就いて見ると、それが信仰的な名残りであるもの、その形態の直観的、または感覚的な姿体《(ママ)》から名づけられたもの、技術的な命名であるものに別《(分)》れる。即ちテンヂクナへは何らかの信仰的な残存であると思はれ、恐らく東播地方で前述の様に一般的である。（中略）ヤリナへ、ヤリカタゲが、その直観的な姿から聯想されてゐることは明かであり、チョロナへ、ヒョロヒョロナへ、タカナへ、トビナへなども同じ理由からであることは容易に判るだらう。しかし、バカナへ、ボケ、トボケなどは、感覚的な聯想から産まれたものであり、群から離れて秀れてゐることが馬鹿に例へられてゐるので、古くはそれがテンヂクナへとして尊敬を持たれたらしいのに比すると、同じものでも農民の感じ方が時代によつて如何に変化するかを考へさせる。
>
> ［赤松 一九三九c：七頁］

赤松は、民俗語彙がもっとも広範囲に分布するテンヂクナへ系に、その民俗語彙から推測して、民間信仰の残存をみようとしている。

さらに、赤松は、この「一本苗」に続けて、「周辺苗」「予備苗」についてもその民俗および民俗語彙

図８　「一本苗」民俗語彙分布図［赤松 1939c:6］

を整理し、「一本苗」と同じようにその民俗語彙の分布図を作成する。そのうえで、赤松は、柳田民俗学の周圏論を完全否定する。

> 分布の問題即ち空間的地理的な伝播の諸形態に就いてであり、これは単に従来の様な周圏、区画などといふ大胆な所論は未だ尚早であることを自ら考へさせたであらうし、地域的な精密調査の進行が如何に問題の解決へ寄与すること多きかを示唆し得たと思ふ。私達は、ともかく限られた小さい地域に於いても方言は区画的な分布をとることを認めねばならないし、更に之れが歴史的に変化することも認めねばならない。換言すれば区画か周圏かの問題は右手が鳴つたか左手が鳴つたといふに等しく、両者の或る歴史的段階、または或る地域に於ける具体的な結合の究明こそ、私達の課題でなければならぬ。
>
> 〔赤松 一九三九c：一四‐一五頁〕

赤松は、すでにみた「播磨に分布せる月の童謡に就て」（一九三五）以来、そのフィールドワークによる地域の民俗分布図をもって区画的分布を論証し、柳田民俗学の周圏論を一貫して否定している。それは、地域におけるフィールドワークによって立つべき民俗学のほんらいあるべき姿の提示であるとともに、フィールドワークを行なわず他者の資料を全国レベルで収集し結論を導き出そうとする柳田民俗学に対するおのずからなる否定でもあった。

赤松の「苗の話」は、これを発表した『ひだびと』誌上で、意見交換にまで発展する。赤松が「苗の話」を発表した一九三九年（昭和一四）七月『ひだびと』第七年第七号の翌号、同年八月第七年八号に、江馬三枝子が「夕べについて」を発表する。赤松の「苗の話」のなかの「一本苗」は、飛騨の夕べ（田稗）であり、播磨地域と違い飛騨ではいまだ稗が珍しくないのに対して、播磨地域では稗の消滅が早かったために、「一本苗」を特殊であるとしてそこに民間信仰的現象が生じているのではないかという。それに対して、口承文芸研究者鈴木棠三《とうぞう》（一九一一 - 九二）と赤松が書簡を寄せ、その翌号、同年九月第七年九号に、その書簡が「草稗の問題」として掲載される。

管見の限りでは、この赤松の「苗の話」を除いて、水田稲作の基本となる苗代研究を、民俗学のなかにみることはできない。[*33] 先駆的であるだけではなく、苗代が消滅した現在となっては、唯一といってよいほどの、それが存在した同時代のフィールドワークに基づいた重要な調査研究でもあった。

たとえばそれは、「苗の話」の二年前の一九三七年（昭和一二）、柳田国男が刊行した『分類農村語彙』（一九三七）と対比してみても明らかであろう。『分類農村語彙』は、柳田民俗学が収集する全国レベルでの水田稲作をはじめ農業生産語彙集である。柳田は、そのなかの「三 苗代ごしらへ」「三 種播きと苗じるし」「一〇 苗取り」で苗代の民俗事象を紹介する。それは他者の文献から収集した断片的資料を全国レベルで羅列する。柳田は、この『分類農村語彙』を、一〇年後の一九四七年（昭和二二）に増補版として上・下巻として改訂、再版する。この再版では、「一〇 苗取り」のなかに、「イッポンナへ」の項目をつけ加える。しかし、柳田はそこに赤松の「苗の話」を提示せず、また、赤松が「一本苗」に民間信仰的特徴を指摘しているにもかかわらず、それについても先行研究として言及しない。「苗の話」を発表した『ひだびと』の「編輯兼発行人」江馬ミサホ（江馬三枝子）は柳田に師事した門下生であり、柳田が『ひだびと』を知らなかったはずはないにもかかわらず、そうであった。

柳田はこの「イッポンナへ」に次のようにいう。

神の顕れたまふを視るようすがたる一本薄など、同じ信仰からかも知れない。

［柳田 一九四七：一一七］

神の招代《おぎしろ》ということであろう。赤松が「一本苗」に民間信仰的特徴をみたことと同じであった。

赤松の地域に密着したフィールドワークに基づいた調査研究は、柳田民俗学からは確実に無視された。全国レベルで他者の資料を収集し断片的資料、特に民俗語彙によって構成する柳田民俗学、それは地域の悉皆調査に基づく民俗学を、その人物のみならず内容についても排除している。

「今後に許された唯一の道」——唯物論研究会事件のなかの用水慣行研究

赤松の農業生産への着目は、用水研究としてさらに本格化する。一九三九年（昭和一四）二月『旅と伝説』第一二年二月号（通巻一三四号）に発表した「溝と慣習」（脱稿年月日一九三八年一一月二二日）は、加西郡など東播磨全域をフィールドとする包括的かつ緻密な本格的用水研究といってよいだろう。

この「溝と慣習」を脱稿した一九三八年（昭和一三）一一月二二日から七日後の一一月二九日、唯物論研究会事件により唯物論研究会が完全解消（『学芸』発行所解消）する。あとでみるように、その直後、一二月一五日までに、赤松は兵庫県加西郡下里村西笠原の母の実家から大阪府北区都島中通の下宿へと転居する。東京での唯物論研究会幹部の検挙を知り、大阪への転居となった可能性が高い。

「溝と慣習」は、ぼやかした表現だが、一九三〇年代氾濫していた観念的「日本精神」論およびそれに便乗する柳田民俗学および柳田系民俗学の否定からはじめる。


今日の私達は農民が如何に暮してゐるか知るのは容易だが、それに対して農民が如何なる気持ちを懐いてゐるのかを知るのが困難である。（中略）これを知るためには農民自身でも気付かない様な平凡な、その日常の周囲にありふれた事実を、注意深く観察し、記録し、そこから帰納するのが唯一の方法であらう。（中略）かうした農民の慣習から日本精神だとか伝統だとかいふものを引出すのは実に容易であり、最近の日本の民俗学にも其の傾向が深くなつてゐるのを心付いてゐる人もあらう。しかし、さういふ早急な態度で果して農民生活の断片たりとも把握し得られるのか、私達には甚だ疑はしいのである。

〔赤松 一九三九b：三二一-三二二頁〕

「日本精神」論によっては、農民生活についていかほどの理解をすることもできないという。また、近年の民俗学にもそのような傾向が強いといい、柳田民俗学および柳田系民俗学を否定する。

そして、赤松は、その大阪府北区都島中通の下宿への転居後、『兵庫県郷土研究』のはじめての号、一九三九年（昭和一四）二月第三巻第一号の「編輯後記」に、みずからの「溝と慣習」について、次のように記す。

今や学問の研究にとつて誠に憂慮に堪えない様な傾向が強くなつてきました。（中略）こゝにも尚、私共が学的良心に恥ぢないだけの研究を続ける余裕を見出すためには、極めて困難なことといはねばなりません。私共が退いて今後は資料の採集と整理を中心にしたいと考へたのは、恐らく今後に許された唯一の道だらうと推測したからであります。（中略）従つてこれからは資料の採集と整理の徹底的な敢行を企図したいと存じます。まづ栗山は『旅と伝説』へ「溝と慣習」を発表し、堂々と第一歩を踏み出しました。

〔岩田編 二〇〇四：五三四頁〕

残された選択肢は徹底した資料調査、緻密なフィールドワークによる調査研究のみとなった。それが「今後に許された唯一の道」である。その第一作として「溝と慣習」があるという。

「農民の田畑に対する感覚の鋭敏なことは驚くばかり」——用水慣行毛細部への視線

この「溝と慣習」で、赤松が調査研究課題として設定するのは、小農経営のもとでの細分化された水田経営、その通水と排水の解明を通しての農民の感性の解明であった。

> どこの村でも田畑へ入れる用水に就いての慣習は極めて厳守されてゐるが、その持つ意義から考へても当然のことゝいへよう。知らぬ人達なら水の出し入れに畔《あぜ》の何処を切つてもよい様に思ふだらうが、何処から入れて何処へ出すといふことは昔からの慣例を一歩も破ることができない。農民の田畑に対する感覚の鋭敏なことは驚くばかりであつて、その少しの相違も自他に与へる影響を推察できるらしい。だから田の所収者だからといつて水の出入口を自由にできるわけでなく、その変更は恐らく不可能といつてよからう。
> ［赤松 一九三九b 三三頁］

水田稲作における用水慣行、「農民の田畑に対する感覚の鋭敏なことは驚くばかり」であり、水田所収者もその用水慣行のなかにあり破ることはできないという。

まず、赤松は用水について、溜池灌漑によるイケガカリ（池がかり）、河川灌漑によるユガカリ（井がかり）、湧水（天然水）灌漑によるテンスイ（天水）、小規模溜池灌漑によるカエタ（替田）の四種類があり、それぞれに用水慣行があり変更はできない。各集落に用水管理のために水番が置かれているという。そして、用水には、幹線用水のオーミゾ（大溝）と、そこから枝分かれして個別の水田へ配水するためのコミゾ（小溝）がある。しかし、水田のなかには、これらオーミゾ・コミゾからの直接的取水ができず、他の水田からの排水による通水田も多いという。

赤松が注目するのは、水田稲作の死命を決する用水慣行について、用水からの直接的取水ができない、このような不利な条件下の、他の水田からの排水に頼る用水慣行である。たとえば、渓谷の水田、棚田では、上段から下段の水田へと、前者の排水による通水田が多いという。

> 殆んど沖積地を欠く様な地勢にある渓谷では、狭長な耕地が山麓から頂上へ階段状に拓かれてゐるため、溝を施設するだけの敷地に余裕がないとゝもに、また技術的にも困難さを必要としない状態に置かれ、従つて上の田に水が満たされるとオチミトを切つて下の田へ落す特殊な方法が一般であり、これを「ミトを切る」「ミト落す」といつて後述の様な特別の用語がないほどだ。
> 〔赤松 一九三九b：三三五頁〕

オチミト（落ちみと）によって、上段から下段の水田に通水する。下段の通水田は当然のことながら不利な条件に置かれる。赤松は、オチミトによるこのような通水田、用水慣行は、渓谷の棚田だけではなく、新開墾地、畑から転換した水田でも多いという。

「後述の様な特別の用語」というのは、このようなオチミトによる通水田ではなく、上段の水田から小規模な通水溝を開鑿し、それによる配水についての民俗語彙のことである。

オチミトに続けて、赤松が整理するのは、この小規模な通水溝についてである。ミゾテ（溝井出あるいは溝手）と呼ばれる畦によって作り、テアゼ（手畦）・ヨケ（除け）・オイテ（お井出）などの民俗語彙で呼ばれる。赤松によれば、この通水溝を開鑿するのは、用水をめぐる紛争を避けるため、また、上段から下段の水田への肥料の流出を防ぐためであるという。

> そこでかうしたミゾテを何故作るのか、といふ理由であるが、これには上の田へ入れた肥料が、そ

のま、通水すると下の田へ流れてしまふからといふのが最も多い。（中略）たいていの村では肥料が流れて出るのを怖れてゐる。だから明石郡魚住村清水・神出村小束野、加古郡二見町福里、加東郡市場村樫山・加茂村多井出、多可郡中町中村及び坂本、飾磨郡谷内村小原などでは、作り主の違ふ場合には必ず溝を作らせることになつてゐるといひ、印南郡米田町島でも昔からのものはともかく、新規のものはミゾテを作らせるといふ。

［赤松 一九三九b：三八頁］

さらに、赤松は、この小規模な通水溝について、民俗語彙分布図を作る。

村によつて通水田ばかりであつたり、ミゾテのあるものばかりであつたり、また両者ともにあるのはいふまでもない。方言としての用語も同様に多種多様であり、(A)オイテ、オイテミゾ、(B)テアゼ、テアゼミゾ、ヒヨセ、ナカセ、シンアゼ、(C)ヨケ、ヨケミゾ、(D)ヒヨケ、タテヨケ、ヒヨソヘ、(E)イデミゾ、ネキミゾ、コシミゾ、カツテミゾ、(F)ホリアゲ、(G)ミトなどといつてゐる。最も広く普及してゐるのはA類のオイテとB類のテアゼで、両者の分布の地域的な差違は見出し難いほどだがオイテはだいたい加古郡を中心として周囲に波及し、テアゼは山地の諸郡を中心に海岸地方へ迫つてゐるやうだ。

［赤松 一九三九b：三八－三九頁］

図9は、この通水溝について、赤松が整理する、テアゼ・ヨケ・オイテの分布図である。テアゼがもっとも広範囲に分布することを示している。

赤松は、この「溝と慣習」のなかで、通水溝に続けて排水溝およびその民俗語彙、分布図についても整理する。結論とするのは、赤松がここで実践したような精密な地域調査に基づく、全国レベルでの調査研究の提案であった。

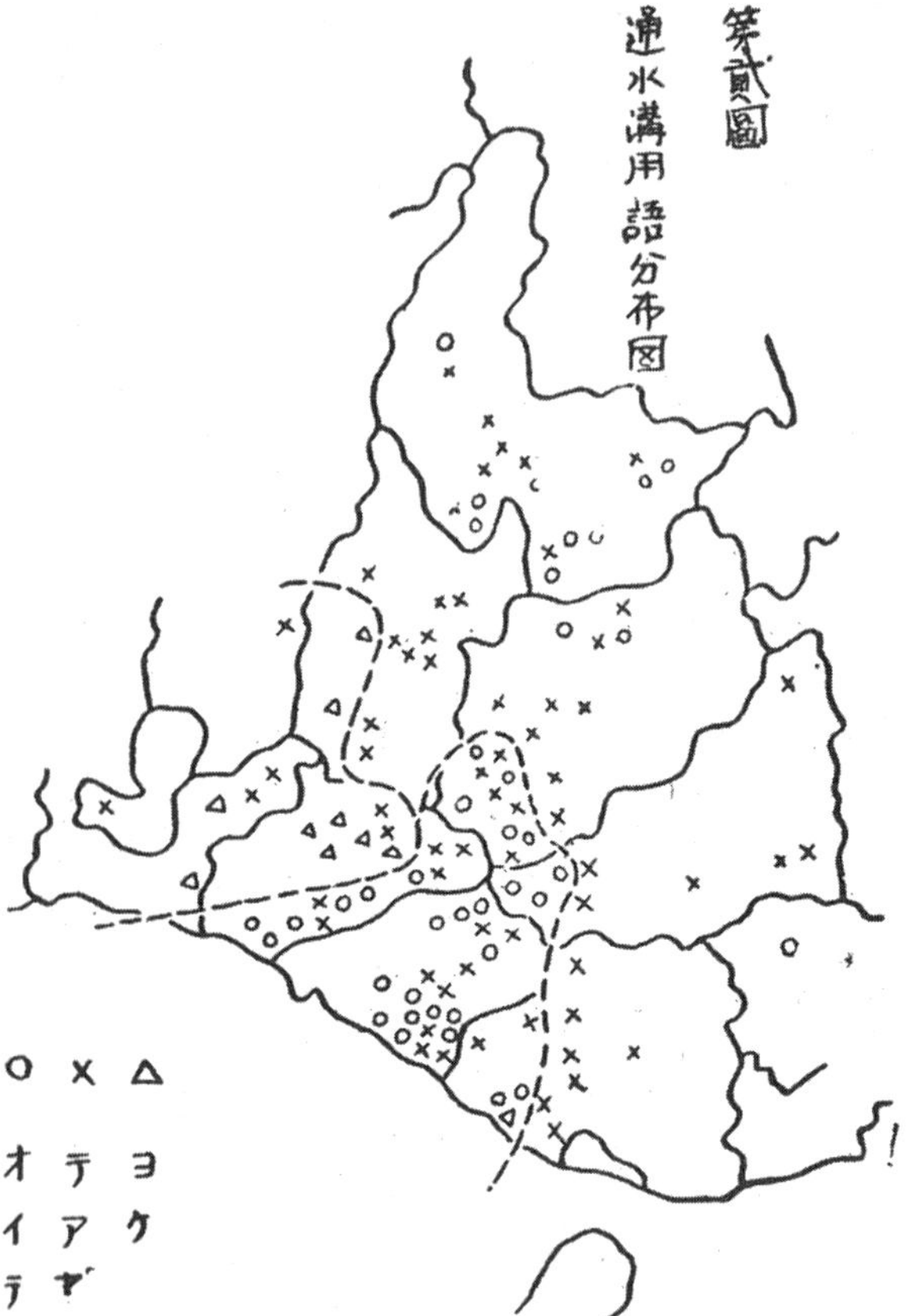

図9　通水溝分布図［赤松 1939b:39］

仮の細い畦を作つて水を通すだけのことが、浅い溝を掘つて水を排すだけのことが、僅か東播地方を精密に調べたゞけで、こんなに複雑な内容と多様な用語を持つてゐたのは、まづ私達を驚かせるに足るであらう。このやうに徹底した精密な調査が行はれたのは最初のことであるから、全国的に慣習や用語の一致と相違を比較することは困難である。しかし同じ様な慣習や用語が全国的に行はれてゐるだらうことは、これまでに報告された僅かの《（ママ）》例からでも推察されるので、そうした事情の全国的な研究は可能な日まで待たねばならぬ。従つて、こゝでは今回の調査で明かになつた程度にとゞめよう。　［赤松　一九三九b：四五頁］

正確にいえば、結論というよりも、調査研究の出発点の提示にすぎなかった。しかし、このような精密な悉皆調査による研究であろうとも、それが出発点にすぎないという姿勢は、フィールドワークに対する、民俗学に対する、真摯な姿勢のあらわれでもあろう。

しかし、それを言い換えれば、水田稲作についての民俗学的研究が、いかに地域の実態に即した精密な調査研究を欠如させていたのかを示す。

たとえばこれも、柳田国男『分類農村語彙』（一九三七）と対比してみると明確であろう。柳田はその「緒言」において、「採集地の問題であるが、是は資料の性質を明かにするには至つて大切な点である故に、村名は之を略いたが、郡島名な努めて記入して置くことにした」［柳田　一九三七：二頁］といい、資料の提示を郡レベルおよび島嶼レベルとする。また、「その一々の出処は、自分を信用ある者として、之を掲げることを見合せた」［柳田　一九三七：二頁］、「ともかくも自分の語彙にはすべて根拠がある」［柳田　一九三七：三頁］と、出典の提示がなくても、柳田自身が信頼すべき人間であるので根拠が充分であると自信たっぷりにいう。

しかし、資料の採集地が郡・島嶼レベルにとどまれば、調査研究地点は不正確であり、その資料提示が不正確であることはいうまでもなく、出典のない資料に根拠がないことも当然である。そうであるにもかかわらず、柳田は「自分を信用ある者」なので、これらは資料として正確であるという。多少なりとも冷静な目を持つ人間であれば、この柳田の態度が調査研究に対する非学術的姿勢であるのみならず、学術に対する冒瀆でもあることを理解できるはずである。

たとえば、『分類農村語彙』は、水田稲作の用水について、「六、水の手」としてその民俗語彙を並列する。播磨地域についても例示する。

> ユミゾ　播磨神崎郡などは灌漑用水をユミゾと謂ふ。川の堰をもユと謂つて居るので、是がヰミゾの訛りなることを知るのである。北国は一帯を之をエンゾと呼んでゐるが、それも同じ語の変化かと思ふ。
> 〔柳田 一九三七：三六頁〕

郡レベルでの資料提示であり、出典もない。学術的資料に値せず、学術的根拠を欠如するのが、この柳田の『分類農村語彙』であった。[*34]

このような、柳田民俗学の学術的水準にさえも達していない同時代、赤松の「溝と慣習」は、緻密なフィールドワークに基づく水田稲作の用水研究を実践していた。それは、用水の毛細部といえる通水田と通水溝の調査研究である。小農経営による細分化された水田、拓き尽くされた水田、それらによって生産する日本農民の、微細な感性への着眼であった。

そしてそれは、赤松が、共同体社会の停滞性の原因に灌漑用水をおくアジア的生産様式論を、日本農民の水田稲作に即して理解しようとするために、新たに着眼することのできた基礎研究であったと考えることができる。考古学を通して獲得したアジア的生産様式論、それの民俗学への基礎研究としての適応、それがこの用水をめぐる悉皆調査として実践されていた。

「私のみ手を引かねばならぬことになつた」——未完成の生産関係の民俗学

しかし、赤松の、このような地域における詳細なフィールドワークに基づいた農業生産研究、生産関係の民俗学も、一九三九年（昭和一四）一二月『旅と伝説』第一二年第一二号に発表した「畦草刈の話」をもって終わる。一九三九年（昭和一四）一一月八日、赤松は二度目の検挙をむかえるからである。

「畦草刈の話」は、これも兵庫県播磨地域をフィールドとした、畦および畦草刈の事例研究である。畦にも、アゼツケ（畦付け。豆を植える）をするミアゼ（実畦あるいは稔畦か）と、アゼツケをしないオーアゼ（大畦）の二種類がある。畦にはえる雑草については、その草刈にも不文律があり、所有地の畦だけに畦草刈が限定されるばあいと他者の畦でも許されているばあいがあるという。刈り取られた畦草は田に敷きこまれ堆肥とされるか、家畜の飼料になるという。ここでも農民の微細な民俗事象に着眼している。

この「畦草刈の話」の最後のパラグラフは、次のようなものであった。

> 終りに一言お断りしておきたいのは、この調査報告が私の終局的なものでないことで、実は私が同好の友人達と計画してゐる東播地方の精密調査の一部であり、特に草刈の調査は未だ第一期の資料蒐集を遂行したのみに過ぎず、これを基礎に一層正確、精細な調査に移るべく予定し、そこでは草

を刈る技術、刈るための処置、刈る道具、刈草を運ぶ用具、その方法、肥料とする方法、刈る者刈る時刻、共有の様式、草刈唄に及ぶ計画であつたが、やむを得ざる事情で一部分の着手を残して私のみ手を引かねばならぬことになつたからその完成は他日を待たねばならないのである。私にとつて甚だ残念なことは調査が漸く軌道に乗り初《（始）》めた頃になると、それを放棄しなければならないやうになるので、この遺憾さをこれまでにも幾度か味つたことだらう。

［赤松 一九三九ｅ：三七‐三八頁］

「私のみ手を引かねばならぬことになつた」「この遺憾さをこれまでにも幾度か味つたことだらう」。唯物論研究会事件の地方への波及を予測、みずからの検挙が近いことを感じていたのであろう。同時代のアジア的生産様式論を意識し、封建習俗の残存を解体すべく、生産関係の民俗学を構成しようとした赤松民俗学の実践は、これをもって終わる。未完成であったというほかはない。

2 民俗学の体系的構成と実践

「アマチュア的な、それ故にこそ甘やかされ育てられた民俗学」——民俗学の現状把握

生産関係をその基本におく民俗学、それは、赤松啓介をして民俗学の全体像を構想させるまでに展開する。

それは柳田民俗学および柳田系民俗学の否定となるが、その論理構成は赤松の民俗学構想を貫くなかでの否定であった。第一義として赤松の民俗学構想があり、そのなかで、第二義として柳田民俗学および柳田系民俗学の非論理性・非学術性を説明する。たとえば、すでにみたように、赤松は柳田民俗学の周圏論否定をくりかえしたが、それは兵庫県播磨地域をフィールドとする悉皆調査に基づく区画分布を証明したうえでの周圏論否定であった。赤松啓介というと、一般的には柳田民俗学批判として知られるが、それは、いわゆる批判のための批判ではない。

一九三八年（昭和一三）五月三笠書房から刊行の『民俗学』（三笠全書）は、赤松の民俗学構想を全面展開させた著作といってよいだろう。三笠全書は、一九三八年（昭和一三）三月唯物論研究会が弾圧を予測し解散、四月学芸発行所とし、『唯物論研究』を『学芸』とするとともに、唯物論全書を三笠全書として再開したものである。

赤松は、この『民俗学』（三笠全書）に先立ち、その三年前、〔脱稿年月日一九三五年三月二一日〕の日付を持つ、その民俗学の総論原案とでもいうべき原稿「民俗学の基礎的諸問題に就いて」を完成させている。柳田国男の還暦を記念して開催された日本民俗学講習会（於：日本青年館）が一九三五年（昭和一〇）七月三一日から八月六日まで、それをきっかけとして柳田を中心に組織された民間伝承の会および機関誌『民間伝承』刊行が翌九月であるので、赤松の「民俗学の基礎的諸問題に就いて」執筆はその約半年前であった。そのような時点において、赤松はその民俗学構想をすでにまとめあげていた。玉岡松一郎・西谷勝也（一九〇六－六九）との議論があったという。『土の香』を刊行していた土俗趣味社から発表予定であったが未刊行となり、アジア太平洋戦争敗戦後、兵庫県立尼崎工業高等学校社研クラブが一〇〇部を印刷したのみであった〔赤松 一九七五：「はしがき」頁数なし〕。そのために、一九七五年（昭和五〇）三月、兵庫県郷土研究会発行により赤松私家版として再版したが、一般的には知られなかった。[*35]

赤松は「民俗学の基礎的諸問題に就いて」を民俗学の現状把握からはじめる。民俗学は、隣接学問の文献史学・文化人類学・民族学・宗教学がアカデミズムのなかで厳格な学問として成立しているのに対して、そのアマチュア的性格により低レベルであるという。

> アマチユア的な、それ故にこそ甘やかされ育てられた民俗学は、政治状勢の著しい強権化に影響されて、当然招来する不安と動揺のうちに、自らの科学的発展を放棄せんとしてゐる。かゝる危機から脱出し前進する為には、民俗学は忌憚なき批判を常に持たねばならぬ。アマチユア的基礎の上に自らを成長させねばならなかつたとはいへ、あまりにも資料採取に偏傾したことがまづ批判されねばならぬだらう。最早、理論的方法論的確立の前提が成育するだけの基礎は築かれてゐるのだ。
>
> ［岩田編 一九九九：一二七頁］

アマチュア的であることにより、「甘やかされ育てられた民俗学」は、資料収集に比重が置かれ、理論的・方法論的確立がいちじるしく遅れているという。

特に、このアマチュア的で低レベルの民俗学の特徴は、赤松が疑問を投げかける山村調査『採集手帖』の「趣意書」冒頭の「日本人のみが持つてゐる美質と思はれる性質」を目的とする柳田民俗学および柳田系民俗学に顕著であるという。赤松は、この曖昧模糊とした日本精神の解明を目的する柳田民俗学および柳田系民俗学を「日本型民俗学者」といい、その問題点を次のように指摘する。

> 問題は、日本型民俗学者達の理論的水準が何故かくも立遅れてゐるかといふことにある。（中略）今、これをそのアマチユア的性格に就いて詳述するならば、ブルシヨア的アカデミツク的研究者達

は、何れもブルジヨア科学として最高の教養を系統的に受け、かつその攻究《(攷究)》を専門的職業としてゐる。だから彼らがブルジヨア科学として最高水準を保ち、理論的優越をしてゐることは当然だ。これに反して日本型研究者達は決してそうではない。例へ、それがブルシヨア的最高教養を受けようとも、民俗学的研究に就いて最高の教養を受けたのではないから、アマチユアたる点に於いて、又、副業的研究である点に於いて普通教養を受けたに過ぎない者と五十歩百歩だ。即ち、日本型民俗研究者を一貫するものは、そのアマチユア的性格である。
［岩田編 一九九九：一四三頁］

たとえ「ブルシヨア的最高教養」を受けた「日本型民俗学者」であっても、それは民俗学のそれではないために、義務教育（「普通教育」）のみの研究者と、アマチュア的であることにおいて同じであるという。

赤松が、このようなアマチュア的民俗学の低レベルを克服するために、もっとも重視するのは、資料収集のための調査と研究の一体性であった。調査方法はイコール研究方法であり、それらをトータルに構成したとき、民俗学ははじめて科学的に構成できるという。

多くの人々、特に日本型乃至地方研究者の多くは採取資料の蓄積即民俗学の発展と考へようとしてゐるらしい。しかし、資料を正しく採取する為には、正しい採取を指導する基礎理論を必要とする。これなくして正しい資料の採取ができるものではない。唯、そこには恣意的非科学的資料が蓄積されるだけだ。かゝる封建社会の随筆的文献に似た報告は、新しき民俗学の出発にとつて土台となるには、あまりにも劣弱である。
［岩田編 一九九九：一五八頁］

恣意的資料収集ではなく、理論的根拠に基づいた調査、資料収集の提唱であった。

それでは、赤松が提唱する調査論はどのようなものであったのであろうか。

> では、かゝる一言にしていへば非科学的調査方法——採取技術を放棄して如何になすべきか、われわれの提唱する組織的計画的調査は、第一に大衆の組織的啓蒙を前提とする。これなくして非科学的調査を解消せしめることはできない。われ〳〵の努力はまづ一、二の優秀な研究者を養成することよりも、大衆の初歩的啓蒙に向けられねばならぬ。こゝからのみ優秀な研究者を発見することも、又組織的に養成することも可能である。（中略）われ〳〵は大衆をして民俗学の初歩的普遍的知識を獲得せしめ、民俗学的調査に対する理解を深からしめ、進んでその協力者たらしめるにある。そのなかからのみ専門的研究者が続々と養成される。
> 〔岩田編 一九九九：一六二頁〕

大衆的啓蒙とそのなかから生まれる研究者への期待であった。大学などの研究者養成組織を持たない民俗学は、地域で資料収集する調査者がそのまま研究者となるべきであるというのである。

赤松がくりかえしてきた議論であり、また、当然の主張であろう。しかし、柳田民俗学および柳田系民俗学はそうではなかった。たとえば、その学閥のトップ柳田国男をみればそれはわかりやすい。柳田は旅行はした。しかし、調査、フィールドワークを行なうことはなかった。それに基づくモノグラフの作成、また、資料作成を行なうこともなかった。地域における他者の資料を東京で集約し、それによって研究、論考を発表する。調査と研究が乖離している。東京に集中させる柳田民俗学および柳田系民俗学の基本的スタイルがこれである。

調査と研究の一体性、それにともなうトータルな方法論の提出と実践、これはフィールドワークに基づく学問であれば当然のことである。それが柳田民俗学および柳田系民俗学では欠落していた。

赤松の主張は、このような調査と研究の乖離を拒絶、地域の調査者は研究者でもある、という当然の論理であった。

この調査と研究の一体性については、一九三八年（昭和一三）一二月から翌一九三九年（昭和一四）一月にかけて『ひだびと』第六年第一二号・第七年第一号に連載した「播磨から飛騨の人々へ」〔脱稿年月日一九三八年一一月五日〕のなかで、赤松はそのフィールドワーク体験を踏まえて次のようにも述べる。

> これによつて私達が教へられたことは第一に調査の計画化であり、第二に組織化であり、そして調査に当つての経験と習熟でありました。（中略）地方の研究者がいつまでも自然発生的な調査をやるだけで、唯地の利を占めてゐることを唯一の強味に資料を採取してゐるなら、いつになつても自分達の向上に資することができないで、中央の人達の地方に於ける資料の案内役、吸盤たるにとどまらねばならないでせう。地方には地方としての任務と権利があるべきで、私達が前記の様な根本的な把握の上に立つかぎり、決して井蛙になることはありませんし、むしろそうした地方の研究及び研究者の業績と団結の上にこそ、新しい中央の指導部が建設されるべきであり、そうした日の期待されるのも近いのです。〔赤松 一九三九f：四八頁〕

名指しはしないものの、暗に、東京の柳田とその周辺に資料と研究を集中する柳田民俗学および柳田系民俗学を、地方の収奪者として否定しつつ、そのうえで、民俗学の調査研究組織は彼らのような地方の収奪者を中心に組織されるべきではなく、地方からのボトムアップによって構成されるべきであるとする。柳田を中心とする民間伝承の会への組織論的否定でもあった。[*36]

調査と研究の一体性、それは、具体的にどのような調査項目を第一義として実践されるべきであるのか。

赤松は具体的に提案する。それは、いうまでもなく、生産関係である。

> 採取が如何に行はれるべきか、まづ第一に採取地区乃至地方の主要産業に調査が集中されねばならぬ。（中略）古き民俗は古き生産関係のこびりついてゐる農業に豊富に残存する。新しき民俗は近代資本主義の特長的な工場、大経営から発生する。浮草の如き流行は、小市民の氾濫する街頭から胎生する。古き生産関係の解消過程は、同時に古き民俗の解消過程だ。だから何よりも生産関係を直接に土台とした民俗こそ、まづ第一に目標とならねばならぬ。
>
> ［岩田編　一九九九：一六四頁］

主要産業、農業生産を最重要とする課題設定である。それを課題とする目的は、資本主義の発展にともなう「古き生産関係」の解消は、「古き民俗」の解消でもあるからであるという。次に、赤松が重視するのは、「製塩工程の調査」で塩田の調査研究を実践したように、特殊産業であった。

口承文芸・民間信仰・方言などの観念的領域については、生産と分離しているので、その優先順位は最下位であった。いっぽう、この観念的領域であっても、それが農業生産と連続するものであるならば、両者は相互関連性のうえで調査研究されなければならないという。「オトウと苗代に就いて」「農業習俗とその特質――兵庫県東播地方調査報告」ですでにみたように、水田稲作と年中行事とを相互関連性をもってとらえる視点である。

赤松は、このように、調査と研究の一体性のうえで、民俗学の研究対象とその優先順位を明確にしつつ、民俗学の調査研究領域を明確にする。これらの議論のうえで、赤松が行なうのは、民俗学とはどのような学問であるのか、その定義であった。

その際、赤松は注意を喚起する。民俗学は被支配者階級の科学ではない。民俗学を庶民のための学問であるというのは欺瞞であるという。

文献資料を扱う文献史学と対比させながら、次のようにいう。

> 民俗学の対象の広汎なといふことは、文書記録を主とする文献史学の対象が広汎なことと同様に、あらゆる人類文化に関する資料を包含するからである。文献史学が文書記録を主とするといふことが、支配階級の資料に多くを依存するといふ偏向を見せるのは、文書記録の性質からも当然だ。民俗学が民間伝承に多くを依存することは、被支配階級の生活を明らかにする効果を持つのも、その性質から極めて明らかだ。このことから直ちに、文献史学は支配階級の科学で、民俗学は被支配階級の科学などと考へられては困る。（中略）唯、民俗学の資料の所在が前社会の遺存の最も濃厚なところに豊富であるといふことが、換言すれば半封建的生産関係の残存せる農業にこそ、従つて封建的遺習、道徳が維持され残存してゐるといふことが、やゝもすれば大衆の民俗学なるが如き仮面をするのに好都合なのである。［岩田編 一九九九：一六八頁］

文献史学の資料が支配階級に多い文献資料で、民俗学の資料が被支配階級に多い封建習俗の残存であるからといって、前者が支配階級の科学であり、後者が被支配階級の科学であるというのは誤解である。

「大衆の民俗学」というのは「仮面」にすぎないという。

　赤松の民俗学の定義は次のようなものであった。

> 以上によつて考へるならば、われ〱は民俗学を、文献史学、考古学などと共に史学の補助的分科学であり、歴史科学の一部門として規定することが、全く正しいといふことが明らかだらう。即ち民俗学は社会科学――文化科学の基礎的部門をなすものでもなければ重要部門をなすものでもない。社会科学の一部である歴史科学の一部門であるに過ぎない。　〔岩田編　一九九九：一六八頁〕

赤松によれば、民俗学は、文献史学・考古学と並列する、歴史科学のなかの一部門であった。全体としての歴史科学があり、それを構成する分科学として、文献史学・考古学とともにあるのが民俗学であるというのである。

　この赤松の定義を、歴史事象をとらえるための、歴史学方法論としてとらえることも可能であろう。赤松は、一九三八年（昭和一三）二月『唯物論研究』第六四号に発表した「民俗学最近の研究情勢と動向」〔脱稿年月日一九三八年一月一九日〕のなかで次のようにいう。

> 民俗学とは物質的であると精神的であるとを問はず、現代に於ける前社会の残存物を直接に把握するための方法及び技術の科学であり、前社会の伝承・慣行等の残存物の把握が、考古学・古文書等の他の技術的科学と異つた方法・技術によつて可能であること、それが特に攻究《（攷究）》されるべき意義と任務を持つことに基礎づけられてゐる。即ち、歴史科学に於ける技術的科学なのだ。
>
> 〔赤松　一九三八e：一〇一頁〕

民俗学を封建習俗の残存をとらえるための「技術的科学」であると言い切る。この「技術的科学」は、ここでも文献史学における文献資料（「古文書等」）、考古学と並列される。民俗学も文献史学も考古学も、上位概念として歴史科学があり、それぞれがその一部門として、歴史事象をとらえるための方法「技術的科学」として形成されるというのである。

『民俗学』（三笠全書）——体系性を持つ民俗学構成案

民俗学を歴史科学のうちのひとつとして歴史事象をとらえるための方法として理解する、この赤松による民俗学の定義は、一九三八年（昭和一三）五月三笠書房から刊行の『民俗学』（三笠全書）において、それを基本とした民俗学の構成案の提出へと展開する。**図10**がこの『民俗学』である。文庫版大ながら装丁は濃紺布製、茶色の箱入りであった。戦時体制下、紙質が徐々に悪化する時代であるが、いまだ上質である。

図10　赤松啓介『民俗学』（三笠全書）

　赤松の『民俗学』は、ヨーロッパおよび日本の民俗学史を近現代資本主義発達史と連動させて概観し、そのうえであらためて、民俗学の対象は近現代における封建習俗の残存と社会関係であるという。

　民間伝承が現代に於ける前代の残存であるかぎり、資本主義社会に於ける残存が封建

> 社会の継承であることは自明であらう。即ち資本主義社会に於ける民間伝承とは、実は封建社会の民衆生活の残存なのである。 [赤松 一九三八g：七二頁]

> しかし資本主義社会に残存した封建的習俗が、封建社会に於けると同じ性質・内容にとどまつてゐるのではない。（中略）即ち資本主義社会に於てそのまゝで残つてゐる封建的習俗などといふものはあり得ないので、如何なる民間伝承といへども、単なる残存として切離さるべきものでなく、それが如何なる意義に於て残存したか、如何なる形式に於て残存してゐるかが具体的に問題とならねばならぬ。換言すれば私達は第一に民間伝承が、資本主義社会に於ける封建的残存だといふことから出発すべきなのだ。 [赤松 一九三八g：七二頁]

そして、この封建習俗の残存をとらえるために、赤松が提出する民俗学の構成案は次のようなものであった。その最重要課題、基本に置かれるのは生産関係である。

Ⅰ 生産諸関係
　1 生産方法 方法・技術・所有
　2 労働組織 共同・協働・職制
　3 交換経済 分配・市場・取引
Ⅱ 社会的機構
　1 政治関係 階級・統制・闘争
　2 家族制度 親族・婚姻・相続
　3 法的慣習 道徳・規約・制裁

Ⅲ 社会的意識
1 宗教関係 信仰・儀式・行事
2 芸術技能 文学・技能・造型
3 物質文化 住居・食物・衣類

〔赤松 一九三八g：八五-八六頁〕

赤松には、民俗学は考古学・文献史学と並ぶ歴史科学のひとつであり、現代社会が封建社会の残存をとらえるための方法であるという定義があった。そして、そのための第一にとらえられるべきは、生産関係、特に、主要産業としての農業生産であった。その民俗学の定義、目的と方法に基づき、この構成案は作られている。

第一は、「Ⅰ 生産諸関係」であり、これを土台とする。第二は、その土台のうえに形成される「Ⅱ 社会的機構」である。そして、第三は、上部構造としての観念的領域であり、それを「Ⅲ 社会的意識」とする。生産を重視し、そのうえで、消費へと構成し、民俗学が封建習俗の残存をとらえるための全体像を提出する構成案であった。

この赤松の構成案のみをもってすれば、マルクス主義の公式的適用ということもできる。しかし、これまでみてきたように、この赤松の構成案は、すでに赤松がその豊富な地域でのフィールドワークに基づき調査研究を重ねてきたうえでの提出である。調査と研究の一体性を地域で模索し実践したうえでの構成であった。マルクス主義の公式的適用ではない。また、赤松のこの構成案は、赤松が考える民俗学の定義そして方法からの延長線上にあり、体系性をもって整備した民俗学構成案であった。机上の空理空論ではなく、調査研究体験に裏打ちされる体系でもあった。

この赤松の『民俗学』における民俗学構成案は、他の民俗学構成案と対照、比較してみると、いかにそれが論理的にも実践的にも一貫する体系的民俗学であったのかを確認することができる。

まずは一般的な（あるいは基本的とされた）民俗学構成案からである。一般的な民俗学構成案は、そこに用語の違いや項目移動を含め若干の偏差を含みつつも、最大公約数として、次のようなものが継続してきた。いわゆる民俗社会の変容にともない、特に、一九九〇年代以降その研究対象もいちじるしく流動化し、一般的な民俗調査（総合民俗誌的調査）も減少し、それにそった調査研究も少なくなったが、おおむね、Ⅰ生産生業、Ⅱ社会生活、Ⅲ人生儀礼、Ⅳ年中行事、Ⅴ民間信仰、Ⅵ民俗芸能、Ⅶ口承文芸がその基本であろう。しかし、実はこれらの研究対象、民俗調査における調査項目が、なぜ調査研究対象となり得るのかについて体系的説明は行なわれないまま、これらの調査項目が選定されていた。たとえば、「基層文化」をとらえるため、「固有信仰」をとらえるため、そのような理解しがたい説明のもとで、これらの調査項目を埋めるために、フィールドワークにむかった民俗学徒も多かったのではないだろうか。

次は、一般的な民俗学構成案の基礎になるとともに、赤松の『民俗学』の民俗学構成案に先行した同時代のそれについてである。

日本の民俗学が、その構成案を提出するきっかけを作ったのは、イギリスの民俗学者シャーロット・ソフィア・バーン（Charlotte Sophia Burne, ?-一九二三）『民俗学概論』（*The Handbook of Folklore* 原著：一九一四年）が紹介されたことによろう。一九二七年（昭和二）四月、シャーロット・ソフィア・バーン『民俗学概論』が、岡正雄の翻訳により岡書院から刊行された。翻訳者岡によれば、柳田国男・折口信夫・金《きん》田《だ》一《いち》京《きょう》助《すけ》（一八八二 - 一九七一）の教示によったという［バーン（岡正雄訳）一九二七：一〇頁］。

バーンは、民間伝承（folklore）とは、「文化低き民族の間に現に行はれ、或は開化民族中の蒙昧な人民の間に保留されて居る伝統的な信仰、慣習、説話、歌謡、及び俚諺を総括し包含する汎称」であり、しかしそれは物質文化ではなく、「其の何れを問はず凡べての方面に於ける未開人心理の表現である」という［バーン（岡正雄訳）一九二七：三 - 四頁］。シャーロット・ソフィア・バーンによる民俗学の対象は、伝統的な文化の残存であり、その範囲を観念的領域に限定している。

そのうえで、シャーロット・ソフィア・バーンが提出する民俗学の構成案は次のようなものであった。

一、信仰と行為と――以下に関する

1.土地と天空と　2.植物界　3.動物界　4.人間　5.人工物　6.霊魂と他生と　7.超人的存在――神、小神、及その他　8.予兆と卜占と　9.呪術技法　10.疾病と民間医方と

二、慣習

1.社会的及び政治的制度　2.個人生活に於ける諸儀式　3.生業と工業と　4.斎日と祭礼と　5.競技と運動と遊戯と

三、説話、歌謡及び言慣し

1.説話　a真として語られるもの　b興味のために語られるもの　2.歌謡と譚歌と　3.諺語と謎々と　4.諺語的韻語と地方的言慣しと

［バーン（岡正雄訳）一九二七：七 - 八頁］［原文では英文表記がカッコで付記されているがここで

は省略した―引用者］

民間信仰・口承文芸・民俗知識がその基本である。伝統的な文化の残存をその対象とするというが、なぜ観念的領域に比重を置くのか、その選択基準は明確ではない。

日本の民俗学では、柳田国男が一九三四年（昭和九）八月刊行の『民間伝承論』と翌一九三五年（昭和一〇）八月刊行の『郷土生活の研究法』によって、その民俗学構成案を提出している。民俗学の目的は民間伝承を通して「平民の過去を知ること」［柳田 一九三五：五頁］にあり、民俗学は近世の国学に対して「新国学」であるともいう［柳田 一九三五：一四八頁］。そのうえで、柳田が提出した民俗学構成案は、観察順序による三部類であった。

『民間伝承論』では次のようにいう。

> 自分は極く自然な順序に従うて案を立てゝ見た。即ち先づ目に映ずる資料を第一部とし、耳に聞える言語資料を第二部に置き、最も微妙な心意感覚に訴へて始めて理解出来るものを第三部に入れるのである。（中略）第一部は、目に映じ、生活に現はれる点から、有形文化とも生活技術或は生活諸相とも云ひ得る。英語の social technology を此部の名とすると、少なくとも一方に偏するやうにも思へるが、ほゞ Ethnography に近い内容だとも云へる一般習俗が第一部門の内容である。第二部は言語芸術或は口承文芸のすべてを網羅する。是は目の学問と違ひ、土地に或程度まで滞在して、其土地の言語に通じなければ理解出来ない部門である。此部門は疑問の百出があり、自然次の部門との関聯が必要となつて来る。第三部には所謂俗信なども含まれて居り、是は同郷人同国人でなければ理解出来ぬ部分で、自分が郷土研究の意義の根本はこゝにあるとして居るところのものである。

此三部を又生活諸様式・生活解説・生活観念と考へても当つて居ると思ふ。

〔柳田 一九三四：一三六 - 一三七頁〕

観察のための人間の身体機能、目による把握を第一部門「生活諸様式」、耳による把握を第二部門「生活解説」、心意感覚による把握を第三部門「生活観念」とする。そして柳田は、この三部類案の具体的項目を、『郷土生活の研究法』のなかで「民俗資料の分類」として示す。『民間伝承論』と比べて用語に若干の違いがあるが、内容は同じであろう。

第一部 有形文化 一住居 二衣服 三食物 四資料取得方法 五交通 六労働 七村 八聯合 九家・親族 一〇婚姻 一一誕生 一二厄 一三葬式 一四年中行事 一五神祭 一六占法・呪法 一七舞踊 一八競技 一九童戯と玩具

第二部 言語芸術 一新語作成 二新文句 三諺 四謎 五唱へごと 六童言葉 七歌謡 八語り物と昔話と伝説

第三部 心意現象 一知識 二生活技術 三生活目的

〔柳田 一九三五：一四九 - 三三五頁〕

よく知られた柳田三分類案であり、そこにおける問題点が指摘されることもないが、柳田民俗学の体系的著作とされるこれら『民間伝承論』『郷土生活の研究法』によってその体系を確認すると、明らかに、そこには論理的不整合が存在する。柳田民俗学において民俗学の目的は「平民の過去を知ること」、別名「新国学」とされた。しかし、それを明らかにするための基準は、その目的からの論理的展開によるのではなく、突如、人間の身体機能が持ち出され、それに沿った民俗学構成案であった。その民俗学構成案では、民俗学の体系によらず身体機能にそっているために、第一部が肥大化し、第三部はその具体的内容をとらえにくいだけではなく量的にも少量である。しかし、柳田民俗学はこの第三部を「自分が郷土研究の意義の根本はこゝにあるとして居る」という。

また、決定的な問題点は、この民俗学構成案を提出した柳田自身が、みずからそれにそった実践を行なわなかったことにある。みずからフィールドワークを行なわず、他者による資料を東京で収集するにすぎない人物によるこのような提案は、机上の空理空論と断定されても言い過ぎにはならないであろう。

赤松の民俗学構成案を、一般的な民俗学構成案、シャーロット・ソフィア・バーンのそれ、柳田民俗学のそれと比較してみた。赤松の民俗学構成案は、これらと比較して、その研究目的とそれに基づき連続性をもった体系性、論理的整合性において、卓抜であると考えることができよう。そしてそこにおいてもっとも重要なことがらは、フィールドワークに基づき、調査と研究を一体性のもとにすすめるべき民俗学において、赤松は地域におけるその実践者でもあったことである。

赤松の民俗学構成案はその目的をも含めてかえりみられることはなかった。しかしそれは、一九三〇年代、日本の民俗学がその体系性を志向、学問としての整備しようとしつつあるとき、その地域における実践を含めてもっとも体系性を持つ提案であった[*37]。

「玉岡や西谷君の家で夜おそくまで議論したものである」——民俗学徒たちの青春

体系性を整えた民俗学構成案を提出するまでに整備された赤松民俗学であった。

その赤松民俗学は、東京の成城学園柳田私邸を会場とする木曜会（一九三四年一月九日第一回。以後毎月一回～二回研究会。一九四七年民俗学研究所研究会・談話会、のち日本民俗学会談話会）、一九三

表8 『兵庫県民俗資料』掲載論考

No	巻号	発行年月日	タイトル	名義
1	第3輯	1932年（昭和7）7月	下里方言雑記	栗山一夫
2	第5輯	1932年（昭和7）9月	民譚の、或る考察	栗山一夫
3	第7輯	1932年（昭和7）12月	民謡随想	栗山一夫
4	第7輯	1932年（昭和7）12月	川島様の御教示を得て	栗山一夫
5	第14輯	1934年（昭和9）7月	神戸市鷹取山民間信仰調査	栗山一夫
6	第16輯	1935年（昭和10）2月	説話流布者に就いて	栗山一夫
7	第18輯	1935年（昭和10）10月	続夜笛考（一）	栗山一夫

五年（昭和一〇）日本民俗学講習会（柳田国男還暦記念。七月三一日〜八月六日）、同年九月設立民間伝承の会（機関誌『民間伝承』刊行）など［鎌田一九六四：六四二 - 六四三頁］をはじめとする東京の柳田民俗学および柳田系民俗学とは、『民間伝承』への短報の投稿を除き無関係であった。しかし、兵庫県・大阪府など近畿地方の民俗学徒との交流はあり、そのなかで構成されたということもできる。柳田民俗学を否定する赤松ではあったが、論考の発表、研究会への参加、私的な議論、一九三〇年代近畿地方の民俗学徒は赤松を暖かく迎え入れていたように思われる。

出身の兵庫県では、赤松にその論考の誌面を提供したのは、まずは『兵庫県民俗資料』を主宰する太田陸郎であった。表8にみるように、『兵庫県民俗資料』は、一九三二年（昭和七）から一九三五年（昭和一〇）まで、本名の栗山一夫名義で長短合計七本もの論考を掲載している。フィールドワークに基づく調査報告が多い。兵庫県庁に勤務した太田は一八九六年（明治二九）生まれ、一九〇九年（明治四二）生まれの赤松からみると一三歳年長であった。赤松は、この太田について、その最初の単行本『東洋古代史講話』についての回想「『東洋古代史講話』の頃」（一九五九）で、次のように回想する。

> 印税の条件は頗る悪く定価の一割三分であったと思うが、その半額は現物ということであった。したがって実際に入手したのは百円たらず

で、それも現物の自著を売り歩いての話である。しかし、そのころは田舎で一ヶ月を三〇円ぐらいで暮していたときだから、まず三ヶ月分に相当する不時収入で、大いに助かったことは事実である。（中略）当時、太田陸郎氏などに本を押しつけて迷惑をかけたが、その太田氏もいまは姿がない。玉岡、西谷両君が、まだ健在なのは、せめても喜びとしよう。［赤松 一九五九a：四四頁］

太田陸郎について、「太田氏もいまは姿がない」とは、陸軍軍人として出征した太田が、一九四二年（昭和一七）陸軍機事故によって死去したことをさす。「太田陸郎氏などに本を押しつけて迷惑をかけた」とは、この太田に、印税がわりに現物支給された『東洋古代史講話』販売を頼んだということであろう。地元兵庫県の先輩太田が、『兵庫県民俗資料』に誌面を提供、さらには、単著販売により生活費援助をしている。民俗学徒・考古学徒として立とうとする赤松を後押ししている。*38

「玉岡、西谷両君」とは、玉岡松一郎、西谷勝也のことである。赤松にとって、方言研究者であり詩人でもあった玉岡は、考古学者和島誠一とともに、親友であったという。一九七一年（昭和四六）死去した和島への追悼文「和島誠一氏との四十年」（一九七二）のなかで、玉岡にふれて、次のようにいう。

革新政党の内部にも、人民のためにという口実で、官僚的な立身出世主義が、あの弾圧の激しい最中にも渦巻いていた。そして、かれらの多くは「転向」という影を残して消えて行き、あるものは戦後また復活して官僚的機構の階段を登っている。いかに「人民」を口にしようと、ぼくはそんな連中と友人になろうとは思わない。三度のメシが心配なしに食え、好きなことができるなら、人生これ以上になにを望むものがあろうか。したがってぼくが親友とするのは、同じような傾向の人たちである。ずばりいえば加古川の一隅で詩を書いている玉岡松一郎が、その一人だ。彼とも四十年の長い交際で、年賀状一つの便りで一年間を過ごすこともあるが、なにかのときにはあいつが生きていると思うだけで勇気が出る。和島も、そういうぼくには数の少ない友人の一人であった。正直いって、ぼくの生涯で親友と思っているのは、この二人だけである。

〔赤松 一九七一：七頁〕

権力とも富とも、そしておそらくは名声とも、無縁な世界で生きた玉岡松一郎と和島誠一への賛歌でもあった[*39]。

一九三〇年代、赤松はこの玉岡松一郎、そして西谷勝也とともに、兵庫県の民俗学徒として立とうとしていた。玉岡は一九一三年（大正二）生まれであるから赤松より四歳年下、西谷は一九〇六年（明治三九）生まれであるから赤松より三歳年長である。玉岡は早い時期に民俗学から離れたが、西谷は兵庫県で高等学校教師をつとめつつ、その生涯を、兵庫県でのフィールドワークと農耕儀礼研究のためにささげた。ヤマドッサン（淡路島北部の扮装来訪神的田の神祭祀）・亥の子・田植祭など稲作農耕儀礼研究による『季節の神々――農家の神々』（一九六八）はその集大成である。

一九六九年（昭和四四）西谷の死去にふれて、『神戸新聞』に寄稿したその追悼文「〝柳田学〟の発展者を失う 西谷勝也君の死をいたむ」（一九六九）は、赤松・玉岡・西谷、彼ら三人の青春の追憶といってもよいだろう。

当時、柳田国男は全国の研究者、とくに地方民間の人たちから偶像視されていたが、西谷君も早くから熱心な支持者になっていた。これに反して玉岡はかなり批判的な面もあり、ぼくは柳田に徹底的に反抗したといってよかろう。その三人がハリマ・フォークロア・グループを組んで、よく玉岡や西谷君の家で夜おそくまで議論したものである。夜ふけてから自転車で五里の山坂を越えて帰宅しながらどんなことを考えていたのだろうか、もう忘れてしまったが、いわゆる満州事変後の暗い谷間への入り口でぼくたちも青年らしい苦悩をぶっつけ合っていたのだろう。いまその鼎脚《ていきゃく》の一つを欠いてそのころを思うとまことに悲しい。

［赤松 一九六九ａ：九面］

赤松・玉岡・西谷が、ハリマ・フォークロア・グループなる私的研究グループにより、その研究をたかめるべく議論を重ねていたというのである。

西谷は、この赤松の回想がいうだけではなく、その『季節の神々――農家の神々』の「はじめに」でみずから「本書の公刊に当って、柳田国男先生の深くかつ温い学恩に感謝しなければならない」［西谷一九六八：二頁］というように柳田民俗学信奉者であった。しかし、その西谷が赤松・玉岡ともに、民俗学の青春のなかにいたというのである。

赤松を後援した太田陸郎も柳田民俗学に近い。西谷もそうであった。その彼らが、兵庫県という地域では、赤松と行動をともにしていた。

なぜであろうか。

赤松による西谷の追悼文「〝柳田学〟の発展者を失う 西谷勝也君の死をいたむ」のなかに、次のようなさりげない一節がある。

昔風にいえば君、資性温厚、篤実というのが当たっている。西谷君とぼくと意見が一致していたのは、採取調査の精密化であった。彼は身体的悪条件にもかかわらず、自らこつこつと採取調査に出かけている。その報告の精密さは、つとに定評があった。

［赤松 一九六九ａ：九面］

赤松と西谷とのあいだには、地域を掘り下げる徹底したフィールドワーカーであること、それに基づいた調査研究を行なうこと、それらの共通項があった。西谷の『季節の神々——農家の神々』のどこをひもといても、兵庫県を主なフィールドとして、詳細で豊富な調査資料に満ちている。その分析は、柳田民俗学信奉者として、田の神・山の神の去来信仰論へと結論づけるが、西谷が提示するひとつひとつの調査資料をみたとき、その緻密な調査資料は、逆に、田の神・山の神の去来信仰論を証明できない資料提示である可能性すら持つ。

民俗学徒としての基本、地域のフィールドワーカーであること、それが、柳田民俗学を否定する赤松と、柳田民俗学信奉者の西谷とのあいだの共通項であった。そして、それのみならず、「玉岡や西谷君の家で夜おそくまで議論した」、青春の情熱を傾ける同志でもあった。

これについては、西谷と同じく柳田民俗学信奉者であった大阪の沢田四郎作とも共通している。太田陸郎とともに近畿地方民俗学界の中心であり、近畿民俗学会（大阪民俗談話会）を主宰した沢田が、一九三八年（昭和一三）六月一一日印刷号の近畿民俗学会（大阪民俗談話会）編『民俗談話会だより』（巻号なし。原文孔版）の「新刊紹介」欄に、赤松の『民俗学』を次のように紹介する。

▲民俗学 三笠全書の一冊として出された赤松啓介氏の著です。赤松氏は即ち栗山一夫氏です。プロレタリア民俗学をとなへて、今日まで柳田先生の学風に弓をひきつゞけて居る一異色です。その学的方法については私は早くから疑問を持つてゐますが、その調査の精密にして丹念なことには、畏敬してゐます。たゞ同氏は一播磨の民俗を以てすぐ日本全国に及ぼさうとする風が見えます。本書は特にそれが強い様です。

［近畿民俗学会（大阪民俗談話会）編 一九三八ａ：一三頁］［頁数は『民俗談話会だより』の初号から通頁。以下、『民俗談話会だより』（一九三九年五月二〇日印刷号から『大阪民俗談話会報』に改題）は通頁を記す。一九三九年二月一八日印刷号から近畿民俗学会編は大阪民俗談話会編と改称される——引用者］

赤松を「今日まで柳田先生の学風に弓をひきつゞけて居る一異色」という柳田民俗学信奉者の沢田は、赤松民俗学に疑問を持つ。しかし、その沢田が赤松に対して、「その調査の精密にして丹念なことには、畏敬してゐます」という。

それから四ヶ月後の同年一〇月二三日、赤松は近畿民俗学会（大阪民俗談話会）で、播磨の用水慣行について調査報告と行なう。近畿民俗学会編『民俗談話会だより』一九三八年（昭和一三）一〇月二三日印刷号（巻号なし。原文孔版）の「十月例会概報」に次の記録が残る。

> 栗山一夫氏より播磨に於ける田地の用水に伴ふ制度と語彙について詳細なる調査の報告があつた。まことに興あるものであり、同時に比較研究の上からは各地の資料を必要とするものと思ふので大方の御協力を仰ぎたい。
>
> ［近畿民俗学会（大阪民俗談話会）編 一九三八ｂ：二七頁］

すでにみたように、赤松は、播磨地域の用水慣行についての緻密の調査研究として、一九三九年（昭和一四）二月『旅と伝説』第一二年二月号（通巻一三四号）に「溝と慣習」［脱稿年月日一九三八年一一月二二日］を発表した。近畿民俗学会（大阪民俗談話会）での発表が一九三八年（昭和一三）一〇月二三日であるので、それはこの「溝と慣習」脱稿の一ヶ月前であり、それについての発表であったと考えられる。この「十月例会概報」記録者は無署名であるが、これも沢田によるものであろう。ここでも、この発表を「詳細な調査の報告」と評している。なお、この日の近畿民俗学会（大阪民俗談話会）参会者は、赤松を含めて沢田のほか合計一〇人であり、そのなかには宮本常一もいる。

柳田民俗学信奉者からしても、民俗学徒としての基本、赤松が地域のなかの真摯なフィールドワーカーであること、調査研究に対して情熱を持つこと、そして、それらによって緻密な調査研究を実践していること、それらは充分に認められている。赤松には民俗学徒としての基本がある。そうである限り、赤松が柳田民俗学を否定しようとも、近畿地方の民俗学徒のあいだでは、暖かく迎え入れられる存在であった。

近畿民俗学会（大阪民俗談話会）――栗山一夫と宮本常一

沢田が主宰した近畿民俗学会（大阪民俗談話会）が、孔版で記録した『民俗談話会だより』（『大阪民俗談話会報』）をひもとくと、一九三八年（昭和一三）から翌一九三九年（昭和一四）にかけて、その例会記録「例会概報」のなかで、合計五回、赤松（本名栗山一夫として）と宮本常一の同席を確認できる。管見の限りでは、いまみた、(1)一九三八年（昭和一三）一〇月二三日一〇月例会をはじめ、(2)同年一二月一八日一二月例会（沢田・赤松・宮本ほか合計一二人）［近畿民俗学会（大阪民俗談話会）編　一九三九ａ：三四頁］、(3)翌一九三九年（昭和一四）一月二二日一月例会（沢田・赤松・宮本ほか合計九人）［近畿民俗学会（大阪民俗談話会）編　一九三九ｂ：三六頁］、(4)同年二月二六日二月例会（沢田・赤松・宮本ほか合計七人）［近畿民俗学会（大阪民俗談話会）編　一九三九ｃ：三九頁］、(5)同年七月一六日七月例会（沢田・赤松・宮本ほか合計一〇人）［近畿民俗学会（大阪民俗談話会）編　一九三九

e：五一頁］である。

近畿民俗学会（大阪民俗談話会）の例会参加者は多くて一〇人余である。相互交流は容易であったことであろう。赤松と宮本は、一九三八年（昭和一三）から翌一九三九年（昭和一四）にかけて、相識った間柄であった。

一九三九年（昭和一四）六月『兵庫県郷土研究』第三巻第二号、巻末の「会報」欄のなかで、「情報委員」の記名により赤松が「関西学院大学民俗学会特別講演会」を記録する。これによれば、同年六月九日、関西学院大学民俗学会が特別講演会を開催、その講演者は赤松と宮本常一であった。赤松は「農耕習俗に就いて」、宮本常一は「村を追はれる神様」を講演したという。講演後、関西学院大学教授宗教学者ヒルバーン（Hilburn Samuel Milton, 一八九八 - 一九七六）の挨拶、懇談会があった［岩田編 二〇〇四：五五一 - 五五二頁］。この関西学院大学民俗学会および特別講演会なるものは何かというと、赤松は同年四月から関西学院大学に聴講生として入学[*40]、それによって、関西学院大学民俗学会なるものを立ち上げ講演会を企画、その講師として宮本常一を招いたようである。

一九三九年（昭和一四）五月二〇日印刷号『大阪民俗談話会報』（巻号なし。原文孔版）の「会消息その他」欄に次の記録が残る。

栗山一夫氏　山田隆夫氏　四月から関西学院大学宗教学教室に聴講生として入学。ヒルバーン教授の指導を受けてゐられる。

［近畿民俗学会（大阪民俗談話会）編 一九三九d：四三頁］

山田隆夫（？ - ？）は大阪在住の民俗学徒である。赤松は一九三八年（昭和一三）末、兵庫県加西郡下里村西笠原から大阪府大阪市北区都島中通に転居、下宿生活をはじめる。それがいまみた近畿民俗学会（大阪民俗談話会）への積極的参加、宮本常一との交流を生み、また、関西学院大学聴講生とさせたと考えられる。

赤松と宮本のこの交流は、農業生産についての貴重な民俗誌を生み出す。

よく知られた宮本の『忘れられた日本人』（一九六〇）は、そのなかの「文字をもつ伝承者㈠」で、島根県の老農田中梅治《うめじ》（一八六八‐一九四〇）とその著書『アチックミユーゼアム彙報第四八 粒々辛苦・流汗一滴――島根県邑智郡田所村農作覚書』（一九四一）のアチックミューゼアムからの刊行を語る。そのなかに赤松が本名栗山一夫で登場する。

> 田中翁の名を知ったのは昭和十四年の春であるとおぼえている。栗山一夫君から、「こういう記録があるのだが」と言って示されたのが、毛筆で、しかもきわめて達筆で罫紙《けいし》にかかれた「粒々辛苦」と題した島根県邑智《おおち》郡地方の稲作の語彙である。（中略）栗山君にどういう人かきいて見たのであるが、島根山中の老農だとだけわかった。その頃フォクロアでも稲作習俗一つについて、これほど綿密な調査をしたものはなかった。（中略）栗山君はこの記録を何とか活字にできないものであろかという。私も心を動かされたが、こちらは貧乏な小学校教師でしかない。知己の事を思いうかべて見てもこれというあてもない。（中略）そこで渋沢先生にたのんで見ようと思って事情を書いてお願いして見た。
>
> 〔宮本 一九六〇：二一九‐二二二頁〕

宮本によれば、一九三九年（昭和一四）春ごろであったという。赤松（「栗山一夫君」）が、宮本に田中梅治（「田中翁」）の原稿「粒々辛苦」出版を薦め、宮本がそれを、アチックミューゼアムを主宰しすでに多くのアチックミューゼアム彙報・ノートを出版していた渋沢敬三（「渋沢先生」）に紹介したという。

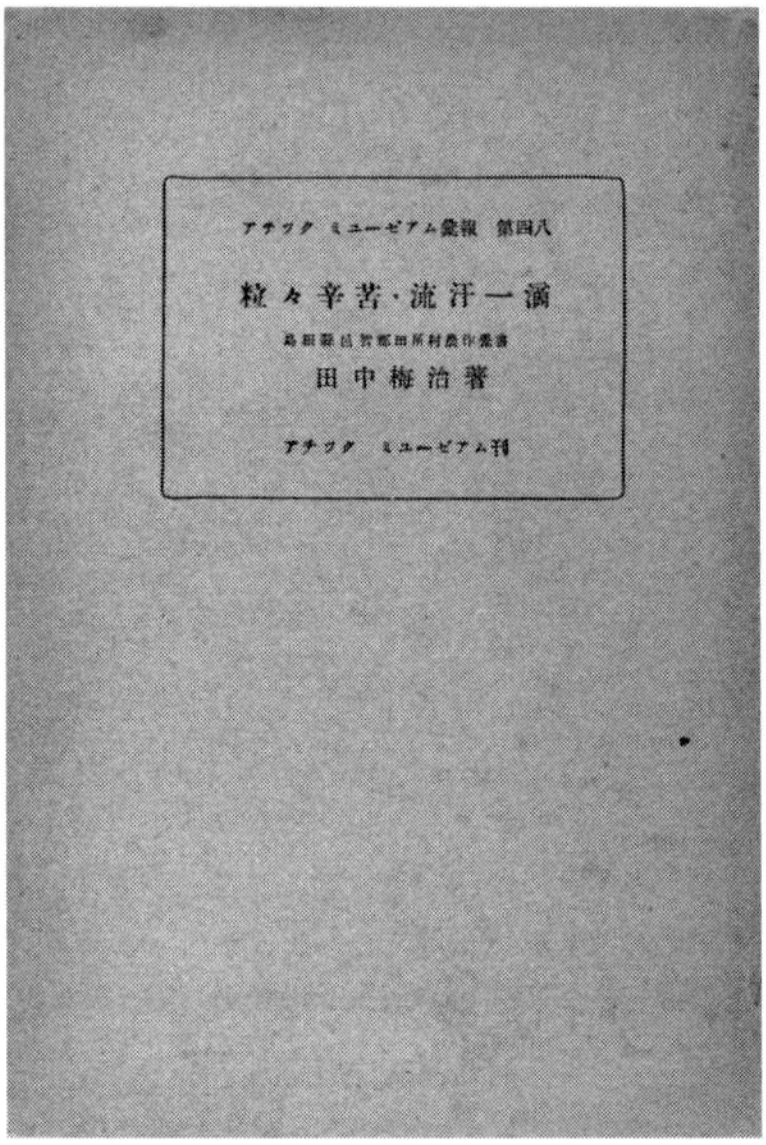

図11　田中梅治『アチックミューゼアム彙報第四八 粒々辛苦・流汗一滴』

宮本は、同内容を『中国風土記』（一九五八）のなかでも回想している。

> 昭和十四年のことであった。播磨の栗山一夫氏から、石見邑智郡田所村の田中梅治翁の粒々辛苦という原稿を託された。美濃紙に毛筆で達者にかかれたもので、内容は稲作の事が語彙を中心にこまごまと書かれてあった。読んでみると、文章は簡潔で要を得ており、体験を中心にしていて興味ふかいものであった。そこで渋沢敬三先生にお願いして本にしてもらっては、と思い原稿を東京へおくった。当時私は大阪にいた。すると東京からは、それを本にしてもいいと言って来た。
> 〔宮本 一九五八：三一二頁〕

宮本は「当時私は大阪にいた」というのは、宮本はこの年、一九三九年（昭和一四）九月まで大阪府下で小学校教員として勤めていたことを示す。九月三〇日退職、一〇月二五日上京、アチックミューゼアム所員となる〔田村 二〇〇五：五六二頁〕。

赤松の二度目の検挙は同年一一月八日であった。赤松検挙の一三日前に、宮本は本格的なフィールドワーカーとして立つべく大阪を後にしたことになる。

赤松と宮本の交流は、一九三八年（昭和一三）一〇月から翌一九三九年（昭和一四）七月にかけて一年にも満たない。それ以前に、二人は相識っていた可能性はあるが、確認できるのはこの一年弱の間である。この間、二人の交流のもとで、老農田中梅治の詳細をきわめた農業生産の民俗誌『アチツクミユーゼアム彙報第四八 粒々辛苦・流汗一滴――島根県邑智郡田所村農作覚書』が生み出される。図11が並装箱入りのこの著作である。宮本の、アチックミユーゼアム所員としてはじめての本格的なフィールドワークは、老農田中梅治に会うべく島根県であった。「島根の旅――世は情」（一九四〇）によると、一一月一四日[*41]東京を発ち二一日、老農田中梅治と会っている［宮本 一九四〇：一〇二、一一〇頁］。

『アチツクミユーゼアム彙報第四八 粒々辛苦・流汗一滴』――栗山一夫と島根県の老農田中梅治

それでは、どのような経緯で、赤松は、島根県の老農田中梅治からその原稿「粒々辛苦」をあずかることになったのであろうか。二人は会ったことはなかろう。田中梅治は一八六八年（慶応四・明治一）生まれ一九三九年（昭和一四）時点で七二歳、一九〇九年（明治四二）生まれ一九三九年（昭和一四）時点で三一歳の赤松とは、四一歳もの年の差がある。

それは、田中梅治と親交のあった島根県の小学校教員森脇太一（？-？）が記す『アチツクミユーゼアム彙報第四八 粒々辛苦・流汗一滴――島根県邑智郡田所村農作覚書』の「序」によると、次のようなものであった。

大田植研究者で島根県の神職・民俗学者牛《うし》尾《お》三千夫《みちお》（一九〇七-八六）が、邑智郡田所村（現邑南町）の田中梅治を調査に訪れた際、稲作についての農事記録を依頼した。一九三八年（昭和一三）、それが

「粒々辛苦」のタイトルのもとで完成し牛尾のもとに送られる。牛尾は同年九月島根民俗学会をたちあげ機関誌『島根民俗』を創刊する。牛尾は、その『島根民俗』のなかに、田中梅治の「粒々辛苦」から抄録し、創刊号（第一巻第一号）ではそれを「稲作語彙」、同年一一月第一巻第二号では「蚊帳縫ひ」として紹介した。そこに関心を持ったのが赤松であった［田中 一九四一：一頁］。

これについては、一九三九年（昭和一四）二月『島根民俗』第一巻第三号に赤松が寄稿した「農耕技術の調査に就いて」によっても確認することができる。それは次のようにはじまる。

私は播磨の者でありますが、創刊号の稲作語彙を拝読しまして非常に興味を覚えました。それは耕耘用語のアラオコシ、クレガエシが全く同じであつたからで、仕事の内容もほゞ同じの様に存じます。詳しい相違は実見しないことには云へませんが、だいたいよく似てゐる様に存じますので、もう一層詳細な比較をして見たい希望にかられました。誠に不遜な様でありますが、私共がどの様に調査してゐるかを申し上げまして、若し御比較下さいますなら甚だ嬉しいことに存じます。

［赤松 一九三九g：八頁］

赤松がここで「創刊号の稲作語彙」というのは、牛尾三千夫が田中梅治「粒々辛苦」から抄録した『島根民俗』創刊号の「稲作語彙」のことである。それが記す湿田についての耕耘用語のアラオコシ・クレガヘシが、赤松の兵庫県播磨地域の裏作をしない水田での耕耘用語と同じであるという。[*42]

赤松は次のように続ける。

播磨では必ずしもフケタ（湿田）といふわけではなくても何かの都合で裏作しない田があり、これをアラタ、コナリ、クロシロ、ヒバタなど色々にいつてゐます。勿論苗代にするのでおく田も混つてゐますし、フケタといふ程でなくとも裏作の出来ないのもありますが、ともかく裏作しない田をそういひます。この鋤き方はまづアラオコシ（だいたいムカラ）をして次にナカゴトリ（六カラ）、次にクレガヘシ（五カラ）になつてゐます。但し播磨ではアラオコシをワリタ、ナカゴトリをアワシタ、クレガヘシをコエマゼ、ヘラガヘシなど種々にいひます。島根ではどうでせうか、詳しく御調べ願ひたいと存じます。

［赤松 一九三九g：八頁］

アラオコシ・クレガヘシを起点として、裏作をしない水田での、田植え前の耕耘方法について、「島根ではどうでせうか」という質問であった。赤松は、この「農耕技術の調査に就いて」のなかで、苗代・用水・草取りなどについても質問している。

この赤松の質問に対して応えたのが、田中梅治であった。森脇太一の「序」は、それを次のようにいう。

兵庫県の栗山一夫氏はこれを一読し大いに興味を覚え、筆者である田中氏に種々質問された。田中氏は答ふるに自分の研究蒐録である「粒々辛苦」をもつてせられたのである。

［田中 一九四一：二頁］

これが、島根県の田中梅治から赤松のもとへその原稿「粒々辛苦」が送られた経緯である。赤松が一九三九年（昭和一四）二月『島根民俗』第一巻第三号に寄稿した「農耕技術の調査に就いて」のなかの質問に応えて、田中梅治が原稿「粒々辛苦」を送っていた。

森脇太一の「序」によれば、その後の、『アチックミユーゼアム彙報第四八 粒々辛苦・流汗一滴——島根県邑智郡田所村農作覚書』出版までの経緯は、次のようなものであった。

これを見た栗山氏は地方民俗的香りの高いそして極めて豊富な資料に寧ろ驚歎《（驚嘆）》し、同志宮本常一氏に相図り、その出版方を慫慂《しょうよう》されてゐたところ昭和十四年八月芦田恵之助先生を講師とする国語教壇講習会が隠岐の西郷町に開かれた際計らずも例の宮本氏を知り、田中氏の人と成り或は其の業蹟等を逐一照会する機会を得、更に嘗《か》つての懸案たりし「粒々辛苦」の出版方取計に対して私からも御願ひしたのである。宮本氏は早速渋沢敬三先生に右事情を述べ出版方を依頼されたところ、先生は直ちに快諾され此度目出度《めでたく》出版の運びに至つたのである。

〔田中 一九四一：一‐二頁〕

赤松（「栗山一夫氏」）が、田中梅治から送られた「粒々辛苦」原稿の出版について、宮本常一に相談したというのはすでにみた宮本の『忘れられた日本人』『中国風土記』と同じである。それとともに、田中梅治と親交のあった小学校教員森脇太一が、偶然であろうが隠岐での国語講習会で芦田恵之助（一八七三‐一九五一）を通して宮本を知り、宮本を通しての渋沢敬三のアチックミューゼアムからの出版が本格化したという。芦田恵之助は国語教育者であるとともに綴り方教育指導者であり、小学校教員として綴り方教育を実践した宮本と交流があった〔岩田 二〇一三：九六‐九七頁〕。

このように、田中梅治の原稿「粒々辛苦」の出版計画は本格化した。それに並行して、「粒々辛苦」が稲作中心であったため、森脇太一が田中梅治に畑作についても執筆をすすめ、一九三九年（昭和一四）にはそれも完成し「流汗一滴」と名づけられた。稲作の「粒々辛苦」と畑作の「流汗一滴」を合わせ、島根県南部邑智郡の農山村の稲作・畑作、それらと連続する年中行事・民俗知識にまでおよぶすぐれた民俗誌が『アチツクミユーゼアム彙報第四八 粒々辛苦・流汗一滴――島根県邑智郡田所村農作覚書』として刊行される。刊行は一九四一年（昭和一六）九月である。

前年一九四〇年（昭和一五）九月、ちょうどその初校が出るときであったという、アチックミューゼアムを主宰する渋沢敬三が田中梅治を訪問する。しかし、田中梅治はその翌月一〇月一三日心不全のため急死する〔田中 一九四一：八頁〕。

赤松の二度目の検挙が一九三九年（昭和一四）一一月八日であるので、赤松は田中梅治の急死と、その原稿「粒々辛苦」が『アチックミューゼアム彙報第四八 粒々辛苦・流汗一滴――島根県邑智郡田所村農作覚書』として刊行されたことも、知ることはなかったであろう。しかし、このすぐれた民俗誌を世に送り、宮本常一『忘れられた日本人』の「文字をもつ伝承者㈠」の発端を作ったのは、赤松啓介であった。

「我楽多役ハ僕ノ誠心誠意公共ノ為メ」――老農田中梅治の「公共」性と科学的精神

ここで重要性を認めたいのは、この島根県の老農田中梅治が、なぜ、会ったこともない赤松の質問に応え、その原稿「粒々辛苦」を送るまでの好意を示したのか、ということである。

田中梅治と赤松啓介のあいだには、相通じ合うなにかがあったのだろうか。

田中梅治の人となりを知る必要があろう。

一八六八年（慶応四・明治一）生まれの田中梅治は、一八八一年（明治一四）小学校を卒業する。農業に従事するが、一九一九年（大正八）から一九二三年（大正一二）まで田所村助役をはじめ、村会議員など多くの役職をつとめる。それについて、田中梅治は「其頃迄ハ村長トカ助役トカ云ヘバ、非常ノ名誉職デアルカラ、旦那様組デナケレバナレヌノデルカラ」、「虚栄心」によるものと思われるかもしれないが、それは違うという。

決シテ虚栄心ナドニ我楽多役《がらくたやく》ヲ漁《あさ》ツタノデハナイ、アノ我楽多役ハ僕ノ誠心誠意公共ノ為ニ何処マデモ尽スト云フ所ヲ認メテ斯ノ如ク何モ彼モ僕ニクビリツケタノデアル。若シ僕ガ名誉心ノミヲ以テ念トシタナラバ今少シハ表面ヲ飾ツテ其方面ニ熱中シタデアラウ。

［田中 一九四一：三頁］

役職を「我楽多役」という。そのガラクタ役をつとめたのは、私欲ではなく「僕ノ誠心誠意公共ノ為」であるという。

稲作の「粒々辛苦」の最後では、日中戦争終了後を仮定し、平和回復後の日本農業に向けての提言も行なう。それは、大きく二つあった。ひとつは、細分化された農地経営ではなく、大規模耕地整理の必要性、もうひとつは、積極的な自作農創設である。

思ヒ切ツテ国家事業トシテ耕地区画ノ改良等、少シハ大規模ノ事業ヲ起シテ呉レネバ現在ノ田区ナドハ将来労力ヲ省クベキ耕作業ハ出来ナイ、（中略）予ハ大規模ノ区画改良ヲ以テ農業政策ノ一大急務ダト叫ビタイ、之ヲ断行シテ大ニ二毛作ヲ奨励シ緑肥ノ栽培山草刈取ノ徹底的指導等更ニ農具ノ改善等ニ及ボセバ、或ハ吾日本ノ米作業モ前途永ク維持ガ出来ルデアラウ、尚米作ヲ豊富ニスルニハ自作農ヲ造ラネバ衰微スル一方デアラウ、宣布《せんぷ》政府ハ強制以テ地主ニ慫慂《しょうよう》シテ土地ヲ提供セシメ、無利息ヲ以テ自作農創設資金ヲ貸付シ現存ノ小作人ヲ全部自作農タラシムベキデアル。

［田中 一九四一：七四-七五頁］

大規模耕地整理と自作農創設、田中はいずれも国家事業としての遂行を提言している。そして、大規模耕地整理ではそれを農具改良と自然肥料（「緑肥ノ栽培山草刈取」）と連動させ、自作農創設では全小作農を自作農に転化させるべく政府が地主に対して強制するべきであるという。農家を小農から脱却させ、競争力を持つ農業経営体として転換させるべく、強行意見とでもいうべき提案であった。

この田中梅治の提案は、アジア太平洋戦争敗戦後、日本農業への予言であったということもできる。大規模耕地整理にともなう二毛作の普及と機械化、農地改革による自作農創設（寄生地主制解体）である。田中梅治とは、このように、「公共」性に富む精神のもとで、日本農業の発展のために合理性に満ちた提案を理路整然と説明することのできる人物であった。過去に傾斜するのではなく、現在を生きる老農であった。

それとともに、『アチックミユーゼアム彙報第四八 粒々辛苦・流汗一滴――島根県邑智郡田所村農作覚書』に残されるその民俗知は広く深く、そして個別の記述は簡潔であるが緻密である。

たとえば、次は畑作の「流汗一滴」のなかの粟作についてである。

麦ノ後作ニモ粟ヲモ蒔ク。ソレハ七月中旬ノ初メ頃デ、麻作後《アト》ヨリハ十日計《ばか》リモ早ク蒔クカラ、粟ノ出来ハ大イニヨイ。麦作後ノ畑ヲザク〳〵ト打チテ草ノ根ヲ拾イ、麦稈《ばっかん》残リト共ニ畑ノ中ニテ焼イテ灰ニシテ其畑ヘ振ルモノアリ、他ヘ負ヒ除ケテ翌年ノ苗代肥ニ積ミ置クモアル。（中略）粟ヲ作ルニハ間引クガ一番大仕事デ、手腕モナケレバナラナイ。又暑イ時ニ焼ケツク様ナ畑ノ中ヲ這フノデアルカラ中々ツライ。汗ダク〳〵デヤラネバナラナイ。（中略）十一月十日頃ニ刈リ取リテ稲架ノ空《ア》イタ後ヘ架ケテ乾シ、之ヲ庭ニテ穂ヲ切リ落シテ打ツコトモアリ、又稈ツキノ儘《まま》搗臼ナド丸イ大キナモノヲ伏セ之ニ打チタ、キテ実ヲ落スモアル。昔ハ麻畑ノ広イ為メ粟モ多ク作リ、多ク米ニ混ジテ飯ニ炊イタガ、今ハ粗食ヲセヌ為メ作ルコトモ少ナイ。畑モ少ナイガ一反歩収穫ハ二石位ヲ普通トスル。［田中 一九四一：一三五 - 一三六頁］［カタカナルビ原文―引用者］

粟は麻の裏作で、七月中旬の種播き、一一月収穫であった。種播きが麦の収穫後であるために麦稈を堆肥とする。真夏の間引き作業が重労働であるという。近年では粟作は減少したが、かつては米と粟との混合飯が多かったという。粟作が麻作と連続し、麦稈を堆肥とすること、また、収穫後の粟が米との混合食であるというそれともなう食文化についても言及している。

田中梅治は、このように、みずからが保有する民俗知を、正確な資料としても叙述できる能力を持つ。科学的精神の基礎をそなえた人物であった。

赤松は「農耕技術の調査に就いて」のなかで、アラオコシ・クレガヘシについて田中梅治へ質問した。その微細な民俗事象に気づき、それを丁寧に紹介したうえで質問を行なうことができる赤松であった。その質問内容から、田中梅治が赤松の農業生産についての知識を認識でき、面識のない赤松に対しても、みずからの原稿「粒々辛苦」を送ったと考えることができないだろうか。現象に対する緻密な把握と表現能力、科学的精神が、赤松と田中梅治とのあいだで通じあったように思われるのである。

「親愛なる――兄へ」――栗山一夫と渋沢敬三？

柳田民俗学および柳田系民俗学を否定しつつも、赤松はその調査研究において孤立していなかった。玉岡松一郎・西谷勝也・宮本常一など近畿地方の同世代の民俗学徒たちと、また、先輩の太田陸郎・沢田四郎作などとともに、兵庫県をフィールドとして精力的な調査研究を実践していた。それが、田中梅治『アチックミユーゼアム彙報第四八 粒々辛苦・流汗一滴——島根県邑智郡田所村農作覚書』刊行としても結実していた。

赤松は、一九三七年（昭和一二）一月みずからが中心となり兵庫県郷土研究会を立ち上げ、赤松と玉岡松一郎を「常任委員」として、孔版による機関誌『兵庫県郷土研究』を刊行する。孔版作成のための謄写版・ヤスリ・鉄筆・インクを持たず、またその購入資金もなかった赤松のために、伊豆公夫所蔵の中古品を貰いうけ東京から届けたのは和島誠一であったという。[*43] 創刊号（第一巻第一号）は同年二月一四日刊行、「編輯発行兼印刷人 兵庫県加西郡下里村西笠原 栗山一夫」「編輯発行兼印刷所 兵庫県加西郡下里村西笠原 兵庫県郷土研究会」であった。「編輯発行兼印刷人」「編輯発行兼印刷所」を「兵庫県加西郡下里村西笠原」とする兵庫県郷土研究会および『兵庫県郷土研究』は、誰がみても、その主宰者は本名栗山一夫による赤松啓介である。一九三九年（昭和一四）一一月八日二度目の検挙まで約三年間、孔版により、第一巻を第八号まで、第二巻を第六号まで、第三巻を第三号まで、合計一七号を刊行している。各号巻末に記された頒布価格は二〇銭から三〇銭であった。といっても、出版社も後援者もなく、孔版による私製装丁であり、最低限の財政基盤による手弁当の運営・発行というのが実態であろう。一九三八年（昭和一三）六月第二巻第二号「編輯を終つて」のなかで、赤松は「本誌は常任委員二名が各二円ずつ支出するのを財政基盤とし、他は十二・三名の確実にいただける誌代を目標として計画してゐる」［岩田編 二〇〇四：四一〇-四一一頁］という。これをもって計算すると、兵庫県郷土研究会および『兵庫県郷土研究』は、合計六円から七円程度の財政基盤によって運営・発行されていたことになる。

赤松の兵庫県郷土研究会は機関誌『兵庫県郷土研究』刊行のみではなかった。「実地演習」、民俗学徒・

考古学徒とともに、兵庫県播磨地域を中心としてフィールドワークを積み重ねる。**表9**は、この「実地演習」を『兵庫県郷土研究』の各号「実地演習ニュース」によって整理したものである。第一回を一九三六年（昭和一一）一二月二七日に、第一三回を一九三九年（昭和一四）一月五日に、約二年間合計一三回「実地演習」をくりかえしている。考古学的フィールドワークが多いが、その参加者をみると、考古学的フィールドワークであっても、地域の考古学徒とともに、太田陸郎（二回）・玉岡松一郎（二回）・西谷勝也（四回）も参加、東京在住の和島誠一（二回）の参加もある。[*44] 赤松の動静確認のためであろう、北条警察署長（二回）の参加もある。なお、赤松を支援した先輩太田陸郎と親友玉岡松一郎の「実地演習」参加がそれぞれ二回にとどまるのは、出征が原因であろう。『兵庫県郷土研究』各号「会員動静」によれば、太田は一九三八年（昭和一三）七月応召［岩田編 二〇〇四：四四六頁］、玉岡は一九三七年（昭和一二）八月応召、歳末除隊するが、翌一九三八年（昭和一三）五月再応召、同年一〇月病気により加古川陸軍病院入院、翌一九三九年（昭和一四）八月退院、除隊している［岩田編 二〇〇四：二七九、三八一、四〇八、四九四、五六九頁］。

また、この「実地演習」にもっとも熱心に参加している兵庫県美嚢郡三木町（現三木市）の岡村貞治（七回）・岡村覚二（七回）は、地域の考古学研究者である。赤松の回想によれば、岡村覚二は、明治社会主義『平民新聞』購読者であったという。

> 私を驚かせたのは進歩的な思想の持主が案外に多かったことである。特に美嚢郡三木町の山奥で、昔、平民新聞を読んでいたという老リベラリスト岡村覚二氏にめぐり会ったときは、まことに友は友を呼ぶ感を深くした。
>
> ［赤松 一九五四d：一八八頁］

表 9　兵庫県郷土研究会実地演習

回	年月日	参加者・人数	地域・内容	出典『兵庫県郷土研究』巻号	備考
1	1936年（昭和11）12月27日	栗山一夫・玉岡松一郎・西谷勝也・黒田善治・岡村貞治含め合計 11 人。	加古郡。古墳・初期仏教寺院見学。民俗学座談会。	第1巻第1号（1937年2月14日発行）	1937 年（昭和 12）2 月『歴史』第 2 号、「栗山一夫「兵庫県郷土研究会ニユース」に同内容の記録あり［赤松 1937j：140 - 143］。
2	1937年（昭和12）2月14日	栗山一夫・太田陸郎・岡村貞治含め合計 8 人	加西郡。古墳・初期仏教寺院見学。	第1巻第2号（1937年3月27日発行）	太田陸郎は神戸から子供連れで参加。
3	1937年（昭和12）5月9日	栗山一夫・岡村貞治・岡村覚二ほか合計 6 人。加西史談会 6 人。富合村村長。北条警察署長。	加西郡。「玉塚」（「玉丘古墳」）ほか古墳見学。	第1巻第4号（1937年6月10日発行）	加西史談会と合同開催。
4	1937年（昭和12）6月13日	栗山一夫・岡村貞治・岡村覚二ほか合計 7 人。	美嚢郡・明石郡境地域ハイキング。	第1巻第5号（1937年7月18日発行）	美嚢郡岡村貞治・岡村覚二主催。
5	1937年（昭和12）7月18日	栗山一夫・太田陸郎・和島誠一・玉岡松一郎ほか合計 6 人。	和島誠一による縄文土器講演。民俗談話会。	第1巻第6号（1937年10月15日発行）	談話会。
6	1937年（昭和12）10月17日	栗山一夫・西谷勝也ほか合計 3 人。	加西郡。古墳見学。石造物調査。	第1巻第7号（1937年11月28日発行）	秋祭・天候不良のため参会者 3 人。
7	1937年（昭和12）11月28日	栗山一夫・岡村貞治・岡村覚二ほか合計 7 人。	美嚢郡西部。弥生遺跡・古墳見学。	第1巻第8号（1938年1月10日発行）	美嚢郡岡村貞治・岡村覚二主催。
8	1938年（昭和13）1月16日	栗山一夫・西谷勝也ほか合計 3 人。	加東郡・美嚢郡。見学。	第2巻第1号（1938年5月10日発行）	天候不良。
9	1938年（昭和13）5月15日	栗山一夫・岡村覚二ほか合計 6 人。県立国民高等学校長・生徒 18 人。	加西郡。初期仏教寺院。	第2巻第2号（1938年6月15日発行）	
10	1938年（昭和13）6月26日	栗山一夫・岡村貞治・岡村覚二ほか合計 7 人。	美嚢郡。金物工場見学。古墳見学。	第2巻第3号（1938年7月17日発行）	
11	1938年（昭和13）8月21日	栗山一夫・和島誠一ほか合計 7 人。北条警察署長。	加西郡。古墳見学。五百羅漢見学。	第2巻第5号（1938年12月15日発行）	加西史談会と合同開催。
12	1938年（昭和13）9月24日	栗山一夫・岡村覚二ほか合計4人。県立国民高等学校生徒7人。	加東郡。古墳時代窯跡調査。	第2巻第5号（1938年12月15日発行）	
13	1939年（昭和14）1月5日	栗山一夫・西谷勝也・岡村貞治・岡村覚二・浅田芳朗合計 5 人。	飾磨郡。播磨国分寺跡見学。	第3巻第1号（1939年2月20日発行）	天候不良。

＊『兵庫県郷土研究』各号「実地演習ニユース」による［岩田編 2004］。赤松啓介は本名栗山一夫で記されているのでそのままとした。

かつて『平民新聞』購読者であった「老リベラリスト岡村覚二氏」がこの「実地演習」参加の最高回数を数えた[*45]。赤松のいうように、「友は友を呼ぶ」ということなのであろうか。

兵庫郷土研究会には例会はない。民俗学徒・考古学徒の交流はこの「実地演習」であった。赤松が兵庫県郷土研究会で重視したのは、机上の研究会ではなく、仲間とともに現実に触れるフィールドワークであった。

この兵庫県郷土研究会の『兵庫県郷土研究』の、一九三七年（昭和一二）五月第一巻第三号巻末に、赤松が「編輯委員」として記す「編輯後記 親愛なる――兄へ」という文章がある。『兵庫県郷土研究』では、この号の「編輯後記」のみ、「親愛なる――兄へ」と「兄」なる人物に呼びかける。

> 親愛なる――兄、本誌も漸く第三号をお手許へ、届けることができるようになつた。三号雑誌というから、これで本誌もいつ廃刊してもよい資格だけはできたわけである。本誌の進むべき道は創刊号に於いて明かにしたはずであつたが、編輯委員の怠慢は次第にそれから遠去ることに努力してゐたという結果を導いた。若し好意ある兄の批判を聞くことができなかつたならば、一層無用であるのみならず有害な摩擦を大きくしたであらう。それを防止し、初期の希望に立ち帰り得たことは、最大の喜びでなければならぬ。（中略）親愛なる兄、かくて僕達は、僕達の誤謬を一掃し、新なる出発をすることのできる希望を持つことができた。希はくば今後の鞭撻が厳正ならんことを。そしてお互ひに明日へ元気で進もう。
>
> 〔岩田編 二〇〇四：一八〇‐一八二頁〕

「好意ある兄の批判」があったという。それがなければ、「一層無用であるのみならず有害な摩擦を大きくした」であろうと反省する。

それでは、赤松が「親愛なる――兄へ」と呼びかけた「兄」とは誰なのであろうか。

ここでは、この「兄」が渋沢敬三ではなかったか、と推測しておきたい。

なぜならば、この「親愛なる――兄へ」と呼びかけた一九三七年（昭和一二）五月『兵庫県郷土研究』第一巻第三号の直前、赤松は、すでにみた、関東地方・東北地方・北陸地方への視察旅行に行き、東京滞在中には、三月二九日から三一日までの東京人類学会・日本民族学会連合大会（於：東京帝国大学）に参加、この『兵庫県郷土研究』第一巻第三号で赤松が本名栗山一夫によって記す「資料の蒐集と利用に関して」のなかで、渋沢敬三が主宰するアチックミューゼアムなどを訪問、収蔵品を参観しその感激を、「実物に接した感銘が、写真や実測図で想像するのを如何に遠いかをしみじみと考へさせる」［岩田編 二〇〇四：一三五頁］と記しているからである。また、次のようにもいう。

> 私は多くの人々から、好意ある批判を聴くことができた。それは特に二つの面に、即ち資料の研究に於ける立遅れと、研究情勢に対する認識に関してである。私達が資料の綜合によつて結論を導かずに、理論で処置する傾向に就いては、前々から八幡一郎氏の直接な指摘や忠告を得てゐたが、今度も中村徳二郎・渋沢敬三その他数人の諸氏から、そうした話があつた。
> ［岩田編 二〇〇四：一三六頁］

八幡一郎（一九〇二 - 八七）は考古学者、主に縄文時代の研究者である。以前からこの八幡一郎の批評があったが、今回の上京で、中村徳二郎・渋沢敬三から、その「理論で処置する傾向」に対しての「好意ある批判」と「忠告」があったという[*46]。「理論で処置する傾向」とは、赤松の論考で散見されるマルクス主義的言辞のひとり歩きであろう。中村徳二郎は『歴史科学』『歴史』の「編輯発行兼印刷人」である。研究者というよりも出版人である。これに対して、渋沢敬三は、アチックミューゼアム主宰者であるとともに、みずからも民具学・民俗学・人類学者であった。

赤松が「親愛なる――兄へ」と呼びかけ、反省の弁を述べた対象は、渋沢敬三であったと考えることができないだろうか。

といっても、渋沢敬三はいっぽうでは財界の重鎮、この時点で第一銀行・渋沢倉庫取締役である（一九四一年第一銀行副頭取、一九四二年日本銀行副総裁、一九四四年日本銀行総裁、一九四五年幣原喜重郎内閣大蔵大臣）〔宮本 一九七八：四七四‐四七五頁〕。赤松が配慮し個人名の明記を避けたと考えることができよう。また、赤松と渋沢敬三の面談は、多忙な渋沢が、アチックミューゼアムで赤松ひとりのために時間を割いたのではなく、東京人類学会・日本民族学会連合大会席上での会話程度であった可能性もある。ただ、その後、渋沢敬三が、赤松が宮本常一に相談した田中梅治の原稿「粒々辛苦」を、アチックミューゼアムから『アチックミユーゼアム彙報第四八 粒々辛苦・流汗一滴――島根県邑智郡田所村農作覚書』として刊行した事実は、渋沢からの赤松への学問的信頼と考えることも可能であろう。

赤松は、親友玉岡松一郎、誠実な民俗学徒西谷勝也、本格的フィールドワーカーとして立とうとする宮本常一、考古学では東京の和島誠一、彼らとの交流のなかで学問を構成しようとした。そしてまた、兵庫県の先輩太田陸郎、大阪の先輩沢田四郎作、さらには、東京の渋沢敬三？からも見守られていた。そして、そのときの赤松は「赤松啓介」ではなく、相変わらず本名「栗山一夫」であった。『歴史科学』（⇒『歴史』）、唯物論研究会（⇒学芸発行所）および『唯物論研究』（⇒『学芸』）では「赤松啓介」

である。しかし、沢田四郎作が『民俗学』(三笠全書)を評して、「赤松啓介」はすなわち「栗山一夫」、「その調査の精密にして丹念なことには、畏敬してゐます」と言ったように、赤松は「赤松啓介」である以前に、地域の緻密なフィールドワーカー、地域に根を張った調査研究者「栗山一夫」であった。

赤松には、その学問交流をも含めて、本名「栗山一夫」による緻密な地域研究がある。それを土台としての上部構造「赤松啓介」であった。

「検挙年月日」「昭一四、一一、八」「犯罪被疑事実」「唯物論研究会関係」――二度目の検挙

この赤松民俗学は、一九三九年(昭和一四)一一月八日の二度目の検挙をもって終わる。赤松は満三一歳七ヶ月であった。

赤松がはじめて活字論考を発表したのは、一九三〇年(昭和五)七月『旅と伝説』第三年七月特別号(通巻三一号)の「下里村の民譚」である。二度目の検挙前、最後の論考は、一九三九年(昭和一四)一二月『旅と伝説』第一二年第一二号(通巻一四四号)の「畦草刈の話」である。[*47] 実質一〇年間の赤松民俗学であった。

赤松は、一九三八年(昭和一三)一二月初旬、母の実家、兵庫県加西郡下里村西笠原から大阪府北区都島中通(現大阪府大阪市都島区都島中通)の下宿へと転居する。『兵庫県郷土研究』の巻末の奥付は、一九三八年(昭和一三)九月二三日発行第二巻第四号まではその住所が兵庫県加西郡下里村西笠原であるが、次号の一九三八年(昭和一三)一二月一五日発行第二巻第五号からは大阪府北区都島中通の下宿となる。赤松は、この号の「編輯後記」に、「今月からは」「一身上の都合で移居した」[岩田編 二〇〇

四：四九五頁］と記す。この転居の時期、「今月からは」の一二月は、一一月二九日の東京の唯物論研究会事件直後である。みずからの検挙を予測して、母や母の実家に対するなんらかの配慮による転居であった可能性が高い。[*48]

そして、一年後の検挙まで、大阪で下宿生活をおくる。すでにみた、近畿民俗学会（大阪民俗談話会）の例会参加、宮本常一との交流、関西学院大学聴講生は、この大阪転居一年間のできごとであった。

アジア太平洋戦争敗戦前、『兵庫県郷土研究』最終号となった、一九三九年（昭和一四）一〇月一〇日発行第三巻第三号、巻末の「編輯後記」を、赤松は次のようにしめくくる。

> 遂に第二次世界大戦が勃発しました。その最初から所謂複雑怪奇な姿相を呈し、何時、如何にして停止するや予想もできません。恐らく複雑怪奇的な終局をもたらすでせう。何れにしろ私達は怒濤烈風のなかにも敢然と文化日本を護りませう。（中略）最近一身上乃至研究上に就いて多くの人達から、種々な御忠告や御配慮を受けたこと大であります。こゝに謹んで御礼を申上げたいと存じます。希《ねがわ》くば将来とも御高教のあらんことを。　［岩田編 二〇〇四：五七〇頁］

ヨーロッパでの第二次世界大戦勃発（一九三九年九月）を危惧する。いっぽう、みずからの近々の検挙を予感し、援助してくれた人たちへの謝辞をもって終わった。

『特高月報 昭和十四年十一、十二月分』一「共産主義運動の状況」のなかの「唯物論研究会員の検挙」は、赤松の二度目の検挙を、次のように伝える。

> 兵庫県当局に於ては唯物論研究会員の動静内偵中の処十一月八日容疑の点特に濃厚なる会員栗山一夫外二名を検挙すると共に多数の左翼文献を押収し、目下厳重取調中なり（被検挙者氏名等別項参

照）。　［内務省警保局保安課編 一九三九：一五頁］

かっこでとじられた「被検挙者氏名等別項参照」とは、同じ一「共産主義運動の状況」のなかの「治安維持法違反検挙者並起訴者調」の㈠「治安維持法違反検挙者調（計四三名）」欄のことであり、「兵庫」は三人を記載する。[*49] そのうちのひとりが、「氏名及年齢」「栗山一夫 三二」「検挙年月日」「昭一四、一一、八」「犯罪被疑事実」「唯物論研究会関係」、「本籍」「兵庫」、「学歴」「高小卒」、「職業」「無職」であった。

赤松は、一度目の検挙と同じく、本名栗山一夫として検挙されている。[*50]

『特高月報』によれば、赤松の検挙は、治安維持法違反容疑であった。しかし、赤松の回想「はてしなき泥濘の道」（一九六七）によれば、留置施設での拘留は約一年間にもおよび、それは行政執行法適用によった。

> 戦前の弾圧法規として有名なのは、悪法の誉れ高い「治安維持法」である。しかし多くの政治犯を苦しめたのは、実に「行政執行法」であった。ブタバコ（留置場）の壁に「行政、また行政三百日」などと落書してあったが、行政すなわち行政執行法である。（中略）ぼくは約一ヶ年間、毎晩午後六時になると兵庫の松原通四丁目電停付近に現れ、酒に酔払ってあばれているところを保護検束され、翌朝八時になると釈放されていた。勿論、記録の上だけのことで、もし数百年後にその記録を読む者があれば、よくもまあこれだけ酒を飲む金がつづいたとあきれたり、回帰性のあるアル中毒者でなかったのかと医学上の資料にされるだろう。　［赤松 一九六七：四一頁］

検挙が一九三九年（昭和一四）一一月八日、神戸地方裁判所における公判前の「予審終結決定」は約一年後の翌一九四〇年（昭和一五）一一月一五日である［岩田編 二〇〇四：八二二－八二七頁］。赤松のこの回想は事実の通りであろう。また、この留置施設での拘留が一年間にもおよんだため、赤松はいわゆる監房長にもなったという〔赤松 一九八〇d：一〇八頁〕〔赤松 一九九二：七頁〕。

この間、一九四〇年（昭和一五）二月時点での、赤松の治安維持法違反容疑は、『特高月報 昭和十五年二月分』―「共産主義運動の状況」のなかの「唯物論研究会員の取調状況」によれば次のようなものであった。ほとんど知られていないので、全文紹介しておきたい。

唯研正会員栗山一夫　(1)本名は昭和六年七月以来プロ科、戦無、全協等に加盟し且つ党機関紙「赤旗」の読者として活潑なる運動を展開したる為昭和八年三月大阪府に於て検挙せられ、同年四月釈放（所謂警察釈放）せられたる者なるが、昭和十一年初め頃より唯研幹部伊豆公夫こと赤羽壽、早川三郎《（二郎）》等と連絡を結び同人等の指導を受けつゝありしが、同年十月頃赤羽の推薦に依り正会員として唯研に加盟し、爾来《じらい》其の真目的達成の為め或は研究会に出席し（二回）或は機関紙に「農村に於ける封建的習俗の残存と崩壊」「農村習俗と其の特質」「民俗学の最近の研究情勢と動向」「農村児童の宗教意識に就て」「農村の博物的知識に就て」「郷土研究雑誌最近の動向」と題する記事を投稿し、或は唯研ニユース、ダイヂエスト等に屢々執筆し、自己の専攻する考古学、民族《（ママ）》学等の分野に於て巧みに主義の宣伝を為す等極めて積極的なる活動を展開せり。

(2)兵庫県郷土史研究会《（兵庫県郷土研究会）》　郷土史研究等の合法場面を利用して主義の宣伝を為すべく旧同志元戦無中部々員黒田善次、西川《（早川）》二郎等と協議し、其の支持激励を受け、（イ）合法性を最大限に利用し、非合法運動を努めて避けること、（ロ）共産主義の啓蒙も直接且つ具体的方法を避け郷土研究の具体的な実証方法を通じ間接的に啓蒙すること、（ハ）啓蒙に依る成果を短期間に求めず相当長期に亙《わた》

> りて其の滲透を期すること、（二）啓蒙の成果が高度に達するを待ち之を党の外郭団体に発展せしむること、等の具体的方針を決定し、昭和十一年十二月二十七日玉岡松一郎、西谷勝巳《（勝也）》、西海則夫外二十数名を糾合して兵庫県郷土研究会を結成し、其の後十数回に亙りて研究会を開催し或は機関紙「兵郷研」を発行（十二回《（ママ）》）して之が啓蒙に努めつゝありたり。尚其の他歴史科学、経済評論外十数種の合法的綜合雑誌を利用し或は単行本「東洋古代史講《（東洋古代史講話）》」「民族学《（民俗学）》」等を出版して大衆の左翼化に努めたり。
> ［内務省警保局保安課編　一九四〇a：八 - 九頁］
>
> ※同文が内務省警保局編『社会運動の状況 昭和十四年』の「共産主義運動」第四「文化運動を中心とする運動（検挙）」一「唯物論研究会地方会員の運動の状況」のなかに「唯研正会員栗山一夫の運動」として存在するが［内務省警保局編 一九四〇：五三 - 五四頁］、ここでの引用は内務省警保局保安課編『特高月報 昭和十五年二月分』によった。

赤松の治安維持法違反容疑は、大きく二つあった。ひとつは、唯物論研究会会員としての活動、もうひとつは、地域の文化運動としての兵庫県郷土研究会の活動が「大衆の左翼化」とされたことにあった。唯物論研究会事件の地方への波及であった。

ふつう、唯物論研究会は満州事変からアジア太平洋戦争期における、それらへの思想的・文化的抵抗集団であったとされる［古在 一九八二：一三 - 一八頁］［岩倉 二〇一五：五 - 六頁］。そうであるとすれば、赤松の二度目の検挙をめぐる事実は、赤松の地域研究、その民俗学・考古学についても、同様の理解をすることができるであろう。すくなくとも、一九三〇年代、大日本帝国の戦時体制とそれの裏打ちとなった日本主義・皇国主義的思想に対して、それらに迎合しない地域における科学・文化運動としてとらえることができるのではないだろうか。

「犯罪事実」「コミンテルン並党の目遂」——起訴・判決・下獄

赤松が起訴されるのは、一九四〇年（昭和一五）四月一〇日である。

『特高月報 昭和十五年四月分』一「共産主義運動の状況」の四「治安維持法違反起訴者調」は、この赤松の起訴を、「氏名年齢」「栗山一夫」、「検挙並起訴月日」「昭十四、一一、八 同一五、四、一〇」、「犯罪事実」を次のように記す。

（コミンテルン並党の目遂）

一、昭和六年プロ科及戦無に加盟し戦無大阪支部中央郵便局班を組織し同志安宅雅夫等十五、六名を獲得し

一、昭和七年全協通信労働大阪支部結成に努む

一、昭和八年党大阪市委員会赤旗配布責任者岩本巌と数回連絡し同志安宅雅夫を岩本に紹介し

一、昭和十一年唯研に加入し数回に亙り唯研機関紙に論文を投稿する等啓蒙活動に従事す

［内務省警保局保安課編 一九四〇b：一一-一三頁］

赤松が、治安維持法違反容疑で検挙されたその「犯罪事実」とは、「コミンテルン並党の目遂」なるものであった。

この「犯罪事実」とされた「コミンテルン並党の目遂」とは何であろう。

これは、一九二八年（昭和三）六月二九日公布（同日施行）「勅令」第一二九号による改悪治安維持法第一条第一項・第二項に明記された「結社ノ目的遂行」に基づき使用された慣例用語「コミンテルン

並に日本共産党の目的遂行」「コミンテルン及び日本共産党の目的遂行」の略語である。すでにみたように、一九三五年（昭和一〇）三月四日袴田里見検挙により、この時点では、日本共産党は壊滅し存在しない。それにもかかわらず、内務省警保局・司法省刑事局は、日本共産党の活動ではなくとも、そのための「目的遂行」であると位置づけた活動を、治安維持法違反の「犯罪事実」とした。一度目の検挙と同じく、日本共産党員ではなくとも、その「外郭団体」構成員と位置づけられたことにより、赤松は検挙、起訴されたことになる。

すでに**表2**でみたように、一九三三年（昭和八）三月五日赤松一度目の検挙の年、一九三三年（昭和八）は治安維持法違反検挙人数（一四六二二人）が最大であった年である。しかし、この年の起訴割合は八・八％（一二八五人）と一〇％未満であった。一度目の検挙で、赤松が不起訴になったのも、最大の検挙人数であるにもかかわらず、この起訴割合の低さによるといってもよいだろう。これに対して、一九三九年（昭和一四）一一月八日赤松二度目の検挙の年、一九三九年（昭和一四）は宗教団体・演劇団体などにも治安維持法違反容疑が及びその拡大解釈がいっそうすすんだが、治安維持法違反容疑検挙人数（三八九人）は激減している。しかし、この年の起訴割合は四一・九％（一六三人）と高い。この時期の治安維持法違反容疑検挙者は確信犯とされていた。

一九四〇年（昭和一五）年一一月一五日、神戸地方裁判所での赤松の予審が終わり、公判へ移される［岩田編 二〇〇四：八二二、八二六頁］。いまみたように、検挙から一年が経っていた。

一審、神戸地方裁判所での判決は、翌一九四一年（昭和一六）二月である。懲役刑四年であったという。赤松は上告、二審、大阪控訴院での判決は、一二月八日ハワイ真珠湾攻撃後であり、懲役刑二年六ヶ月であった。赤松は大審院へ上告せず、大阪刑務所に下獄する。刑期満了、出所は一九四三年（昭和一八）五月であった［岩田編 二〇〇〇b：四九三‐四九四頁］。

Ⅳ

沈潜し発酵する懐疑

母・栗山きよのと長女・濱田啓子
（1950年代末ごろ）

1　文化運動と研究の再出発

「唯研幹部がまだ保釈中」「あほらしくて、コチンときたなあ」——不信感からの再出発

赤松は、一九四三年（昭和一八）五月、大阪刑務所から出所、兵庫県加西郡下里村西笠原へ帰省する［岩田編 二〇〇〇b：四九四頁］。

東京在住者と連絡をとる。相手は古代史学者藤《とう》間《ま》生《せい》大《た》（一九一三‐二〇一八）であった。それは、藤間の著書刊行を知り、その健在を知ったからであった。[*51] 藤間からはすぐ返信がくる［赤松 一九八八：四二頁］［赤松 一九九二：八頁］。その返信によって、赤松よりも一年前に検挙された東京の唯物論研究会幹部が保釈中であることを知る。

赤松は、これについて、くりかえし回想する。よほど悔しかったのであろう。「地域研究・批判」（一九八〇）では次のようにいう。

> 出てみたら東京の伊豆公夫、戸坂潤、岡邦雄などの唯研幹部がまだ保釈中、ウソか、ほんまみんな転向や。あほらしくて、コチンときたなあ。（中略）足かけ七年、丸五年の空白は大きい。なかなかとりかえせるもんでない。良心を選ぶか、研究を選ぶか、そんな時代はない方がよい。
>
> ［赤松 一九八〇a：三〇頁］

戸坂潤・岡邦雄・伊豆公夫が保釈中であることを知り、「あほらしくて、コチンときたなあ」という。彼らを「転向」と断定できるかどうかは難しく、また、「足かけ七年、丸五年の空白」とは、赤松の二

度目の検挙の一九三九年（昭和一四）からアジア太平洋戦争敗戦の一九四五年（昭和二〇）までの期間であり、出所までの期間ではないが、戸坂たちが保釈中であったことは事実である。

「田舎派「唯研」の情況」（一九八八）でも、表現こそ違うが、同内容をくりかえす。

> 二年六月の奉公を終って満期釈放、責付出所と、ともかく出てみて東京と連絡をとらんと、と藤間生大に通信したら早速に返事があったが、戸坂、岡、伊豆など首魁連がまだ保釈中と聞いて、腰が抜けるほどびっくりした。こっちは一日の保釈も、仮釈もなし、足かけ五年、丸四年の御奉公を勤めて出たのに、まだ判決もすまずに保釈中とは、どこでどお間違ったのかと唖然とする。恐らく皆さん、俺よりは重刑だろうから、まだ刑務所で御奉公と思っていたのだ。
>
> 〔赤松 一九九八：一三頁〕

ここでは「どこでどお間違ったのかと唖然とする」といい、赤松がいだいた懐疑について、言葉をかえている。

最晩年には、「唯物論研究会の思い出」のなかで、この戸坂潤・岡邦雄・伊豆公夫の保釈について、次のような激しい言葉さえもあびせる。

> 僕みたいなのはほんまに地方の下っ端でしょ、それが二年半ですわ。東京の一番の親玉がもう出とるのはおかしいやないかと思うたら、刑は四年で保釈で出とるというんです。（中略）東京のインテリというやつはインチキなもんやなあと感心した。伊豆やらは論文書いたり本出したりしよる。そんなん反動的にならんかったら出せるはずないでしょう。僕は出ても論文一つ書かへんしね。敗戦まで何もできなかった。
>
> 〔赤松 一九九二：八頁〕

ここでは「東京のインテリというやつはインチキなもんやなあと感心した」である。伊豆公夫がこの時期著書を刊行しているのも事実であった。[*52] もはや罵倒といってよいだろう。赤松が「僕は出ても論文一つ書かへんしね。敗戦まで何もできなかった」も事実であった。「地方の下っ端」からの「東京の一番の親玉」への強い懐疑であった。

それでは、赤松に懐疑をいだかせた、唯物論研究会事件以降、戸坂潤・岡邦雄・伊豆公夫の下獄までの経過は具体的にどのようなものであったのであろうか。

一九三八年（昭和一三）一一月二九日唯物論研究会事件で検挙された彼らは留置施設に拘留される。起訴は一九四〇年（昭和一五）五月であった。東京拘置所に移送される。しかし、同年一二月保釈が許可される。保釈後、戸坂は上智大学内カトリック大辞典編纂所に勤務する。一九四一年（昭和一六）一二月一六日一審判決で懲役四年の判決を受ける。控訴し、一九四二年（昭和一七）一二月一六日東京控訴院で懲役三年の判決を受ける。上告するが、一九四四年（昭和一九）四月大審院が上告を棄却、懲役三年が確定する。これにより、保釈は終わり、岡・伊豆は同年七月下獄、戸坂は同年九月一日下獄する。よく知られているように、その後、戸坂は一九四五年（昭和二〇）八月九日長野刑務所で病死している［古在 一九八二：一八六‐一八七頁］［岩倉 二〇一五：二〇八‐二一三頁、資料関連年表一一‐一二頁］

確かに、戸坂潤・岡邦雄・伊豆公夫は、裁判の段階に入った一九四〇年（昭和一五）一二月以降は保釈され、実刑が確定した一九四四年（昭和一九）四月以降の下獄であった。実刑確定まで約三年半の保釈期間があった。赤松が刑期を終え出所した一九四三年（昭和一八）五月は、赤松のいう通り、いまだ刑が確定せず保釈期間中である。また、赤松は知らなかった可能性が高いが、戸坂は上智大学内カトリック大辞典編纂所で仕事をすることができ、また、下獄前には陸軍参謀本部と連携し英文雑誌を企画したという［岩倉二〇一五：二一八頁］。

戸坂潤・岡邦雄・伊豆公夫の保釈は合法的であったことであろう。また、保釈期間中の伊豆公夫の著書刊行、戸坂の仕事も、生活費捻出のためでもあったとも考えられるので、赤松が彼らのこうした行動を疑問視しても、それは赤松の誤解ということもできる。

しかし、保釈もなかった「地方の下っ端」が「御奉公を勤めて出た」とき、先に検挙されていた「東京の一番の親玉」がいまだ刑も確定せず保釈中であるとすれば、不信感をいだくのは当然であろう。

赤松の出所はいまだアジア太平洋戦争敗戦前である。赤松にとっての「戦後」は、この進歩的文化人への懐疑をもってスタートする。

「私は兵庫の山手から灘の魚崎にある海軍監督工場まで通勤」——町工場の労働者

赤松はいったん帰省したものの、神戸市で町工場の工員となる。正確な就職年月日は不明であるが、大阪刑務所を出所した一九四三年（昭和一八）のうちには就職していたのではないかと考えられる。「反戦回想録」のなかで、「造船関係工場で、企業整備の合併などでみるみるうちに急成長、海軍監督工場にまでなった」「仕事は企画、工務ということでなんでもわかった。海軍監督官や技師などと付合っていると、昭和一九年度の計画作成で、もう戦争はダメだと明言していた。勿論、内しょ話で、職工、徴用工などの前では、断乎として斗えば勝つと勇ましい話をしていたが、本音を出せるところでは投げていた」［岩田編 二〇〇〇b：四九四頁］と回想しているからで、「昭和一九年度の計画作成」ということは、昭和一八年度のうちには就職していたことを示す。また、「仕事は企画、工務」ということは、青年時代、大阪の職工学校で習得した製図技術を生かしたのではないかと考えられる。

町工場は、現在の神戸市東灘区魚崎《うおざき》町であったようである。児童文学者・民話研究者松谷みよ子（一九二六‐二〇一五）が主宰した雑誌『民話の手帖』（一九七八年四月第一号～一九九二年三月第五〇号）のアンケートに、赤松が本名栗山一夫によって応えた短報に、次のような回想が残る。[*53]

兵庫県神戸市。私は兵庫の山手から灘の魚崎にある海軍監督工場まで通勤していた。昭和二十年三月の空襲で大半が焼亡、しかたなく四里ばかり歩いて通勤した。

［赤松 一九八六b：一二八頁］

兵庫県神戸市魚崎町。神戸市東端の魚崎町は、灘の酒造りの中心で、戦時中は合同して一部が酒造り、他は休・廃業して工場や倉庫は造機工場や軍需物資の倉庫になった。二十年五月、七月の空襲で殆んど焼尽したが、空襲がすんで火災がおさまると、周辺の工員や住民が焼け跡の物資をねらってやってきた。（中略）私の工場は近いし、勝手知っているので、工員も職員も作業をほったらかしにして取りにいった。

［赤松 一九八七：二七七‐二七八頁］

「兵庫の山手」から魚崎の海軍監督下の町工場まで通勤していたという。神戸大空襲に際しては、この通勤の「四里」＝約一六㎞を歩いたともいう。もっとも、「兵庫の山手」から魚崎までは、直線距離にして約八㎞であるので、この「四里」は往復ではないかと考えられる。この「兵庫の山手」は、赤松が小学校時代、神戸市での生活でひとり遊んだ「烏原水源地」（烏原貯水池）の南側にあたる。

赤松が一九九四年（平成六）まで生活したのは神戸市兵庫区菊水町であった。一九四五年（昭和二〇）敗戦前までに、赤松はこの菊水町に住むようになっていたのであろう。そして、赤松は町工場の工員として、神戸市で生活するなかで、一九四五年（昭和二〇）「三月」「五月」「七月」の神戸大空襲を経験した。家の隣接地に爆弾が落ちたが、不発弾のため助かるということもあった[*54]。神戸大空襲、アメリカ軍機による神戸市への無差別爆撃は、三月一七日未明小型爆弾・焼夷弾による夜間爆撃がそのほぼ全域を焼亡させ、六月五日昼間中小型爆弾・焼夷弾が残る家屋・工場などを灰塵とし、八月まで三〇回以上をくりかえした［佐藤 一九八三：九一八頁］。赤松の記憶にあいまいな点もあるが、くりかえされた神戸大空襲のなかで赤松が生活していたことは事実であろう。

「積極的に出る気はなかった」——敗戦直後の空白期間

治安維持法違反容疑による検挙と大阪刑務所への下獄の体験、さらには、アメリカ軍機が神戸にくりかえした無差別爆撃、これらによって、敗戦をひかえ、赤松はみずからへ加えられるかもしれないテロを恐れたようである。

「反戦回想録」と「唯物論研究会の思い出」の回想のなかにのみ語られるが、思想犯であったがゆえに、「赤」狩りをされるのではないかと恐れ、六甲山中への逃亡を考えていたという。

前者では次のようにいう。

正直いうと敗戦はよいが、どうなるかと、心配した。日本の民衆のことだから革命蜂起はムリとして、赤は殺せということになりかねない。（中略）リュックにカンパン、スルメ、カツヲブシ、米、塩、マッチを詰め、ピッケル、サイフなどを揃えて、いつでも逃げ出せるようにして、ねるときには枕元に置いた。幸いにすぐ後は山だから逃げ込むのはラクである。山へ入って六甲まで、どうして逃げるかも、半年ぐらい前から研究した。

［岩田編 二〇〇〇b：四九六‐四九七頁］

後者では次のようにいう。

戦争に負けるのが分ってきたら、本土決戦というのが一番怖かった。思想犯なんかまっさきに殺されますから、どないして逃げたろかと考えていました。僕の家は六甲の下やから、鰹節やらを詰めたリュックをいつも枕元において、山づたいに逃げようと計画していた。

［赤松 一九九二：八頁］

敗戦を前にして、戦時下の異常心理ということもできるかもしれない。ただ、赤松をしてこのような心理状態にさせ、実際に、六甲山中への逃亡リュックを準備させたとしたならば、それは、赤松の体験がそうさせたといってよいだろう。治安維持法違反容疑による検挙、大阪刑務所体験を持つ「赤」であること、それに加えて、無差別爆撃にさらされる戦時下であること、これらによる、極度の緊張感がこのような状態にさせたと考えることができないだろうか[*55]。

赤松は、八月一五日正午を、町工場の工員としてむかえた。

当日は暑いうちにも熱い天気で、ばく撃で工場はつぶされ、焼あと整理ということになっていた。私は裏門の監視で、工員は皆、広場に集まって、いわゆる重大放送を聞かされていた。工員がポカンとした顔で帰ってきたので、どうや負けたんやろ！　と訊いたら、どうやらそうらしいが、もう一つよくわからんというのが居た。

［岩田編 二〇〇〇b：四九七頁］

しかし、敗戦とはいっても、町工場工員の赤松は、調査研究から離れ、論考の執筆もない。また、文化運動からも距離を置いたようである。敗戦後、確認できる範囲では、一九四六年（昭和二一）一二月『人民評論』第二巻第一一号に発表した「日本神話の本質㈠」〔脱稿年月日一九四六年六月一六日〕まで空白である。工員としての勤務を続けたのであろう。[*56]

赤松は、この空白について、「反戦回想録」のなかで次のように回想する。

空襲や敗戦の混乱時代を見たり、経験して他人はともかく、私はいわゆる功名心、金儲け、立身出世というような世俗的な精神はなくなった。ともかく人民戦線運動で日本のインテリも、民衆もダメだとわかったし、空襲や敗戦、その後の民主主義的空気の中で出てきた左翼、とくに共産党系となると、戦時中の正体を見ているだけに、とてもつき合いきれんと、思った。だから、私はそうした喧噪からは遠去かり、積極的に出る気はなかった。（中略）この頃にやったのは、工場で労働組合を作ったぐらいだ。〔岩田編 二〇〇〇b：四九八－四九九頁〕

回想であるから、晩年の意識的・無意識的合理化もあろう。しかし、赤松は、神戸大空襲の体験・敗戦後の混乱、文化運動への不信感、これらにより、敗戦後高まったマルクス主義運動・民主主義運動に対して、「私はそうした喧噪からは遠去かり」「積極的に出る気はなかった」という。

もっとも、赤松は、「唯物論研究会の思い出」の最後に、「戦後、共産党に入ってやり始めて」〔赤松 一九九二：八頁〕とも回想し、一九五〇年（昭和二五）一月民主主義科学者協会（民科）神戸支部事務局長になり〔岩田編 二〇〇〇b：四九九頁〕、一九五〇年（昭和二五）一月機関誌『科学者神戸』第一号を発行、一九五二年（昭和二七）七月第一三号まで継続させている〔岩田編 二〇〇四：九〇〇－九〇四頁］。敗戦直後の空白期間を経て、日本共産党へ入党、いずれかの時点で党籍を消失していると考えられるが、すくなくとも、一九五〇年（昭和二五）から一九五二年（昭和二七）までは民主主義科学者協会神戸支部の中心であった。[*57] この間、赤松は、一九五二年（昭和二七）五月一日、皇居前広場でデモ隊と警官隊が衝突した血のメーデー事件、そのデモ隊のひとりでもあった。小柄ですでに四〇歳を越えていたため、デモ隊のスクラムのなかで後方に配置されたという。[*58]

これら、赤松が進歩的文化人、マルクス主義運動・民主主義運動に対して持った不信感の吐露は、いずれも晩年の回想による。赤松が『非常民の民俗文化』（一九八六）によって、「非常民」の視点から、これらに対して、また、柳田民俗学および柳田系民俗学に対して、疑問をくりかえした時期のものである。

しかし、同じような赤松の懐疑は、同じく回想によるものではあるが、それより早く、すでに「わが心の自叙伝」（一九七三）でも独白されている。どこか諦念さえ感じさせる。

> 戦後は民主主義科学者協会で働いたが政治と科学との背反を経験し、政治的野望も能力もない私は、政治から離れ埋蔵文化財の調査と保存とに希望を持っている。
>
> 自叙伝は立身出世した人が書いてこそ役立つが、私のように先生もなければ弟子もつくらず女房を苦しめ道楽仕事に人生のわき街道ばかり歩いてきた人間の回想は冷汗ものだ。ついにブタ箱の檻房《（ママ）》長以外の「長」のつかぬ人生であるが、寒風に孤影を長く引くわき街道にも、表街道の人たちに味わえぬ人情がある。
>
> ［赤松 一九七三a：二五一頁］

ここでは敗戦後の民主主義科学者協会への不信感であった。

赤松は、一九四三年（昭和一八）五月大阪刑務所からの出所後、唯物論研究会幹部に懐いた不信感、敗戦を経て、再び文化運動にしたがうようになる。

「私が灰色の青春と交換に貰つた報償物資」――戦無の遺産と記紀神話研究

赤松が、空白期間を経て、アジア太平洋戦争敗戦後はじめて発表した論考は、一九四六年（昭和二一）一二月・一九四七年（昭和二二）六月『人民評論』第二巻第一一号・第三巻第一号に連載した「日本神話の本質」〔脱稿年月日一九四六年六月一六日〕である。赤松の二度目の検挙前、最後の論考は、一九三九年（昭和一四）一二月『旅と伝説』第一二年第一二号に発表した「畦草刈の話」であったから、七年の空白期間であった。

この「日本神話の本質」は、記紀神話が、歴史事実ではなく、また、神話であるとしても日本人総意によるのではなく、古代支配階級の意図の表出であるという。

> 日本神話は古代日本民族一般のイデオロギー的所産にあらずして、その一部である支配階級の意図――特に政治的な――に基づくものである。
> 〔赤松 一九四六：八四 - 八五頁〕

そのうえで、その記紀神話に対する、古代以降近現代までの解釈を時代別に概観し、「天皇制」の神話的起源を剥奪するためにはその科学的研究が必要であると説く。

赤松のアジア太平洋戦争敗戦後第二論文も、古代「天皇制」についてであった。一九四七年（昭和二二）七月・八月・九月『歴史評論』第二巻第四号・第五号・第六号に連載した「天皇制起源の一考察」である。これは、古代「天皇制」成立を、アジア的停滞性を示すものであると考え、それを母系制から父系制成立過程のなかに概観しようとするものである。そして、赤松は、これら二本、「日本神話の本質」と「天皇制起源の一考察」を中心にまとめ、一九四八年（昭和二三）九月、アジア太平洋戦争敗戦後はじめての単行本『天皇制起源神話の研究』を刊行する。

アジア太平洋戦争敗戦後、赤松が記紀神話研究を発表できたのは、戦後改革による民主化が、「天皇制」研究の自由を保証するようになったためであるが、それまでこのような論考がほとんどなかった赤松にとって、唐突である。しかし、『天皇制起源神話の研究』の「あとがき」によれば、記紀神話研究は、一九三一年（昭和六）から一九三三年（昭和八）にかけての赤松の戦無（日本戦闘的無神論者同盟）の活動の一環であった［赤松 一九四八a：一七三‐一七五頁］。赤松は戦無での蓄積をあらためて発表していた。しかし、内容的には概括的で、赤松がその地域研究で実践した緻密さには欠ける。

これについては、赤松自身も自覚していたのであろう。次のようにいう。

日本神話の研究は、私自身にとつても長い年月の宿題であつた。今、漸《ようや》く自由に神話を研究できるようになつたかと思うと、まさに感無量である。今までの私の神話研究は極めて制限された自由の範囲内のものであり、またそうした制限を越えた場所で発表したものは感情的なもののなきにしもあらずだ。これは独り私のみのことでなく、日本の神話研究に避け難い欠陥であつたと思う。だから日本の神話研究がそうであるように、私の神話研究も正しくいえばこれからだ。これまでに書いた私の神話研究は具体的な精細な研究であるよりも、まず当面の啓蒙的要求に応じたものである。このことは本書に集めた諸論稿にも明かで、それ以上のものを期待していただくのはかえつて迷惑であり、ほんとうに参考にして貰つて恥ぢないようなものは、むしろ将来に果したいと思う。

〔赤松　一九四八ａ：一七四頁〕

赤松は、研究の自由を「感無量」といいつつも、みずからの記紀神話研究が不充分であることを告白している。それが限られた条件のなかではやむを得ないことであったという。

赤松は次のように続ける。

> しかしそうではあるが日本の神話研究をいかに考え、いかにすべきかという根本だけは、昔も今日も将来も変らないであろう。このことだけは私が灰色の青春と交換に貰つた報償物資だから、なかなかそうたやすく歪められない。
>
> 〔赤松　一九四八ａ：一七四頁〕

アジア太平洋戦争敗戦後は、敗戦前までは弾圧されたマルクス主義者、民主主義勢力は、それまでとは真逆に、その活動を積極化した時代であった。しかし、赤松は弾圧されたその過去を美化せず「灰色の青春」という。そして、記紀神話研究はその「灰色の青春」の証《あかし》、「報償物資」であり、それは「歪められない」という。アジア太平洋戦争敗戦後の赤松には、敗戦後の民主化にともなう、かつて弾圧されたマルクス主義者、民主主義勢力の多くがそうであった羽ばたきはない。みずからの通ってきた道を静かに再確認しているかのようである。

「息子の革新運動に私の母も苦しんだ」——ひそやかな自負

みずからが「私が灰色の青春と交換に貰つた報償物資」とした『天皇制起源神話の研究』は、その「あとがき」の最後を母きよのへの謝辞をもって終わる。

> 終りに私事ながら満六十歳の誕辰を迎えた母に、本書を記念として捧げたいと思う。

〔赤松 一九四八a：一七六頁〕

「灰色の青春」の証を、六〇歳還暦をむかえる母への献辞としている。赤松は、その民俗学・考古学、そして文化運動、さらには治安維持法違反による大阪刑務所への服役、これらを、敗戦後、ひそやかな誇りをもって母に語りかけているといってよいだろうか。

のち、赤松は、その母の一九六八年（昭和四三）八月死去の翌年、一九六九年（昭和四四）三月一三日『朝日新聞』（大阪版）「声」欄に、「息子の革新運動に私の母も苦しんだ」という短文を投稿する。学生運動が高揚した時代、みずからの過去をかえりみつつ母を追憶する。

母は明治人であるから私の立身出世を期待したのは当然だろう。世間も警察も息子の赤化はお前が悪いからだと責め立てるので、留置場や刑務所へ面会にくると、改心せよと泣いた。だが革新運動は母と子との対話が欠けたり、子が親のことを考えなかったり、友だちが悪かったために起るのではない。母の涙で防げるようなあまいものなら、人類社会の変革や発展はなかろう。転向は代償なしに行われるものではなく、かえって子どもを地獄へ突落すことになりかねない。私は唯研事件（共産党ではない）で非転向と断せられ、保釈も執行猶予もなく刑務所へ直行した。

〔赤松 一九六九b：五面〕

父を九歳で亡くした「母子家庭」であったこともあろう。母の苦しみを知りつつ、しかし、赤松は次のようにいう。

親不孝であった私だが、子どもへ戦時中はしかたがなかったなどを泣言はいわずに、おれは戦ったぞと、胸を張っていえるのが、また一生を苦しんで死んだ母への、せめてもの贈り物であると思う。

母の追憶のなかでの、赤松のひそやかな自負であった。

［赤松 一九六九b：五面］

「多数の部門研究を一つの主題に綜合」——総合的地域研究の提案

赤松が、記紀神話研究に続いて再開したのは、一九三九年（昭和一四）一一月八日の二度目の検挙以前、もっとも重要視した地域研究としての農業生産研究であった。そのはじめての本格的論考は、一九四八年（昭和二三）四月『歴史評論』第三巻第四号に本名栗山一夫名義で発表した「地域研究のすすめ」（脱稿年月日一九四八年一月二〇日）である。この「地域研究のすすめ」は、地域の民主化、村の農業経営の民主化のために、総合的地域研究の必要性を説く。その課題設定は次のようなものである。

私達は日本にも民主主義的政府が成長するように努力するとともに、また自分達の住んでいる村、自分達の経営形態を民主主義化するようにせねばならぬ。それには具体的にどうしたらよいであろうか。その方法を考えて見たいと思う。

［赤松 一九四八b：三九頁］

赤松は、⑴自然環境、⑵農地土壌、⑶歴史、⑷動態調査（統計的把握[*59]）、これらを分立させるのではなく、総合することにより、はじめて科学的地域研究が成立するという。

地域研究が科学的であるためには、その研究が計画的・組織的であることを必要とする。計画的というのは研究に於て一定の目標と、そのための具体的方法を持つことであり、組織的というのは多数の部門研究を一つの主題に綜合し、また多くの分科的研究者を一定の研究に共同せしめることだ。

［赤松 一九四八b：四一頁］

このように、地域研究は総合的であるべきであるという。それは、自然科学・社会科学・人文科学が相互横断するものと理解されている。もちろん、個別研究を軽視するわけではない。

たとえば、(2)農地土壌について、次のようにいう。

> もう常識的な経験だけを唯一の標準にする時代は過ぎた。（中略）どうしたら農業経営の近代的科学的な再編成ができるか、例えば水稲のみにたよるやり方を変えるとか、水稲農業の徹底的な機械化を考えるとか、耕地整理をやつて大規模な共同経営方法を採用するとか、種々の方法があるだろうが、その何れにしろ土壌学的な土性の研究こそ不可欠の基礎である。
>
> ［赤松 一九四八b：四三頁］

農地土壌の科学的分析を行ない、それに適する農作物栽培の提案であった。

(3)歴史では、次のようにいう。

> 何か歴史上著名な人物や事件に関係のあるようなことでないと、立派な村の歴史にならないとうい《（いう）》考え方、つまり中央の支配階級を尊崇する奴隷根性の表明である。勿論、彼らとの関係があるのを否定する必要はないが、私達が明かにしようとするのは町や村の歴史だ。英雄豪傑の歴史でなくて平凡に生れ死んでいつた民衆の歴史だ。こうした民衆の歴史は中央政府や貴族の書いた古典・古文書に記載がなくとも、村が自ら語つている——自分の身体に記録している。その町や村の自ら語る歴史を、なぜ聞いてやらないのであろうか。
>
> ［赤松 一九四八b：四三頁］

地域自身を資料として地域自身による歴史学の提案であった。この赤松の提案は、アジア太平洋戦争敗戦後一九五〇年代、マルクス主義文献史学の一部が展開した国民的歴史学運動に先行し、また、内容も異なる。著名人英雄視もなく、その裏返しともいえる、民衆英雄視もない。

これら個別研究の総合のうえでの赤松の最終的提案は、未来に向けて欠陥の発見とその克服であった。

> これまで私が述べてきたことを要約すれば、まず地質学的・地理的な研究から初め《（ママ）》、次いで民俗学的・歴史学的な調査に及び、そして経済学的・社会学的な把握に達するという順序で、この地域研究を進行させたいといつたのである。そしてこうした調査研究の綜合によつて、その地域社会の生きた実態が把握されるならば、従つて地域社会の欠陥が明かになるであろうし、いかにして私達が欠陥を克服すべきかの方法も、自《おのず》から見出されるであろう。
>
> 〔赤松 一九四八b：四五頁〕

「田草取り作業は歴史の流れから消滅する」――農業生産における未来への展望

この総合的地域研究のなかで、赤松がもっとも重視するのは農業生産研究であった。

赤松は、「地域研究のすすめ」に続いて、一九五〇年（昭和二五）二月・三月、『歴史評論』第四巻第二号・第三号連載の「農業生産技術の発達をどうして調べるか」を発表する。その冒頭で、赤松は文献資料・民俗資料・考古資料の総合が民衆の農業生産の全体像を明らかにし、それは停滞的な農業生産を改善するためになるという。そして、稲作を中心に農業生産研究の調査項目を、そのフィールド兵庫県播磨地域に即して「東播地方農業生産技術調査標目」として提出する。

> 私は兵庫県下の東播地方（明石・加古・印南・美嚢・加東・加西・多可の諸郡）を中心に、昭和八年から農業生産技術の発達を民俗学的に調査している。その結果として一定の調査標目を作成し、これを基礎にして調査するとともに、人にも使用をすすめているが、大体に好結果を得ている

と思う。この標目を決定するためには、まず各郡でモデルとなるような部落を二・三ケ処あて選定し、その調査の実績に基づいて大体の標目を作つてみた。かくて仮作成の調査標目を使用しつつ東播地方に順次実施し、その経験に応じて修正しながら、次のような調査標目を決定したのである。

［赤松 一九五〇a：六二頁］

その大項目（小項目数）は、A「土質」（九項目）、B「灌漑」（一一項目）、C「田地」（一二項目）、D「稲耕」（一六項目）、E「苗代」（一五項目）、F「田植」（一九項目）、G「草取」（一四項目）、H「稲刈」（一三項目）、I「加工」（一五項目）、J「納租」（一四項目）、K「麦耕」（一〇項目）、L「麦収」（一〇項目）である。土質・灌漑の栽培環境からはじめ、苗代・田植を経て、草とり、収穫と脱穀、さらには小作米上納、裏作としての麦作までをも含み、稲作の全体像さえ示している。

この調査項目は、机上の空論ではなかった。赤松の一九三〇年代以降のフィールドワークに基づいての提出であった。

たとえば、D「稲耕」は、すでにみた、一九三九年（昭和一四）二月『島根民俗』第一巻第三号に赤松が寄稿した「農耕技術の調査に就いて」で、田中梅治に質問した耕耘についての部分と重なる。

稲作の第一歩である耕耘作業には、一毛作と二毛作で相違がある。東播地方は殆んど二毛作で、遊休の田は苗代に使うが、大根畑などに使つた跡が多い。そうして遊ばせる田の名称も種々で、一寸《ちょっと》参考までに数えてもアラタ、アラシ、ホシタ、ヒラタ、ハルタ、クロシロ、ヒバタ、コナリ、ワリタなどを主として三十余種に達する。これらの名称やその変遷を追求してゆけば、自ら生産技術の発達も判ると思われ、一毛作より不可能であつたフケタ（湿田）から次第に改良せられて、排水のよい二毛作田に発達してゆく過程を示すだろう。まず一毛作田の耕耘作業についていえば、第一回をアラオコシといつてヤカラに鋤く。四月になつて鋤く村は五月田という。第二回は田植え前に鋤くが、それをクレガエシといつた。

［赤松 一九五〇a：六六頁］

二毛作を行なうことのできない湿田、一毛作田のアラオコシとクレガエシ、赤松が田中梅治に質問した湿田の耕耘についてであった。

この敗戦後の農業生産研究でも、赤松には、柳田民俗学および柳田系民俗学にありがちな過去に傾斜し美化する傾向はない。

Ⅰ「加工」の脱穀機についての部分で次のようにいう。

稲《いね》扱《こ》き具は、私の知つている範囲でも三度ばかり変化した。竹や木で作られた稲扱きをはさんで両方からしごいたのが最も古く、その後に鉄製で片方からしごくのが出来て、現在では足踏み乃至モーターつきの回転式ができている。（中略）この名称を聞いても農機の進化が判るので、最も古いのはハシとよばれていたらしく、次に鉄製の歯はカナゴキといわれ、今はキカイと呼んでいる。

［赤松 一九五〇b：六九頁］

扱き箸⇒千歯扱き⇒脱穀機、脱穀方法の変遷を概観し、同時代での最新形態が足踏み式またモーター式脱穀機であると説明する。農業生産の改善を目的とする赤松の基準は、過去ではなく、あくまで同時代にあった。[*60]

そして、赤松は、農業生産について、さらなる本格的論考を発表する。日本農業、特に稲作では田植とともに田草取りが重要であるとし、そこに潜む社会的特徴を抽出しようとする。農薬の普及により、田草取りがほぼ消滅した現在、現代人にはその重要性を認識できない人が多いであろう。しかし、炎天下、水田に入り人力で行なう田草取りはたいへんな重労働であった。赤松は、この重労働が、アジア太平洋戦争敗戦後、農薬（除草剤）の本格的使用にともない、未来には消滅するのではないかという。田草取りに注目することじたい、赤松が地域に密着した民俗学者であり、農民の労働と生活を肌で実感することのできた人物である証拠でもあった。

　この田草取りの本格的論考は、一九五二年（昭和二七）八月・一〇月・一二月、一九五三年（昭和二八）八月、『地域』第一巻第五号・第六号・第七号、第八号に、四回に分けて連載された「田草取りの話」である。まず、次のように課題設定する。

> 田草取りの話をすることは、日本の農業を語ることにもなるだろう。田植えとともに田草取りは、日本の農業を代表する二つの重要な、また最大の労力を要する作業といってもよいからである。
> ［赤松 一九五二a：一一頁］

　しかし、赤松は田植と田草取りに注目しつつも、両者にはその労働形態に違いがあるという。田植は共同労働が多いが、田草取りは小農の家族労働によるという。

> 田草取りは田植えと相並んで同じく激しい労働と多くの労力を要するものであるが、時間的に田植えは集中作業を必要とするのに対して、田草取りは分散的に作業する必要がある。だから田植えは他人と共同したり、日傭を雇ったりして賑やかに華々しく行われるが、田草取りは一家の内部だけですますものが多い。また時期からいつても田植えの過労期をすました後であるため体力的に弱つているし、加えて暑熱はますます強烈になつてくるので、これらが重なつて田草取りを一層辛い、

苦しい作業のように考えさせるのだろう。［赤松 一九五二a：一一二頁］

赤松は、田草取りをもって、それが真夏の水田というだけではなく、家族労働（「一家の内部だけですます」）であるため、二重の重労働であるという。小農の家族労働による日本農業、その特徴をもっとも典型的にあらわすのが田草取りであるということが、赤松の基本的理解であった。

赤松は、そのうえで、中世から近世、そして、明治期にいたる田草取りの歴史を概観し、そのなかで、水田中耕除草機の普及にふれる。

赤松がとりあげる水田中耕除草機は、主に、雁爪《がんつめ》、人力中耕除草機、畜力中耕除草機の三種類である。雁爪は、もっとも低価格で、短い柄のもとに三本また四本の雁爪をつけ、これを稲株間にさし込み雑草をとる。しかし、水田地面に顔を近づける中腰による重労働であった。人力中耕除草機は雁爪に比べて七倍～一〇倍の価格であるが、長い二本の柄の前方部分に回転する鉄製歯をとりつけ稲株間を転がし雑草をとる。この回転式の人力中耕除草機は立ち仕事であり、稲株間を歩くことによる農作業でもあり、田草取りの重労働を軽減した。畜力中耕除草機は、転がす鉄製歯を通常は三列に並べ、牛馬に曳かせるものであり、これも重労働を大きく軽減するものであった。

雁爪、人力中耕除草機、畜力中耕除草機、これらがアジア太平洋戦争敗戦後、農薬が普及するまで、赤松がフィールドとする兵庫県播磨地域のみならず、日本全国の稲作の田草取りのために使われてきた農具であった。前二者は人力による田草取りであり、赤松はこれらをもって「むしろ農機具といえない」［赤松 一九五三a：九二頁］、機械化以前であるという。

これらに対して、赤松が注目したのが、一九五〇年（昭和二五）前後から使用が本格化した農薬二・四‐Dであった。農薬使用が、小農をこれら農具使用の田草取りから解放させ、その労働力を他へ投下させることを可能にするという。しかし、そこには、社会的（農家経営的）問題もあるという。たとえば、余剰労働力のある小農では、農薬購入、散布のための噴霧器購入のために新たな費用を支出せず、その余剰労働力によって従来型の農具による田草取りを継続しているという。日本の小農経営が、新たな科学の導入の障壁になっていると指摘する。

しかし、赤松はこの農薬に未来を展望する。

> 二・四‐Dの発見は、田草取り作業にとつてまことに革命的な作用を与えるものであつた。しかしそれを徹底するためには日本の農業や農村の基礎から変えねばならぬので、その時になつて初めて二・四‐Dは最も科学的に最も有効に使用せられ、農民の労力を節約し生活を豊富にするために大きな役割を果たすだろう。またその時には労力濫費的な従来の農業的技能は悉く否定せられ、真に科学的機能的な農業技術が初めて日本の農村に確立せられるだろう。
>
> ［赤松　一九五二c：九五頁］

赤松は科学の発展とその受容による農業技術の発達を歓迎している。おのずとそれは、赤松が封建習俗の残存とみなす民俗事象消滅の肯定でもあった。

赤松は次のようにもいう。

> 敗戦後に二・四‐Dが現れてからは農具使用時代が終り、化学的処理時代が始まつたといつてよく、やがて化学的処理によつて雑草が絶滅されることになり、田草取り作業は歴史の流れから消滅する。
>
> ［赤松　一九五三a：九〇頁］

もちろん、この赤松の農薬肯定は、現在にいたる農薬をめぐる環境問題、食の安全問題などが発生する以前、農薬出現時点での指摘である。たとえ、有機農法・無農薬が推奨されようとも、二一世紀のこんにち、農薬使用のない農業への完全回帰は不可能であろう。赤松がいうように、日本全国どこへ行っても、もはや田草取りを見ることはできない。過去完了、赤松の表現を借りれば、「田草取り作業は歴史の流れから消滅する」であった。

しかし、この「田草取りの話」が、赤松にとって、その農業生産研究の最後であった。一九三〇年代からその研究の中心に位置した農業生産研究は、これ以後、田草取りの消滅とともに終わる。それは、赤松民俗学が、民俗事象を封建習俗の残存ととらえ、その解体を目的とする以上、必然的であったのであろう。田草取りという農業生産における代表的な民俗事象、封建習俗の残存は、農薬使用とともに消滅した。研究対象が同時代に存在しなくなった。赤松はそれをむしろ歓迎している。民俗学の対象が消滅すること、それこそが、それを伝承させてきた社会の、ようやくにして完全な近現代化という理解であり、赤松の研究目的であった。

「身近な周辺から一つ一つ中世的な遺習民俗を追放してほしい」——農村女性からの視線

私生活にも変化がおとずれる。一九四九年（昭和二四）二月栗山澤枝と結婚する。赤松は一九〇九年（明治四二）三月四日生まれであるから、満年齢でいえば四〇歳である。年齢的には遅い結婚であろう。翌一九五〇年（昭和二五）一月一日長女啓子が誕生する。ただ、赤松は失業状態であった［岩田編 二〇〇四：八四〇－八四一頁］。

そうしたなかで、赤松は、アジア太平洋戦争敗戦後の二冊目の単著を刊行する。一九五〇年（昭和二五）七月刊行の『結婚と恋愛の歴史』である。内容的には、日本女性史・服飾史を概観するとともに、旧稿、一九三一年（昭和六）八月『旅と伝説』第四年八月号（通巻四四号）に発表した「子守唄の一考察」（第三章「子守女と子守唄」として所収）、一九三七年（昭和一二）一二月『唯物論研究』第六二号に発表した「農村児童の宗教的意識に就て」（第七章「少女と宗教意識」として所収）をおさめ、農村女性の視点からその生活史・文化史をえがこうとするものであった。

この時期、赤松の生活は困窮を極めていた。さりげないが、「反戦回想録」のなかで次のように回想する。

> 七月『結婚と恋愛の歴史』三一書房刊。（中略）女房や母親が働いてなんとか食わしてくれる情況で、まあ少しでも金が入れば、と書いて見たら、三一書房も大へんな貧乏時代で、印税の代りに出版の本をいろいろともらい、組合を廻って売り歩いたが、あまり売れる本もなく、閉口した。
>
> ［岩田編 二〇〇〇b：五〇〇頁］

ただ、赤松はこの『結婚と恋愛の歴史』に希望を込める。雛祭り〔一九五〇年三月三日〕を日付とする「はしがき」の最後を次のように結ぶ。

> なお私事ながら、長女啓子のために本書を贈りたい。彼女は、本年の一月一日に生れた。成長した彼女が、どのような環境の下に、いかにして女性の新しい道を「啓」いて進んでくれるか。私は大いなる希望をもつて見たいと思う。希《ねがわ》くば新しい世代の彼女及び彼女達の上に、かの「太陽」がふたたび光り輝かんことを。
>
> ［赤松 一九五〇c：五頁］

長女「啓子」の「啓」は、いうまでもなく、赤松啓介の「啓」である。
アジア太平洋戦争敗戦後では、赤松のはじめての単著『天皇制起源神話の研究』の「あとがき」はその母親への謝辞をもって終わった。そして、第二著『結婚と恋愛の歴史』の「はじめに」は、誕生した長女「啓子」と若い世代への希望をもって結んだ。

この『結婚と恋愛の歴史』も、農村と農村女性のために、封建習俗の残存、民俗事象の解体を説く。たとえば、女性の労働着の歴史を概観しつつ、次のようにいう。

> 前の時代に遡るほど品物は強くて美しいなどという民俗学者や民芸家もあるが、これは百姓がいつまでも貧乏でよく働くことを望む封建的政治家と同じ見解だ。封建的な生産関係が農村に残されているかぎり、いつまでも農業技術が進歩しないで昔のままだから、従つて仕事着も改良されないで遅れるばかりである。私達がいいたいことは藤布が十年保つたことでなく、麻布が強くて美しいことでない。今日の私達は藤や麻布よりもつと強くて美しい衣料を作れるのだから、そうした最新最高の衣料を自由に買われるよう、百姓の生活を豊かにしてほしいことだ。かりに農業が機械化されて、縦横にトラクターが駆馳するようになれば、それでも彼女達は麻布のモンペをはいて操縦するだろうか。恐らく都市の女性達よりも軽快で美しい仕事着が作られ、今日のすべての仕事着は民俗博物館でなければ見られぬようになるだろう。これが空想でないことを農村の女性は確信してよいし、そのために身近な周辺から一つ一つ中世的な遺習民俗を追放してほしい。
>
> 〔赤松 一九五〇c：二五二頁〕

赤松は農業が機械化され、重労働から解放されれば、農村女性は、「モンペ」ではなく、便利で美しい仕事着によって農作業に従事できるであろうという。そして、「身近な周辺から一つ一つ中世的な遺習民俗を追放してほしい」といい、ここでも封建習俗の残存、民俗事象を美化せず、その解体を主張する。

「それでは人間であることが悲しくなってくるのだ」——民主主義科学者協会神戸支部事務局長

赤松は文化運動をも再開する。

一九四六年（昭和二一）一月創立の民主主義科学者協会に和島誠一・藤間生大の薦めで加入［岩田編二〇〇〇b：四九九頁］、すでにみたように、一九五〇年（昭和二五）一月から翌一九五二年（昭和二六）までの二年間、その神戸支部事務局長をつとめる。しかし、その後は徐々に無関係になったようである。**表10**は、赤松が民主主義科学者協会編『歴史評論』に寄稿した論考・短報一覧である。赤松は、『歴史評論』に、すでにみた、一九四七年（昭和二二）七月・八月・九月の第二巻第四号・第五号・第六号に連載した「天皇制起源の一考察」をはじめ、一九五六年（昭和三一）三月第七四号「なぜ焼山群集墳を守るのか」にいたるまで、連載の各号を一本とすると一〇年間合計一一本を寄稿している。これらのうち、一九五四年（昭和二九）五月・六月・八月、第五五号・第五六号・第五八号連載の「中国地方遊記」は、その前年一九五三年（昭和二八）一二月一六日から二一日にかけての岡山県・広島県・山口県旅行記、「なぜ焼山群集墳を守るのか」は「播磨焼山群集墳保存委員会」名義により、赤松の故郷兵庫県加西郡下里村南東、小野市加古川東岸の焼山群集墳の発掘調査概要とその保存を訴えたものである。

表10　赤松啓介『歴史評論』掲載論考

No	巻号	発行年月	タイトル	名義
1	第2巻第4号	1947年（昭和22）7月	天皇制起源の一考察――母系継承から父系相続へ 上	赤松啓介
2	第2巻第5号	1947年（昭和22）8月	天皇制起源の一考察――母系継承から父系相続へ 中	赤松啓介
3	第2巻第6号	1947年（昭和22）9月	天皇制起源の一考察――母系継承から父系相続へ 下	赤松啓介
4	第3巻第4号	1948年（昭和23）4月	地域研究のすすめ	栗山一夫
5	第4巻第2号	1950年（昭和25）2月	農業生産技術の発達をどうして調べるか（一）	赤松啓介
6	第4巻第3号	1950年（昭和25）3月	農業生産技術の発達をどうして調べるか（二）	赤松啓介
7	第4巻第6号	1950年（昭和25）6月	子守「女」唄の発生と消滅	赤松啓介
8	第55号	1954年（昭和29）5月	中国地方遊記I	赤松啓介
9	第56号	1954年（昭和29）6月	中国地方遊記II	赤松啓介
10	第58号	1954年（昭和29）8月	中国地方遊記III	赤松啓介
11	第74号	1956年（昭和31）3月	なぜ焼山群集墳を守るのか	播磨焼山群集墳保存委員会

これらの寄稿により、神戸支部事務局長を退いたのちも、すくなくとも、一九五六年（昭和三一）までは民主主義科学者協会との交流はあったと考えられるが、その後、途絶える。のちの回想になるが、一九七三年（昭和四八）七月、主婦の勉強サークルどんぐり会の機関誌『どんぐり』第三五号に寄稿した「読書案内――柳田国男論」（一九七三）のなかで、唯物論研究会の幹部への不信感とともに、この民主主義科学者協会と進歩的文化人への懐疑を吐露する。[*61]

戦後の民主主義科学者協会、略称「民科」、日本学術会議の議員を選出する有力団体であったが、例のレッド・パージが始まるや否や、それこそ高潮が引くようなものでアットいう間に潰れてしまった。ぼくは神戸支部事務局長であったから、実感として体得している。面白いことに支部へ退会届を出し、また本部へも退会届を出すという御念の入った者もあった。「唯研」だの、「民科」だのがどんな団体かも知らずに入会したのなら馬鹿だし、知っていたの

> なら驚くほどのこともあるまい。どんな心理と、神経をしているのか、ぼくには想像の外である。いや想像ができないこともないが、それでは人間であることが悲しくなってくるのだ。
>
> ［岩田編 二〇〇〇b：三八四頁］

『結婚と恋愛の歴史』で、小農の世界、農村女性へそそいだ暖かい視線とは対照的に、名指しこそしないものの、「戦後民主主義」と共産主義の高揚に便乗し民主主義科学者協会へ参加、しかし退会した進歩的文化人を酷評する。ただそれに加えて、赤松は「それでは人間であることが悲しくなってくるのだ」と内面化する。

この酷評についても、すでにみた、唯物論研究会の戸坂潤・岡邦雄・伊豆公夫への懐疑と同じように、赤松の主観的認識にすぎず、回想による後年の合理化と考えることもできる。しかし、ここで重視したいのは、赤松が、唯物論研究会そして民主主義科学者協会とのかかわりあいのなかで、進歩的文化人への懐疑をいだき、年齢を重ねるごとにそれを蓄積するようになるという事実である。

赤松は、一九四九年（昭和二四）一月、兵庫県郷土研究会『兵庫県郷土研究』を第四巻第一号として再刊する。赤松の二度目の検挙により、一九三九年（昭和一四）一〇月第三巻第三号をもって停止して以来、一〇年ぶりであった。以後、一九五四年（昭和二九）六月第七巻第一号まで六年間で合計八号を、これも一九三〇年代と同じく孔版により刊行する。[*62] 発行地は兵庫県神戸市菊水町の自宅であった。

しかし、アジア太平洋戦争敗戦後の『兵庫県郷土研究』は、一九三〇年代のそれと比べたとき、どこか低調である。一九三〇年代の『兵庫県郷土研究』は、一九三七年（昭和一二）二月第一巻第一号から一九三九年（昭和一四）一〇月第三巻第三号まで三年間合計一七号を刊行した。しかし、アジア太平洋戦争敗戦後では、六年間合計八号にすぎない。それのみならず、赤松が複数のペンネームを使い分け誌面を埋める個人誌と化し、寄稿者はほとんどない。また、断片的な資料報告はあるが、新たなフィールドワークによる調査研究は少なく、また、理論的模索はない。一九五〇年（昭和二五）から一九五二年（昭和二七）まで、これも孔版により『科学者神戸』を刊行するなど民主主義科学者協会神戸支部事務局長として実務があり、そのために、『兵庫県郷土研究』へ時間を割くことができなかったのであろうか。

再刊『兵庫県郷土研究』——民俗学からの退潮と同時代への視線

そうしたなかで、アジア太平洋戦争敗戦後の『兵庫県郷土研究』でも、一九三〇年代の赤松民俗学のような、緻密なフィールドワークを髣髴とさせる調査報告がある。

そのひとつは、一九五一年（昭和二六）四月・六月第五巻第一号・第二号に「尾崎清次」名義で連載した「長田神社の追儺《ついな》」である。これは、長田神社（兵庫県神戸市長田区長田町）の節分祭に伝承されてきた追儺（鬼追い）の調査報告である。赤松が大正末（一九二〇年代半ば）、一九二八年（昭和三）に参与観察したという長田神社の追儺を、一九五一年（昭和二六）のそれと比較しつつ、鬼の所作のスケッチとともに、モノグラフとして叙述する。

たとえば、大正末、一九二八年（昭和三）と一九五一年（昭和二六）の長田神社の追儺は次のように違うという。

最初神楽の響が聞えて来た後、マイクで境内の群集に今日節分の追儺の起源やこれから行われる追儺の模様を説明している。先づ拝殿の軒に懸けたのが「日月の餅」、其下に十二ヶ月を象《かたど》つた「鬼の餅」が左右各六個づつ飾つてあること、拝殿内部に左右に餅花が飾つてあること、（これは群集の方からは見えなかつた。大正末年には大きな餅花を拝殿前面左右の柱にくくりつけて、見物の方からもよく見えていた。）今日の鬼役は昨年末三十数回水をあびて身体を浄めていて、今日も早朝須磨の海に入つてみそぎをし、それからも数回水をあびていること、鬼役の姓名等々、丁度《ちょうど》野球の放送のように盛にシヤベつている。之は大正末年にはなかつたことであつた。其時は鬼の名（鬼役の名に非ず）すら見物衆の老人に尋ねてやつとその名を知るようなことであつた。尤もその当時の子供は今日の見物のようなことはなく、名を知つていて、それ一番太郎や、赤鬼やというので長時間見ている間には自からその名も判明した。

［岩田編 二〇〇四：六五五－六五六頁］

一九五一年（昭和二六）では、かつてはなかった長田神社側からのマイクによる説明があった。現在の民俗芸能調査でも出会うような場面である。民俗芸能の世俗化をその実態の変化からわかりやすく説いている。

さらに、最初に登場する一番太郎という鬼の登場について、次のように叙述する。

一番太郎（一人旅ともいう）出場、一番太郎だけ右手にタイマツ（麦ワラ製）を持ち台に上り、（此台も大正末年迄無かつた。昭和三年見物した時は既に此台があつた。）右手のタイマツを横にして左手でワラ束を少しゆるめ火のよく燃えるようにし、さて左手を腰にし、右手のタイマツを円を画いて振りながら、大股に歩いて拝殿正面稍々《やや》東南に至つて踊り始める。（拝殿は南に向つて建つて居る。）

［岩田編 二〇〇四：六五六－六五七頁］

大正末では、演台がなかったが、一九二八年（昭和三）にはそれが設置され、一九五一年（昭和二六）でも同様であるという。赤松の長田神社の追儺のモノグラフは、民俗芸能の芸能・儀礼だけではなく、観衆・装置・変遷までをも留意している。そして、それは一般的な民俗芸能の調査研究が、芸能・儀礼に傾斜するのに対して、調査時点での同時代の実態に即して作成するものであった。

アジア太平洋戦争敗戦後の『兵庫県郷土研究』から、赤松の緻密なフィールドワークをもうひとつあげると、一九五三年（昭和二八）九月第六巻第二号に「豊地太一郎」名義で発表した「崩壊せんとする大門開拓者団」である。これは、民俗学また考古学の調査報告というよりも、青野ヶ原《あおのがはら》演習場をめぐる[*63]、同時代の基地反対運動についてのルポルタージュとでもいうべき報告であった。

現在の兵庫県小野市青野ヶ原、陸上自衛隊青野原《あおのはら》駐屯地・演習場は、旧日本陸軍が、青野軍馬育成所（一八八八年設置）・砲兵射撃場（一九〇〇年設置）・戦車第六聯隊駐屯地（一九三九年）として、広大な領域を陸軍用地としていた。アジア太平洋戦争敗戦後、一九四六年（昭和二一）アメリカ軍が接収、その演習地となった（この時点で八三四町歩）。一九五三年（昭和二八）時点では兵庫県加東郡河合村（一九五四年加東郡小野町などと合併し小野市）に属した。しかし、アメリカ軍接収演習地としてアメリカ軍の使用はなく、実際は保安隊（一九五〇年警察予備隊⇒一九五二年保安隊⇒一九五四年自衛隊）演習場であった［小野市史編纂専門委員会編 二〇〇四：二四九‐二五八、五二八‐五四四、八一六‐八二五頁］。

青野ヶ原は近現代を通して軍用地である。地理的には加東郡であり加古川およびJR加古川線からみたときその西側、赤松の故郷加西郡下里村からみたときその東側に位置する。

この青野ヶ原では、一九五二年（昭和二七）四月二八日サンフランシスコ講和条約発効後も、アメリカ軍の接収は継続した（正確には日本の独立回復にともない日米安全保障条約に基づく再接収）。それに対して、青野ヶ原地元の河合村青年団が、同年八月一二日青野ヶ原接収反対趣意書を村内各個に配布、八月末には村内各団体を統合した青野原演習場接収反対期成同盟が結成され、本格的な基地反対運動がはじまる［小野市史編纂専門委員会編 二〇〇四：八一八頁］。しかし、ここには、基地反対運動のみならず、アジア太平洋戦争敗戦直後一九四五年（昭和二〇）末、一九四六年（昭和二一）アメリカ軍接収以前に、旧陸軍用地に入植した開拓団の問題があった。満州からの引揚者、阪神地区のアメリカ軍機爆撃被災者、地元農家の次男・三男などが、青野ヶ原のうち大門地区と高岡地区に入植したという。入植者のなかには離村したものも多かったが、一九五〇年（昭和二五）二月時点で四〇戸二〇〇人が残っていた［小野市史編纂専門委員会編 二〇〇四：八一六‐八一七頁］。

この青野ヶ原の開拓団入植者、特に大門地区と、基地反対運動に積極的な地元河合村民との間に、深刻な軋轢が起こる。

赤松の「崩壊せんとする大門開拓者団」は、基地問題にとどまらず、戦争犠牲者の多い大門地区の開拓団入植者に焦点をあてる。その問題の発端は、開拓団入植者の開拓地区が、河合村に灌漑用水をおくるサカサマ池・鶴池周辺であり、河合村ではその林地についても刈敷などにより利用したいと考え、権利を主張しているからであった。

まず、開拓団入植者の子供が小学校でいじめにあう。

両者の感情的対立を激化せしめたものに通学問題がある。開拓者団では最初河合小学校へ通学せしめたところ、子供が泣かされて帰り、遂には通学を嫌うようになつた。
〔岩田編 二〇〇四：七三三頁〕

この子供へのいじめは、開拓団入植者子弟の隣村小学校への転向によって解決される。若者の間も険悪であった。

同じ事情は青年達の間にもあつて、開拓者団の青年と郷村側青年の間には殆んど融和がないようだ。郷村側青年からいえば開拓側青年達は享楽的で、また教育のあるのを鼻にかけて頭が高いといい、開拓側青年は郷村側青年達は頭が古くて自村の利益ばかりこだわり、例えばダンスパーティなどを開くと享楽的な不良のように攻撃するという。恐らく昔ならば子供組以上の腕力抗争が生じたであろうけれども、今では暴力沙汰がないだけに両者は完全に相互を無視し合い、それによつて漸く平和が保たれている。
〔岩田編 二〇〇四：七三四 - 七三五頁〕

「暴力沙汰」ケンカが起こらないのは、相互に「無視」しているからであるという。

赤松によれば、河合村民との対立、アメリカ軍接収の継続のなかに置かれた開拓者団入植者は、この一九五三年（昭和二八）時点で、二一戸一四〇人、合計耕作地一一町六反であった。

接収問題が起つてより以後、いつ接収されるか判らないのと、作物の適期に処理ができないとで耕作に力が入らず殆んど放棄の形になつた。そのため生活の基盤を失つた開拓者達は殆んど出稼ぎに出かけ、教員二・会社員一〇・保安隊一を初め郵便局などへ勤め、また会社・工場の雑役・農業関係日雇労働者になつて漸く生計を立てている者もある。ともかく開拓者団へ入ると男の姿が殆んどないことが直ちに看取せられ、営農住宅街でなく全く勤労生活者街となつていることが明かだ。そ

> の通勤先も遠く神戸に求めている者が多く、西脇方面も少くないようである。
> 〔岩田編 二〇〇四：七三五‐七三六頁〕

> 開拓団入植者は、入植したものの、地元河合村との対立、アメリカ軍接収継続によって、開拓地の未来へ展望をひらくことができず、開拓による農業ではなく、神戸市・西脇市など都市へ通勤し会社員などになり生活する世帯が多いという。さらに、開拓団入植者内、家庭内でも対立があり、開拓者団としてのまとまりもなく、基地反対運動への関心も薄いという。
>
> 一家庭内でいえば親父には営農一本を望む者が多く、青年は殆んど営農を嫌い都市へ通勤しようとしており、従つて基地接収反対運動にも全く興味を持たず、郷村青年達、特に社会党左派青年達の基地反対の呼びかけにも応じないらしい。このように開拓者団内部にも種々の対立があり、特に営農一本でまとまれないところに最大の弱点があろう。かくてはとうてい強力な接収反対運動や代替地獲得交渉は望めず、事実として開拓者団は崩壊し、単なる都市外郊の勤労者住宅街と化する日が近い。
> 〔岩田編 二〇〇四：七三七‐七三八頁〕

青野ヶ原へ入植した開拓団は、満州からの引揚者、阪神地区のアメリカ軍機爆撃被災者が多く、戦争ですべてを失った戦争犠牲者であろう。赤松によれば、その戦争犠牲者が、入植地をめぐる基地反対運動に際して、関心を持たない実態があった。戦争と基地問題と、二重の矛盾のしわ寄せのなかにいるにもかかわらず、その当事者たちは、基地反対運動に対して関心を持たない。開拓団入植者にとって出口の見えない現実があった。

赤松の再刊『兵庫県郷土研究』は、一九三〇年代と同じく、同時代への視線が強い。しかし、この「崩壊せんとする大門開拓者団」は、民俗学とは遠い。在地の入り組んだ現実にまで入り込むことは、その民俗学と同じであったが、民俗学的モノグラフではなく、社会派ルポルタージュとでもいうべき作品として完成している。

なお、青野ヶ原のその後については、一九五七年（昭和三二）アメリカ軍接収が解除され、それと同時に防衛庁（現防衛省）管轄下に入り、陸上自衛隊演習場となる。それとともに、大門地区の開拓団入植者は、ＪＲ加古川線青野ヶ原駅北西に新たに西山町（現小野市西山町）を造成、移転し現在にいたる［小野市史編纂専門委員会編 二〇〇四：八二四頁］。

2　赤松民俗学の終焉と文化財保護運動

「労働の作業にともなう「かけごえ」などから起った」――口承文芸研究の集大成

一九五〇年代以降の赤松民俗学の特徴は、その口承文芸研究のなかにもっとも典型的にあらわれているといってもよいかもしれない。

赤松が、アジア太平洋戦争敗戦後、記紀神話研究、農業生産研究とともに、積極的であったのは、口承文芸研究である。これらは、いずれも、一九三〇年代の赤松民俗学およびその文化運動からの展開過程のなかにある。

その最初の論考は、一九五〇年（昭和二五）六月『歴史評論』第四巻第六号に発表した「子守「女」唄の発生と消滅」である。この論考は、すでにみた、赤松が一九三一年（昭和六）八月『旅と伝説』第四年八月号（通巻四四号）に発表した「子守唄の一考察」（『結婚と恋愛の歴史』に第三章「子守女と子守唄」として所収）の延長線上にあり、ほぼ同趣旨であった。女工の前史として子守、女工唄の前史として子守唄を位置づけ、近世商品経済の発達の「重圧」のなかに置かれたのが子守であり、その「悲鳴」と「抗議」が子守唄であるとする［赤松 一九五〇d：七二、八一頁］。

しかし、一九三一年（昭和六）の「子守唄の一考察」と一九五〇年（昭和二五）の「子守「女」唄の発生と消滅」とを比べると、違いもあった。それは、前者「子守唄の一考察」が、「この唄を歌つてゐる子守達は兵庫県加西郡下里村に住んでゐる」［赤松 一九三一d：六二頁］とし、みずからの調査による故郷からの子守唄研究であるというのに対して、後者「子守「女」唄の発生と消滅」は、赤松にしては珍しく提示する子守唄の出典を明示せず、刊本利用により全国の子守唄を資料としていることであった。その子守唄研究が、フィールド限定ではなく、一般論に昇華したともいえるが、みずからのフィールドワークによらず刊本による資料操作へと転換している。

これについては、一九五八年（昭和三三）八月・一九五九年（昭和三四）四月『兵庫史学』第一七号・第一九号に連載した「失われた青春への回想――お夏・清十郎物語の形成」についても同じであった。これは、井原西鶴『好色五人女』巻一「姿姫路清十郎物語」、播磨を舞台とする「お夏」「清十郎」の悲恋物語は、一般的にいわれるように実話をもとにした［麻生他編 一九五七：二三頁］のではなく、室町期から戦国期以降形成され近畿地方で歌われていた「おふじ」「清十郎」小唄などをもとに構成されたのではないか、と主張する論考である。小唄についての資料を『口丹波口碑集』（一九二五）・『日本歌謡集成』全一二巻（一九二八 - 一九二九）などにより、元禄期以前にすでにあった「おふじ」「清十郎」

小唄から西鶴が取材し、巻一「姿姫路清十郎物語」を書いたのではないかという。ここでも、赤松は刊本による資料操作による。

一九三〇年代赤松民俗学では、口承文芸研究でも、それは故郷下里村を中心としたフィールドワークにもとづいた調査研究であった。その資料はみずからの収集であった。しかし、一九五〇年代の口承文芸研究は、それを喪失し刊本による資料利用へと変質している。

それは、あとでみるように、一九五〇年代以降赤松のフィールドワークが考古学を中心とするようになったこととも関連していよう。たとえば、「失われた青春への回想――お夏・清十郎物語の形成」執筆は、激しい考古学調査がもたらした過労により持病の中耳炎が重症化し、その療養中のときであったという〔赤松 一九五八a：三〇頁〕。

こうしたなかで、赤松の口承文芸研究の集大成とでもいうべき作品、一九六〇年（昭和三五）ヒョーゴ・フォーク・ロア・グループ編『民謡風土記』に発表した「摂津、播磨の民謡散歩」が生まれる。この「摂津、播磨の民謡散歩」は、他の三人の執筆者とともに、兵庫県の民謡を紹介するものであり、赤松の担当はそのうちの「摂津」「播磨」であった。民謡に限定するため、昔話・伝説・世間話・噂話についての論究はないが、赤松がどのように口承文芸をとらえようとしてきたか、それを示すものでもある。

第一には、民謡は娯楽歌謡で商品化した歌謡ではなく、労働起源であり、生産活動とともにある歌唱であるという。

民衆の唄を「民謡」などと難しくいうようになったのは最近のことで、いまでも農村では単に「うた」とよんでいる。（中略）ところで「うた」の起源についてはいろいろの説があるが、ぼくは労働の作業にともなう「かけごえ」などから起ったものと考えている。ハア、サア、ヘエなどの簡単なものからヨーイ、ソレ、ヤーレに変り、さらに複雑なものになるとドッコイショ、ヨイヤサ、エンヤラヤーなどとなった。後世ハヤシといわれるものは「かけごえ」の進化したものであり、長時間にわたる継続的な作業がふえてくると「かけごえ」や囃子だけでは、作業の統制も意志の統一も困難なので、それに適応させる一連のことばが作られるようになる。それが詩であり、うたであった。いうまでもなく原始社会の労働と作業とは、協同と共同生産を目的として行われた。

〔赤松 一九六〇：一六九‐一七〇頁〕

このような、民謡を生産活動のなかでとらえようとすることは、一九三〇年代以降、赤松の基本的主張であった。すでにみた「民謡随想」（一九三二）では、その主張とともに、歳末の繁忙期の高歌放吟、特に、丹波篠山のデカンショ節「ヨーイ ヨーイ デカンショ」に合わせて郵便物を仕分け箱に放り込んだ、赤松の大阪中央郵便局体験を披露していた。その労働体験による裏打ちもあったことであろう。もっとも、この民謡労働起源説は一般的通説でもある。そのうえで、赤松は、民謡労働起源は共同体規制をともなうという。

こうして労働も祭儀も、ともに村落共同体を維持するための手段であったから、唄もまた個人の気ままな趣味として許されたのでなく、共同体を保護し発展させるための道具として管理されたのである。だから、いまのように個人の趣味で勝手気ままに、時間も曲目も制約なしに選べるものではない。唄はうたう日時、うたう歌の種類、唄の指揮者、うたうときの動作、うたう様式などが定め

> られており、それを外れることは、共同生活や作業を破壊するものであった。
>
> 〔赤松 一九六〇：一七三頁〕

「うた」民謡は、それを歌う日時・種類・指揮者・動作・様式などが決められ、それからはずれることは共同生活・作業を破壊するものとして許されなかったという。

「うた」民謡は、消費生活のなかにあるのではなく、共同体規制のなかにある生産活動であった。民俗事象を封建習俗の残存ととらえ、農業生産を重視する赤松民俗学の特徴が、ここにもあらわれている。

第二には、「うた」民謡を、歴史のなかで、資本主義経済の発展のなかでとらえようとする方法である。「子守唄の一考察」と「子守「女」唄の発生と消滅」は、子守唄を女工唄の前史と位置づけ、近世商品経済から近代資本主義経済への発展のなかで、前者から後者への移行をみようとしていた。「失われた青春への回想――お夏・清十郎物語の形成」は、室町期から戦国期にかけての小唄に発生した物語が、商品経済の発達した元禄期の井原西鶴『好色五人女』巻一「姿姫路清十郎物語」へと発展したという。

「摂津、播磨の民謡散歩」では、マニュファクチュア段階の小規模な機屋《はたや》の女工から、資本主義経済のもとでの大規模な紡績工場の女工への変遷のなかに、「うた」民謡の変遷をみようとする。

まずは機屋女工の「うた」民謡である。

> 機屋のぞいて　布糊かけられて
> 二度と機屋を　のぞくまい（揖保）
>
> （中略）

農山村のいわゆる機屋とよばれた小企業の工場は、路傍にすぐ接して大きい窓があるのが普通であったから、その窓から村の若い衆たちが織子をからかったのである。恋の花も咲けば、こういう痛い目にもあっただろう。

[赤松 一九六〇：一八五頁]

そして、この機屋女工から紡績女工への展開があったという。

きかい工女と　雪もつ笹と
人目らくそで　身はつらい（多紀）
いかい工女は　かまぼこ育ち
日日《ひにち》毎日　板の上（多紀）

機屋は、やがて紡績工場に代えられた。紡績女工は機械が織るのを監視するだけで、機織工にくらべると肉体的には楽そうであるが、気が休まるひまもなく板の上をかけ廻らねばならぬので、かえって辛い仕事なのである。これは女工唄としては、ごく初期のものであろう。ともかく、これで古い昔からの家内作業であった紡織がマヌファクチュア《（マニュファクチュア）》段階の機屋になり、やがて近代産業としての紡績工場に成長して行く過程が、農村に残っている民謡を通じて、その苦しみや楽しさの人間性とともに明らかになったわけである。

[赤松 一九六〇：一八五頁]

ここで赤松がいう農山村の小規模な機屋とは、農閑余業的性格もあったマニュファクチュア的織元のことである。機械制大工業による紡績工場の発展とともに、女工もマニュファクチュア的織元から都市の紡績工場へと移行した。この女工の存在形態の展開とともに、彼女たちの「うた」民謡も推移したという。

厳密にいえば、赤松の指摘が適切であるのかどうか、それをあらためて論証することは難しい。しかし、この資本主義経済の発達、歴史的展開のなかに、女工の「うた」民謡の展開をみようとする赤松の方法は、「うた」民謡だけをとり出すのではなく、それを伝承してきた集団に即して「うた」民謡の意味を理解しようとする。「うた」民謡の基本的性格を、共同体規制におおわれた生産活動に置くがゆえに、提出でき得た主張であった。

「未婚の娘はムラの青年の共有」――「非常民」の民俗学の萌芽

第三には、この共同体規制のなかにあるがゆえに、情事の「うた」民謡は仮構の恋愛にすぎず、逆に、その存在は若者と娘の性における前者による後者への「共有」を示すともいう。

> こいとよばれて　その行く夜さは
> 足の軽さや　嬉しさや（印南）
> 思うてきたかよ　思わずきたか
> 思うてきました　夜も寝ずに（多可）
> （中略）
> 恋愛の唄、情事の唄、夜《よ》ばいの唄であるが、たくさんある唄のなかでまず最高水準に近いもの。（中略）江戸時代から明治前半へかけて、農村では夜ばいが普通であった。いま詳しく説明するひまはないが、簡単にいうと村落の青年たちが後家・下女・娘を共有使用した慣習である。（中略）だいたい未婚の娘はムラの青年の共有であったが、その方法はムラでいろいろちがっており、お互

　に好きな娘を選ぶもの、一年かあるいは定期的に割替えるもの、乱交的に相手が代るものなどがあった。後家と下女とはどこも乱交の相手とされていたムラが多く、相手を選ぶ自由が許されていない。　〔赤松　一九六〇：一九五頁〕

ヨバイに代表される封建集落の性は、「未婚の娘はムラの青年の共有」として存在していたという。それは、近代的恋愛とは異なる性であった。また、ここでは明言してはいないが、この赤松の説明は、柳田が『婚姻の話』（一九四八）のなかで、かつて若者と娘との間に自由恋愛の民俗事象があり、ヨバイもそのひとつであるという、柳田民俗学による通説、若者・娘自由恋愛論とは、真逆の学説である。強いていえば、この赤松学説は、中山太郎『土俗私考』（一九二六）・『日本婚姻史』（一九二八）・『日本若者史』（一九三〇）による、集落の娘は若者の「共有」であったという説明に近い。

そのうえで、赤松は、このようなヨバイの「うた」民謡は、ラブ・ソングではないと説明する。

　あれをラブ・ソングだなどと思われると大へんな誤解になるからである。ラブ・ソングというものは、自由恋愛が保証されるような社会でないと成立しない。あれほど無数に近い恋愛や情事の唄があるのに、なぜラブ・ソングが生まれなかったか、そこにぼくたちは、幕藩制封建社会の重圧が民衆に与えた精神的な傷痕の、深く大きいのに驚くのである。　〔赤松　一九六〇：二一九頁〕

そして、この「うた」民謡が何であるのかというと、それは、恋愛を仮構した唄であるという。

　民謡に現われた多くの恋愛と情事との《（ママ）》唄を、当時の人たちが自分で経験した恋愛や情事をうたったものと思うかも知れないが、じつはほとんどが借り物であった。自由に恋愛することを許されなかった若い女性たちが、お互にほんとうの恋愛はこんなものではなかろうかと想像しながら、作りあげた仮象なのである。

［赤松 一九六〇：二一九頁］

赤松に、民俗事象を封建習俗の残存ととらえる思考が、基本としてそなわっていたからであろう。赤松にとって、ヨバイにせよ、それについての「うた」民謡にせよ、それらは共同体規制のなかにある民俗事象であった。

赤松民俗学がはじめて性について論究したのは、この「摂津、播磨の民謡散歩」のなかの「うた」民謡論においてである。赤松啓介というと一般的には一九八〇年代「非常民」の民俗学における性の論究で知られるが、そのはじまりはこの若者による娘の性「共有」論であった。

いっぽうそこには、赤松民俗学が一九三〇年代以降、そのもっとも基本としてきた姿勢はみられない。「子守」「女」唄の発生と消滅」「失われた青春への回想――お夏・清十郎物語の形成」がすでにそうであったように、そこで扱う資料はみずからのフィールドワークによるものではなく、文献からの収集である。また、その出典が明示されないものもある。

一九三〇年代に実践したような民俗学的フィールドワークがなくなっていた。それは、赤松が民俗事象を封建習俗の残存とし、その解体を目的とするがゆえに、アジア太平洋戦争敗戦後、それが解消するとなれば、そもそもその研究対象が存在しないのであり、当然の道筋でもあった。農地改革、耕地整理、化学肥料、機械化による小農家族労働と農業生産の変化は激しい。赤松が特に関心を持った苗代も田植も草取りも解消する。

徹底したフィールドワークによる赤松民俗学は終焉した。そして、その終焉は、一九八〇年代の「村落共同体と性的規範」（一九八〇・八一）・『非常民の民俗文化』（一九八六）に代表される、「非常民」

の民俗学の萌芽と軌を一にするものでもあった。

「ああ、私の夢が実現された」——月の輪古墳発掘調査

赤松が、アジア太平洋戦争敗戦後一九五〇年代から一九六〇年代にかけて、そのフィールドワークで積極的であったのは、民俗学よりもむしろ考古学、およびその発掘調査にともなう文化財保護運動であった。

敗戦後、開拓・開墾、道路・宅地造成などのために、遺跡が破壊されつつあった。一九五〇年（昭和二五）五月三〇日文化財保護法公布（八月二九日施行）により、有形・無形文化財保存の法的根拠が整備されたが、遺跡破壊がなくなったわけではない。

赤松は、敗戦直後から、この遺跡破壊に気づいていたようである。神戸市垂水区五色山、明石海峡の海浜に近い、兵庫県最大規模の前方後円墳五色塚《ごしきづか》古墳（全長一九四m）が食料確保のため開墾され、円筒埴輪の破片が露出するまでに破壊された現実を見る。一九五一年（昭和二六）三月『旭影』という兵庫県警察長協議会発行の第四号に、敗戦後の警察に文化財への理解を求め、その実態を紹介する「埴輪の破片」〔脱稿年月日：一九五〇年一一月三〇日〕というエッセイを寄せる。

> 敗戦後のメチヤメチヤ頃のこと、垂水の五色山古墳（五色塚）がすつかり荒されているということを伝え聞いたので訪ねると、イヤハヤ大変な荒しようである。地表から一米《メートル》ぐらいの深さに剝ぎ取つたといつてよいほどで、まさに文化的強盗罪が成立しかねない。やる方では食料増産のために一生懸命で開墾されたことだろうが、何も好きこのんでこんな処を開かなくともと申し上げたいのである。そ

のために巨大な埴輪円筒の破片が累々として露出し、いたづらに風雨にたたかれて廃滅を待っていた。［赤松 一九五一：一八頁］

現在では完全復元されている五色塚古墳も、敗戦直後は開墾され、円筒埴輪までもが破片となって散乱する状態であった。

しかし、赤松が考古学の本格的な調査研究を再開するまでには、空白期間があった。

その再開のきっかけをつくったのは、一九五二年（昭和二七）からの準備・予備調査のうえで、一九五三年（昭和二八）八月一五日から一二月三一日まで行なわれた月の輪古墳発掘調査であったと考えられる。村民・生徒・学生・教職員・労働者・支援者と研究者が一体となり、組織的・計画的にすすめられた、岡山県勝田郡飯岡《ゆうか》村（一九五五年久米郡柵原《やなはら》町、現久米郡美咲町）月の輪古墳発掘調査の、研究者側の中心メンバーが近藤義郎（一九二五－二〇〇九）・久永春男（？－？）とともに赤松の親友和島誠一であった[*64]［近藤編 一九六〇：三九八－四一七頁］。月の輪古墳は、岡山県下では最大規模、墳長六〇mの円墳であり、時代は古墳時代の中期前半の末から後半のはじめ、五世紀前半終わりから半ばの初めに比定され、この地域の首長墓と推定される［近藤編 一九六〇：二六二、三六三頁］［岡山県史編纂委員会編 一九九一：三九二－三九五頁］。

赤松は、その全容がほぼ明らかにされた最終段階、一九五三年（昭和二八）一二月一六日、見学者としてではあったが、月の輪古墳の墳頂に立った［赤松 一九五四a：一八四頁］［赤松 一九五四d：］。

月の輪古墳発掘調査の翌一九五四年（昭和二九）七月、参加した村民、小学生・中学生・高校生・労働者・教員、そして研究者が、その体験・反省・模索を綴った『月の輪教室――一〇〇〇〇人が参加した古墳発掘・新しい歴史教育』に、赤松は「各地から」の欄に、「ああ、私の夢が実現された」を寄せる。わずか一日、見学者として月の輪古墳発掘調査にかかわっただけであるが、寄稿の機会があったのは、和島誠一との交友によるものであろう。

> 十二月十六日、私は暖かい冬の太陽に汗ばみつつ月の輪古墳の前に立った。まる裸に皮をひんめくられた、直径六十四《（ママ）》米《メートル》・高さ十二米の巨人の骸。この日を心に期して暮した二十有余年、私の夢は月の輪古墳の発掘によって実現されたのである。ああ。　［赤松　一九五四d：一八四頁］

「私の夢は月の輪古墳の発掘によって実現された」という。なぜならば、一九三〇年代兵庫県播磨地域での調査研究で組織的調査研究の提唱、しかし、それが弾圧により実践できないままに終わった。その理想の追求が、月の輪古墳で実践されているからであるという。

赤松が月の輪古墳発掘調査を理想化するのは、それが村民・生徒・学生・教職員・労働者・支援者と研究者が一体となった組織的・計画的調査であるからだけではなかった。参加者たちが、発掘調査の実践のなかで、机上での観念的操作ではなく、現場から事実を学ぶ方法を身に着けたことにあった。

> 学生達が現地の作業から通じて学んでいるものは、古墳とはどんなものであるかという、単なる知識だけではない。その作業を行うことによつて、自分の眼と手とによつて確かめたものでなければ、信頼しないという実践的行動的能力の獲得である。　［赤松　一九五五：九一頁］

体験によって得られた真実ほど人の思想を変えるものはない。もとより素朴な実証主義・経験主義をすすめるわけでないが、事実によってみずから学ぶという態度、その目・その手で親しく見、触れることができたものより他に信じないという態度、それを月の輪教室から学んだとすれば立派な

卒業生である。　［赤松 一九五六b：一二〇三頁］

手弁当でフィールドワークを続けてきた赤松ならではの発言であろう。

赤松は「ああ、私の夢が実現された」を次のように結ぶ。

> 私の踏みにじられた青春が、今こそほのぼのと生き返ってきた喜びに、そつとまぶたをとざして見た。聞こえてきたのは、あの加古川の流れである。加古川、加古川、この岸を幾度か走ったことであろうか。いつの日か、この岸に第二の導標《(ママ)》を打ち立てよう。それが私の、新しい決意である。　［赤松 一九五四d：一九二頁］

「私の踏みにじられた青春」の舞台、加古川、みずからの故郷を想う。そして、この地に、月の輪古墳発掘調査に続く、「第二の導標」を立てようと決意する。

「ブルドーザーで破壊」「怒髪天をつく思い」——焼山古墳群発掘調査および保護運動

『月の輪教室——一〇〇〇〇人が参加した古墳発掘・新しい歴史教育』に「ああ、私の夢が実現された」を寄稿してから二年後の一九五六年（昭和三一）、赤松はこの加古川東岸、焼山古墳群で、組織的発掘調査および文化財保護運動を行なう。兵庫県小野市、万勝寺川が東方から加古川に合流する南東側の地点、旧加東郡小野町と旧市場村（一九五四年合併により小野市）にまたがる丘陵上に、五群に分かれる合計一〇〇余の焼山古墳群がある。この地は、赤松が三年前の一九五三年（昭和二八）九月『兵庫県郷土研究』第六巻第二号に発表した「崩壊せんとする大門開拓者団」により、開拓団および基地反対運動の現状を書いた加古川西岸の青野ヶ原からみて直線距離で約八km南方に位置する。

この焼山古墳群が、アジア太平洋戦争敗戦後、家屋建築用の壁土採取、開発のため破壊されていた。赤松は、それに対して、「兵庫県郷土研究会の調査及び提唱」［赤松 一九五六c：二〇頁］により、発掘調査および保存運動を呼びかける。なぜならば、天皇墓の前方後円墳など大古墳は保存されるが、焼山古墳群のような小規模群集墳は、価値がないように認識され、破壊される傾向が強いという［赤松 一九五六a：七一頁］。赤松は、神戸新聞社・兵庫県（知事・開拓課・文化財係）・県内有志、そして、研究者に呼びかけ、焼山古墳群保存委員会を組織、その破壊を食い止めようとする［赤松 一九五六c：二〇頁］［赤松 一九五七：一八-一九頁］。

焼山古墳群保存委員会による焼山古墳群発掘調査と保存運動は、一九五六年（昭和三一）一月にはじめられる。赤松は、この時点で、焼山古墳群のおおよその考古学的位置づけを行ない、古墳時代中期から後期にかけての築造、大和地方など大和政権中枢から離れた兵庫県播磨地域では、その絶対年代は五世紀半ば以降六世紀までの築造ではないかという［赤松 一九五六a：七六頁］。さらに、それは郷戸として編成された家族墓の群集ではないかと推定する。

> 焼山古墳群は五つのグループに分れ、凡そ一〇-二〇程度の群集である。この時代の群集墳が殆んど一〇-二〇程度の群集であることは重要だ。それは築造期間がほぼ等しかったためでもあるが、それよりも郷戸的な家族組織が似ていたことが決定的条件である。焼山古墳群の一グループを一郷戸的家族制組織の墳墓とすれば、五つの郷戸的集団が一つの村落を構成していたと思われる。五つが氏族を一にしたか否かは明かでないが、恐らく共同の祖先を持つものとの意識で結合していただろう。
>
> ［赤松 一九五六a：八一頁］

赤松は、五群に分かれる焼山古墳群を、同じ氏族であるかどうかは不明であるが、共通の祖先を持つと認識する五つの郷戸によって築造された家族墓の群集墳であると考えている。この焼山古墳群についての理解は、現在でもほぼ同じであり［小野市史編纂委員会編 二〇〇一：一八二‐一八四頁］、赤松はその本格的発掘調査以前に適切な解答を得ていたといえる。

しかし、一九五七年（昭和三二）一一月、焼山古墳群の破壊は急速にすすめられる。

> ぼくが一一月一〇日、偶然に調査に行くと第五群、第三群は殆んど全滅し、第二群三基、第四群四基がブルドーザーで破壊されている最中である。これをみたときにぼくは全く怒髪天をつく思いであり、やりやがったなあとぢだんだふんだ。（中略）一五日には第四群も全滅し、第二群も一基を余すだけとなった。
>
> ［赤松 一九五八b：一二四頁］

ブルドーザーを使ってのまたたくま破壊であった。五群のうち第一群以外はほぼ全滅となった。赤松の「怒髪天をつく思い」は当然であろう。

赤松は、急ぎ、調査団を編成する。神戸大学・県内有志、神戸新聞・朝日新聞・読売新聞など報道関係者にも呼びかけ、一一月二三日焼山古墳群を訪れる。ところが、その日もブルドーザーによる破壊があった。調査団は「ブルドーザーによる破壊を眼前にみる」［赤松 一九五八b：一二四頁］。赤松からの依頼によるものであろう、東京の和島誠一が『朝日新聞』一九五七年（昭和三二）一二月一一日朝刊第六面（学芸欄）に「埋蔵文化財の危機――全滅をまぬかれた焼山古墳群」を寄稿、焼山古墳群保護を訴えるとともに、ブルドーザーによる破壊の写真をも掲載する。オリエント史学者でもあった三笠宮崇仁《たかひと》（一九一五‐二〇一六）が、兵庫県副知事へ工事中止を要望、破壊はようやく中止される（三笠宮崇仁は月の輪古墳発掘調査に訪れており和島誠一と面識があった）〔赤松 一九五八b：二四頁〕。
もっとも、赤松には割り切れない感覚が残ったようである。

> 宮さまの御尽力で早速に工事が中止され、この上の無意味な破壊から焼山を救ったことは喜びとしたいが、ぼくには古い権威を利用したような後味の悪さ、鶴の一声に忽ち屈服する役人達の土性骨の弱さなど、しみじみと考えさせるものがあった。日本の民主主義も、まだまだ遠い未来のことらしい。
> 〔赤松 一九五八b：二四頁〕

赤松など一般市民および研究者の破壊中止要望は聞かれず、皇族の要望ではじめて破壊が中止されるという現実であった。

これにより、兵庫県が一九五七年度（昭和三二年度）内で八万円の予算を計上、一九五三年（昭和三三）三月三一日までに短期間で発掘調査を完了する。五群合計一〇〇余の群集墳があったにもかかわらず、破壊を免れていた残存古墳は二二基、半分の一一基だけの発掘調査であった〔赤松 一九五八b：二四・二五頁〕。その後保存されているのは合計一五基であり〔小野市史編纂委員会編 二〇〇一：一八二頁〕、さらに減少している。

それでも、赤松は、『反戦回想録』のなかで、この焼山古墳群発掘調査と保存運動を、「一部保存で、まあ成功した」と回想している〔岩田編 二〇〇〇b：五〇四頁〕。

青春の舞台加古川、その東岸の古墳を完全破壊から守った満足感であろうか。*65

赤松が、一九六二年（昭和三七）六月『考古学研究』第三三号に寄稿した「考古学に夢と光を――文化財保護運動の展望」（脱稿年月日一九六二年二月二〇日）は、その考古学における文化財保護運動の総括とでもいうべきエッセイである。高度経済成長期に入り、農地開発だけではなく宅地造成・工場誘致・道路建設などが、遺跡・遺物破壊を急増させる現実があった。

毎日毎日、文化財破壊や消滅の暗いニュースばかり聞かされ、読まされているとうんざりするのだ。偽なるものは、なるようになるさ、まあ適当にやるのがよかろう。これが大半の考古学者たちの、偽りのない心境である。しかし、それでは考古学に夢も、光もない。（中略）学者としての栄達、派閥の対抗意識などというものは、ぼくたちにとってほんとうに精神の屑である。そういう連中にくらべると、文化財保護を真剣に叫んでいる青年たちに、ぼくは多くの魅力を感ずるし、またかれらのなかに考古学の、未来の夢と、光とを見るような気がするのだ。

［赤松 一九六二：六‐七頁］

高度経済成長期、遺跡・遺物破壊が日常化するなか、それに対応できない現実があった。しかし、それでもなお若者たちに文化財保護の精神を忘れないよう説く。

「私はこう思うと言える自分にならねば」――主婦学習サークルどんぐり会歴史講師

赤松は、このように考古学と文化財保護運動を続けるいっぽう、一九五八年（昭和三三）から一九六四年（昭和三九）まで神戸市史編集委員となる［岩田編 二〇〇四：八四二‐八四三頁］。一九五〇年（昭和二五）前後から失職状態にあったと考えられるので、約八年ぶりの就職であった。赤松は、この神戸市史編集委員として、「産業経済」を担当、「市民の歴史」と目標としたという。赤松は、その仕事のひとつとして、『神戸商工会議所月報』に神戸財界の伝記を連載する［赤松 一九八〇ｃ：六五二‐六五三頁」。歳月を経てからであるが、それを『神戸財界開拓者伝』（一九八〇）としてまとめている。

また、赤松は、一九五六年（昭和三一）には兵庫県下の近世百姓一揆を網羅的に整理した『一揆——兵庫県百姓騒擾史 上巻』を刊行する。[*66] それとともに、一九五六年（昭和三一）八月七日から一九五九年（昭和三四）二月一八日まで、神戸新聞社会部が『神戸新聞』に連載した『祖先のあしあと』に全面協力する。これは兵庫県を主なフィールドとして、原始から縄文時代、弥生時代、古墳時代までの地域史をえがいたものである。『祖先のあしあと』は、その後、のじぎく文庫から全四巻に分けて単行本として刊行される。

(1)『祖先のあしあと Ⅰ』（一九五八年八月）郷土のなりたち・地質の巻　大昔のくらし・古代の巻 一九五六年（昭和三一）八月七日〜一九五七年（昭和三二）一二月末連載分

(2)『祖先のあしあと Ⅱ』（一九五九年四月）大昔のくらし・原始の巻（弥生文化時代）一九五六年（昭和三一）一一月六日〜一九五七年（昭和三二）一月『神戸新聞』県民版連載分

(3)『祖先のあしあと Ⅲ』（一九六〇年四月）大昔のくらし・古代の巻（古墳文化前・中期）一九五七年（昭和三二）二月二六日〜六月二九日『神戸新聞』県民版連載分

(4)『祖先のあしあと Ⅳ』（一九六一年一月）大昔のくらし・古代の巻（古墳文化後期）一九五九年（昭和三四）六月三〇日〜一二月一八日『神戸新聞』県民版連載分

赤松は、神戸新聞社会部『祖先のあしあと』に、それまでの兵庫県下での発掘調査の成果をおしみなく提供したのであろう、その単行本『祖先のあしあと Ⅲ』の「あとがき」で壇上重光（神戸新聞社社会部）が、「いつもながら赤松啓介氏のご指導は大きく、同氏がおられなかったら、この本も出来なかったといえるでしょう」［神戸新聞社会部編　一九六〇：二〇五頁］と丁重な謝辞を述べている。

神戸市史編集委員をはじめとするこうした社会的活動は、赤松の生計の一助となったことであろう。また、一九六五年（昭和四〇）から一九六七年（昭和四二）まで、五色塚古墳整備復元工事現場監督をつとめる［岩田編　二〇〇〇b：五〇四頁］［岩田編　二〇〇四：八四三頁］。この間、三笠宮崇仁が五色塚古墳を来訪、赤松は現場監督として三笠宮を迎え、その説明にあたったが、作業着のまま迎え説明したため、周囲を愕然とさせたという。[*67]さらに、一九七一年（昭和四六）四月から一九八〇年（昭和五五）まで一〇年間、神戸市教育委員会社会教育部社会教育課嘱託となり、神戸市域を中心に考古学的調査に従事する［岩田編　二〇〇〇b：五〇五頁］［岩田編　二〇〇四：八四四頁］。

この間、赤松には特筆すべき活動がひとつあった。どんぐり会という主婦の自主学習サークルの歴史講師をつとめたことである。参加の主婦も手弁当、赤松も謝礼を固辞し手弁当であった。

どんぐり会は、一九六七年（昭和四二）一一月、神戸市垂水区の主婦の呼びかけではじまった、算数と歴史の自主学習サークルである。構成メンバーの変動と増減、途中から算数が脱落し歴史のみとなったが、一九七四年（昭和四九）八月まで続けられた（歴史学習は「歴講」と呼ばれていた）。定例の学習会と、孔版による機関誌『どんぐり』を作り、その第一号を一九六七年（昭和四二）一一月に配布、最終号の第三七号を一九七四年（昭和四九）八月に配布するまで、あしかけ八年間継続した。赤松は、一九六八年（昭和四三）三月一〇日第二回どんぐり会から解散まで歴史講師をつとめた。その内容は、赤松の語り口を含め、会員を惹きつけ、赤松引率のもと、博物館見学、古墳などへのフィールドワークも実施された［岩田編　二〇〇〇b：五四六‐五四九頁］。

機関誌『どんぐり』最終号となった第三七号に「赤松先生に」と題して寄せられた会員の言葉を抄録しておきたい[*68]。赤松が手弁当であったことも含めて、その民俗学・考古学を含め歴史学に対する姿勢を示しているのではないだろうか。

昨秋の播州歌舞伎の見学（中略）又石仏を尋《(訪)》ねて歩きました琵琶湖のほとりの□□、何気なく見過ごしてしまう建物や路傍の墓墓でさえそれぞれに持っている歴史を教えて頂きました。（三木栄子）

＊　＊　＊　＊

先生を囲んでの歴講御名残惜しい事です。根気よくわかりやすくお教え下さいました先生…、遠い昔、私共の祖先達が息づき、恋をし、相争った事、表面に出ない裏ばなし?楽しく楽しく御教え戴きました。一つの事を思いますのにも、歴史を通じて、見かたが違って参りました。本当に生きた歴史を学んだ様でございます。感謝の気持でいっぱいでございます。庭にベコニヤの花がおはじきを散らした様に可愛い花をつけてます。近江の遺跡めぐりを思い出しております。（石黒喜久）

＊　＊　＊　＊

どんぐりのプレゼント　私と「どんぐり」とのおつき合いは、もうかれこれ六年にもなるでしょうか。日本の歴史を知りたいと思うだけの単純な気持で「どんぐり」に入りました。その間自分なりに何とか本を読み続けて来ました。長い間に大勢いらした会員がだんだん少なくなり会の運営も何度か危機にさらされて来ましたが、少ない会員の力でとにかくここまでは細々と続いて来ました。けれども年を重ねる毎に主婦の自主運営の会のむずかしさと、本を読み続けることの困難さにみんなが自分たちの力の弱さを知らされました。そんな矢先会場が確保出来なくなり「万事休す」ついに白旗を掲げざるを得なくなりました。赤松先生には全くお話にもならない私達に根気よくお教え頂けた事は光栄の至りと感謝して居ります。本当に長い間有難うございました。（伊丹ひさ）

＊　＊　＊　＊

会をとじるに当って〝どんぐり会〟それはなんと親しい寂しいひびきを持つもの　今、会を閉じるに当って様々な思いが胸の中を駈けめぐります。（中略）算数と歴史の勉強を当面の目標に会は試行錯誤を重ねながらも熱い議論が続いたものでした。赤松先生の日本歴史が軌道に乗りそのユニークで熱心が講義にひかれ今日までずっと続いて来ましたが、会員の方々は個性のあるいい方達ばかりでした。得難いお友達に廻り会えた幸せを思います。そして何より大きいのは赤松先生から歴史とは何かを教えて頂いた事です。戦争中に日本史を学んだものにとってその講義は新鮮で驚きでさえありました。歴史は誰が作るものでもない。吾々が私が今歴史を作っているのだと目を開かせて頂いた事は生涯忘れられません。どんなに偉い人が何か言っても大勢の意見がそうであってもそれでも私はこう思うと言える自分にならねばと思っています。（鈴木愛子）

［どんぐり会編　一九七四：二二一‐二二四頁］［□□は判読不可能箇所］

赤松から学び、「吾々が私が今歴史を作っているのだ」、そして、「私はこう思うと言える自分にならねば」という。そしてそれは赤松自身が実践してきたことでもあった。

むすび

「まことに貧しい青春の思い出」——回想のなかの「村落共同体と性的規範」

よく知られる赤松晩年の「非常民」の民俗学が展開されるのは、一九七一年（昭和四六）から一九八〇年（昭和五五）まで一〇年間つとめた神戸市教育委員会社会教育部社会教育課嘱託退職とほぼ同時であった。すでにみたように、「摂津、播磨の民謡散歩」でその萌芽はあったが、一九八〇年代の「非常民」の民俗学は唐突でさえある。それまで、赤松は「非常民」概念を使うことはなく、その概念によって示す実態、たとえば、性・都市雑業層・農村小作層・非差別民などへの本格的論究もなかった。

赤松の研究者としての実践は、民俗学にせよ考古学にせよ、兵庫県播磨地域を中心に、そこからの拡大によって、特定の範囲、地域を網羅的に歩き、定めた調査項目に対して計画的悉皆調査を行なうことにあった。その主な研究対象は、たとえば、民俗学では農業生産・民間信仰・口承文芸、考古学では古墳・初期仏教寺院であった。しかし、それらへのフィールドワーク終焉ののち、赤松が満年齢七〇歳を超える時期から、「非常民」の民俗学は展開する。「非常民」の民俗学は、それまでの研究者赤松からの逸脱、赤松民俗学の終焉の果てにあった。

一九八〇年代「非常民」の民俗学は内容的重複が多い。代表作は、一九八〇年（昭和五五）八月・

一一月、一九八一年（昭和五六）二月、『季刊 どるめん』第二六号・第二七号・第二八号に三回に分けて連載した「村落共同体と性的規範」と単著『非常民の民俗文化』（一九八六）の二作に尽きよう。また、この二作間でも重複がある［岩田編 二〇〇〇a：五八七‐五九〇頁］。

二作品とも新たなフィールドワークによるのではない。回想と文献による。ただ、その回想は、みずからが接した「非常民」およびその世界への親しみによってえがかれる。

たとえば、「村落共同体と性的規範」では、大阪中央郵便局時代（一九二九年一一月～一九三三年三月）であろう、下宿へ帰る夜道でタモトをつかまれた体験が語られる。

> 北区の芝田町（大阪市北区芝田町‐引用者）というのは、いまでは阪急の巨大なビル群で埋っているが、昔は場末の貧しい商店街とドブ板長屋の密集地域であった。阪急百貨店の東横から芝田町まで、吹き貫けの運転台があるマッチ箱みたいな電車がコトコト走っており、それでも阪急の支線というより、実は創立当時の元線である。（中略）芝田町の終点下が、阪神天六線（阪神電鉄野田天六線・一九七五年廃線―引用者）の高架下になり、そこで老人夫婦が屋台の太鼓焼を売っている。中津の下宿へ帰る通路になり、寒い冬の暮などにはよく話込んだ。それから済生会病院の裏にあった小学校の校庭を横断して帰るのが、最短距離になっていたのである。
>
> ［赤松 一九八一：一二一‐一二三頁］

芝田町から中津といえば、梅田の繁華街に近い。しかし、淀川にも近く、当時は雑多な場末であったという。

冬の夜、遅く帰るときに、この横断中に子供を背負った女性にタモトをつかまれた。ちょっとでも遊んでくれというわけだが、長屋の自宅なのである。屋台の夫婦に話をしたら、冬でも夏でも素人売春の出るところで、低額俸給者や労働者の多い地域だから、主人が病気や失業して収入がとまると忽ち困り、売春に出るより方法がないということだ。（中略）物欲しそうな顔をして歩いているからつかまるんや、さっさと帰ったらええと叱られたり、そんなことになったら誰でもしようがないんやから、買うたったらええとすすめられたり、まことに貧しい青春の思い出であった。だいたいの相場は一円から一円五十銭ぐらいとの話である。

〔赤松 一九八一：一二三頁〕

下宿へ帰る夜道で、子供をおんぶした女性にタモトをつかまれた。その女性の居場所は長屋の自宅であった。民俗学の調査研究に、いっぽう文化運動にもしたがう青年時代の赤松を、路上、ひとりの女性が誘った。赤松はこれを「まことに貧しい青春の思い出であった」という。

同時期のできごとであろう。信者に化けて生駒山脈地域の民間信仰調査を続けていた。

下宿のあった中津は、これも有名な長屋密集地域であり、淀川堤防下であったから文字通りのドブ板がならんでいた。こうした地域には民間信仰的教会があり、教会といっても二階建の長屋の一角で、階下か、階上のいずれかを奉祭所とし、信者の集会に利用する小規模なものが多い。これらの教師が、また生駒山脈の渓谷に水行場を造り、ときどき、あるいは縁日に登山して修行するということになっている。私は女性の教師の教会へ通っていたが、あるとき月に何度ぐらい女郎買いに行くかと聞かれた。そう月給ももらわんから、何度というぐらいは通えんと答えると、信者で困っている人があるから一ぺんでも二へんでも助けてやってもらえんかということになる。主人が結核で長い療養になり、心がけの良い女性で、今までなんとかしてきたが、もうどうにもしようがなくなったというわけだ。こんなことは誰にでも頼むわけにもゆかず、まじめな独身者と見込んでの話である。

［赤松 一九八一：二三頁］

赤松によれば、その月給が四〇円から五〇円、松島遊郭で三円から四円の時代であったという。タモトをつかんだ女性、民間信仰の女教師から頼まれた女性、赤松は彼女たちとは何もなかったことであろう。また、「女郎買い」もなかったのではないだろうか。ただ、身動きのできなくなった彼女たちにとって生活のすべてはそれしか残らなかった。その相方として赤松に白羽の矢が立てられていた。

具体的叙述による回想である。地理的環境を含め、それが具体的であるということは、確実にあった事実と考えてよい。しかし、それはかつて赤松が実践した計画的フィールドワークによるものではない。

「柿の木問答」——回想のなかの類型化された性民俗の伝承

赤松が回想により展開した「非常民」の民俗学は、性の民俗研究で知られる。一九八〇年代それがもてはやされた観があったが、留意されなければならないのは、その研究方法である。「村落共同体と性的規範」と『非常民の民俗文化』をふつうに読んでいけばわかるように、それらの多くは、民俗学の分野のひとつ口承文芸、民謡・世間話・笑話によって構成される。たとえばそれは、「村落共同体と性的規範」の最初三節のタイトル「むかしばなし」「世間ばなし」「わらいばなし」をみるだけで充分であろう。

「非常民」の民俗学は、これまで紹介した赤松の論考でいえば、そのはじめての調査報告「下里村の民譚」（一九三〇）・「峡の里の話」（一九三〇）などによる昔話・伝説調査報告、「子守唄の一考察」（一九三一）・「民謡随想」（一九三二）・播磨に分布せる月の童謡に就て」（一九三五）・「子守「女」唄の発生と消滅」（一九五〇）・「摂津、播磨の民謡散歩」（一九六〇）などによる民謡研究、これらと同じ分野である。しかし、それは、赤松民俗学の計画的フィールドワークに基づいた調査研究ではなかった。回想のなかにある。

赤松が「村落共同体と性的規範」のなかで、最初に性について論究するのは、第七節「あの夜のことは」からである。

> 私が初めて「あの夜」のことを知ったのは、一七歳の頃、自転車で走り廻っていたときである。（中略）加西郡九会《くえ》村田原の山奥のムラで婦人たちから採取していたとき、結婚のことについて聞いていると、妙なことになり、まだ早いというわけであったが、一人がマアええやないか、というので教えてくれた。新婚の夜に、新夫と新婦が初めて床に入り
>
> あんたの家に柿の木がありまっか
> ヘエ、おます
> ましが登ってちぎってもよろしますか
> ヘエ、どうぞちぎって下さい
> そんならちぎらしてもらいます
>
> というので、新婦の腹の上に乗るのである。ここらのムラならニワか、ウラに柿の木のない家はないからええが、柿の木がない家の嫁はどないいうんやろ。そんなこと心配せんでもええわいな。あんたとこ柿の木にミカンならしたいうこっちゃないか。あほいいな。いやほんまやいう話やで。と

いう騒ぎになった。細部には差があり、

あんたの家に柿の木おまっか
へエ、おます
よう実がなりまっか
へエ、ようなります

が、

あんたの家に柿の木おまっか
へエ、おます
ようミカンがなりまっか
へエ、ようなります

というわけで新夫と新婦とが協力して、柿の木にミカンをならしたのである。これは新夫の方が、あがってしもて、えらいことやったと話にしたのが噂にひろまったらしい。

〔赤松 一九八〇d：九四頁〕

新婚初夜の「柿の木問答」である。赤松は、ほかにもみずからの記憶に残る、類話を紹介する。下里村東笠原の友人からも類話を聞いたともいう。

赤松が「柿の木問答」を聞いた、加西郡九会村田原（現加西市田原町）、下里村東笠原（現加西市東笠原）、これらは実在の集落名である。東笠原は赤松の母の実家、西笠原の隣の集落、田原は東笠原の南東方向に隣の集落である。赤松の故郷の話である。また、これを聞いたのが、「一七歳の頃、自転車で走り廻っていたときである」というのは、赤松が大阪暮らしで肺門リンパ腺炎に罹り、一九二六年（大正一五・昭和一）から翌一九二七年（昭和二）にかけて、病気療養のため帰省していたときを意味する。これらをとっても、赤松がこの新婚初夜の「柿の木問答」を聞いたことは確実であろう。

「村落共同体と性的規範」は、この「柿の木問答」を皮切りに次から次へと性民俗を紹介する。しかし、その資料は記憶と文献による。その多くは、「柿の木問答」のような、パターン化された口承文芸また民謡である。「柿の木問答」が、新婚初夜にこれらの集落で実際に行なわれていたのかどうかはもはや謎であろう。確実であるのは、それが実際の民俗事象としてではなく、類型化された口承文芸として伝承され、それを赤松が聞いたという事実であった。

赤松晩年の性民俗研究は、子供の性・ヨバイ・買売春などの実態のなかに、このような類型化された口承文芸のなかの性が混在している。そうであることにより、謎めいた内容ともなり、「非常民」の民俗学の魅力ともなった。

「非民衆」「非市民」「非常民」――懐疑の果てに

「非常民」の民俗学は、赤松における、最終的な柳田民俗学の否定でもあった。一九八〇年代、それがクローズアップされもした。

「村落共同体と性的規範」はその最初で次のようにいう。

> 私は早くから柳田は、ほんとうにムラで民俗を採取した経験があるまいと推測していたのである。（中略）それではムラの表皮を撫でてみただけで、かれらの生活の奥まで踏み込んだことにならな

い。だから柳田の引例する資料をみていると、私には隔靴掻痒《かっかそうよう》の感がある。それは柳田の性格にも由来するもので、しょせん彼はムラの住人とドブ酒を飲んで、オメコ、チンポの話に興ずる人間ではない。彼の民俗学の本質は、いわれるように「常民」の民俗学ではなく、「士大夫」の民俗学であり、恐らく彼は「神州、清潔の民」を理想的国民像としていたであろう。

〔赤松 一九八〇d：六四頁〕

柳田国男がフィールドワークを行なったことはなく、他者の調査資料を断片的に寄せ集める皮相的書き手であったことは事実である。その「士大夫の民俗学」もその作った学閥を含めて適切な表現であろう。ただ、ここで確認したいのは、赤松が晩年くりかえしたこの「非常民」の視点からの柳田民俗学否定ではない。その論理が一九三〇年代赤松民俗学による柳田民俗学否定とは異なっていることである。一九三〇年代、赤松は兵庫県播磨地域を中心に地域的区画にローラーをかけ計画的調査を行ないながら、調査と研究を一体化した体系によって赤松民俗学を構想した。その論理と体系性およびそれらによる実践に基づき、柳田民俗学を否定した。しかし、一九八〇年代、「非常民」の民俗学における赤松の柳田民俗学否定は、みずからの体系によってそれを否定したのでない。中心に据える概念によって、また設定する研究対象によって、否定しているにすぎない。具体的にいえば、柳田民俗学がその研究対象を「常民」などといいながら、その「常民」は社会的に劣位な階層を脱落させているということにあった。それにより、赤松はその階層を「非常民」として舞台の主役に踊り出させ、それによって、柳田民俗学否定を展開した。

しかも、赤松が、この研究対象とする主役を「非常民」（また「非市民」「非民衆」）として明確に提出したのは、一九八六年（昭和六一）七月刊行の『非常民の民俗文化』がはじめてであった。「村落共同体と性的規範」のなかには、「非常民」は登場しない。純粋な性および口承文芸の民俗研究といってよいだろう。赤松は、満七七歳のとき、『非常民の民俗文化』において、はじめて「非常民」概念を使用したことになる。

赤松は、『非常民の民俗文化』の「はしがき」で、次のようにいう。

> いったい民衆とか、市民とか、あるいは柳田のいう常民とは、どんなものなのだろうか。というのが私の疑いであった。母子家庭に育ち、漸く小学校高等科を卒業させてもらい、証券会社給仕を振り出しに、小商店や廉売市場の丁稚小僧、露天やヤシ仲間の下働き、超零細工場の工員、どれ一つとっても、まともなものは一つもない。私のような育ちの者は、民衆、市民、常民の端にも加えてもらえないのではなかろうか。それが長い間の、私の疑問であった。世間でいう民衆、市民、あるいは柳田の常民には、どこかで切り捨てている部分がある。
>
> ［赤松 一九八六：一頁］

みずからの人生体験から、「常民」を対象とする柳田民俗学へ疑問を投げかける。

ただ、一九八〇年代「非常民」の民俗学が衝撃的であったのは、赤松の疑問がそれにとどまらなかったことである。この「常民」への疑問を「民衆」「市民」へと拡大させ、一般化したことにあった。

> 民衆、市民、常民、ありゃなんじゃ。どこにも実態のない、われわれの共同幻想だ。どうして、そうした共同幻想が必要なのか。（中略）俺は人間の屑だと、共同幻想を振り捨ててみれば、われわれの仲間も結構たくさん居るではないか。底から底へと連帯を拡大して行けば、俺たちこそ本当の人間で、人間だと思っている野郎どもは、かえって反人間、非人間であった。かれらの世界には自

> 由も、平和も、尊厳もない。水平社の人たちは、われわれ「も」人間だと宣言した。われわれ「も」ではない。そうだ。われわれが人間だ。反民衆、反市民、反常民。非民衆、非市民、非常民。われわれが展開する世界、それがほんとうの人間の世界である。
>
> ［赤松 一九八六：四頁］

これが、赤松がはじめて「非常民」という概念を提出した部分である。それは、「非民衆」「非市民」と並列する。また、「反民衆」「反市民」「反常民」にも置き換えられる。「非常民」とは柳田民俗学に限定した否定の概念ではなく、市民社会全般またそこに存在する価値観否定の概念であった。また、これは「民衆」「市民」「常民」を主人公する文化的風土・文化人に対する否定の論理であるということもできよう。

そして、この「非民衆」「非市民」「非常民」は「民衆」「市民」「常民」からみて、その下位に無限に続く階層とされる。ここでの赤松には、もはやもちろん、ブルジョワジー対プロレタリアートといった教条的な階級対立的思考はない。また、教条的な階級闘争的思考もない。しかし、現実を階層社会としてとらえ、その劣位に置かれた階層、「非民衆」「非市民」「非常民」に新たな可能性をさぐろうとする。強いていえば、ルンペンプロレタリアート変革主体論とでもいうべき論理であった。

> 民主選挙が腐敗し、あらゆる市民運動が失敗し、社会主義、共産主義の革命運動が堕落し、核による人間社会の絶滅が日程に上っているとき、これを造出してきた民衆、市民、常民階層が中流に上昇して、かつての革命的精神を喪失したいま、私たちがかれらになにを期待できようか。反人間、非人間の集団が、われわれ人間の、新たなる地平を切り開くときが来たのである。「部落」の人たちも、「在日」朝鮮人も、その他、一切の差別されている人たち、一切の差別を絶滅させるために

連帯しよう。そして、われわれのうちなる非民衆、非市民、非常民。反民衆、反市民、反常民を発掘し、育てようではないか。

［赤松 一九八六：七頁］

共産主義・プロレタリア革命のみならず「民衆」「市民」「常民」をも否定する。一九三〇年代、それらに理想をみようとした赤松の懐疑の果ての「非民衆」「非市民」「非常民」の提出であった。

赤松啓介は純粋に学問を好んだ。その学問は体系性を追求する学問である。手弁当で故郷からの拡大により地域を歩く。対象・調査・研究・論述をひとつの体系として整備し、計画的調査によって資料を作成し研究を実践し得た研究者であった。

赤松啓介は二〇〇〇年（平成一二）三月二六日死去した。満九一歳であった。近親者の手により翌日葬儀、五月一三日故郷加西市段下新田の栗山家墓地に納骨された。唯物論者ではあったが法名がある。「好學洞啓居士」。

註記

＊1　濱田啓子氏のご教示による。

＊2　一九二一年（大正一〇）七月神戸川崎造船所の労働争議で、デモ隊を見た赤松は、それを子供心に恰好いいと思い、知らない男に手まねきされるまま、しばらくデモ隊とともに歩いたと語っていたという（濱田啓子氏のご教示による）。

＊3　古代の『播磨国風土記』に登場するこの「飯盛嵩」とは、「賀毛郡《かものこおり》」のなかの、「飯盛嵩《いいもりだけ》 右然号《しかなづ》くるは、大汝《おおなむちの》命《みこと》の御飯《みいい》を、此の嵩《たけ》に盛りき。故《かれ》、飯盛嵩といふ」〔秋本校注 一九五八：三四一頁〕とある部分のことである。

＊4　赤松が、このように、若年期から故郷の博物館（図書館）で暮らすという夢を持っていたこと、それは後年の回想による後知恵ではなく、おそらく事実であろう。一九六〇年（昭和三五）、一九四〇年（昭和一五）三月の神戸詩人グループ事件で検挙された兵庫県の詩人小林武雄（谷外赳夫）（？-？）が、兵庫県特高係室で赤松とはじめて会ったときを回想し、「苦学力行し、数万冊の図書を私蔵して故郷の下里村に図書館を建てるのが彼の生涯の夢であった」〔小林 一九六〇：一七頁〕と述べている。赤松は、治安維持法違反により弾圧された友人たちに、自分の夢を語っていたのかもしれない。

＊5　一九三〇年代の赤松は、その論考の末尾に、西暦により年月日を記すことが多い。たとえば、この「「もぐらの嫁探し」に就て」は（一九三二・一一・一〇）である。脱稿年月日と考えることができるので、これが記されているものについては、〔脱稿年月日一九三二年一一月一〇日〕として明記する。

＊6　この「村の記録」の発表は、一九三一年（昭和六）五月『民俗学』第三巻第五号であったが、その末尾に「(三〇、二、一九)」とある。この「(三〇、二、一九)」を脱稿する年月日として確定すると、一九三〇年（昭和五）二月一九日脱稿ということになる。他の赤松の投稿のばあい、このような末尾の脱稿年月日と、掲載誌の刊行年月日との間には、長くとも三、四ヶ月程度の時間差である。しかし、この「村の記録」では、一年三ヶ月もの時間差となる。また、一九三〇年（昭和五）二月一九日脱稿とすると、赤松の最初の調査報告、一九三〇年（昭和五）七月『旅と伝説』第三年七月特別号に発表した「下里村の民譚」以前、一九三〇年（昭和五）九月刊行『新興教育』創刊号以前の執筆となる。そのようなことから、赤松が「村の記録」の末尾に記す脱稿年月日「(三〇、二、一九)」＝一

九三〇年（昭和五）二月一九日は、誤記あるいは誤植であり、ここでは、一年後の一九三一年（昭和六）二月一九日脱稿と考えておきたい。

＊7 大阪で生活する赤松と仙台で生活する佐々木喜善との間には、一九三二年（昭和七）書簡による交流があった。直接的な面識はなかったと考えられるが、赤松の手元に残された一九三二年（昭和七）九月二三日付の赤松あて佐々木喜善書簡から判断すると、最初、赤松が佐々木あてに書簡を送り、赤松がそこで現実生活と研究との連続性の重要性を説き、その意見に佐々木が賛同する返信内容である。それによれば、赤松は、戦無の「反宗パンフレット」をも佐々木に送っていることがわかる［岩田編 一九九八：七〇五・七一一頁］。

＊8 管見の限りでは、赤松の論考には、「ブルジョア民俗学」という言葉はあるが、「プロレタリア民俗学」という言葉を確認することはできなかった。ここでは、「ブルジョア民俗学」に対する対語として「プロレタリア民俗学」としたが、赤松には「プロレタリア」「プロレタリアアート」「プロレタリア文化運動」としての「民俗学」という表現はあるが、「プロレタリア民俗学」はない。

＊9 これら二論考のほかに、赤松による生駒山地域の民間信仰調査報告は多い。これら二本は、赤松の一度目の検挙以前に執筆されたものであり、時期的にも、彼の戦無の活動のなかでの調査・執筆と考えることができるので、生駒山地域の調査報告についてはこれらを基本とした。これらのほかに、一度目の検挙のあと、二度目の検挙までの間に彼が執筆した生駒山地域の民間信仰調査報告については、一九三四年（昭和九）一〇月・一一月、一九三五年（昭和一〇）三月、『旅と伝説』第七年一〇月号・一一月号、第八年三月号に連載した「生駒山脈地帯の民間信仰調査」、一九三八年（昭和一三）二月・三月『上方』第八六号・第八七号に連載した「河内生駒山脈に於ける民間信仰の一般情況に就て」などがある。

＊10 一九三〇年代、赤松が潜入し実見した、このような生駒山地域の民間信仰の現実は、後年の回想のなかで、「先生」と呼ばれる教祖の実態をはじめ、より具体的に語られている［赤松 一九八〇a：二四・二六頁］。

＊11 内務省警保局編『社会運動の状況 昭和八年』によれば、大阪中央郵便局は、その産別組合が「日本一般使用人組合」とされるが、赤松の回想では「日本通信労働組合」の支部とされる［赤松 一九九二：五頁］［岩田編 二〇〇〇b：四八五・四八六頁］。当時の内務省警保局の把握と赤松の回想に違いがあるが、ここではそのままとした。

＊12 この釈放については、憲兵であった母方の叔父の尽力により、大阪を出て帰郷するという条件であったという［濱田 一九九八：二七五頁］。

＊13 これらのほかに、一度目の検挙について、「唯物論研究会の思い出」（一九九二）が、「半年くらいブタ箱にほう

りこまれて昭和九年の七月か八月ごろに出ました」［赤松 一九九二：六頁］とあるが、この「昭和九年の七月か八月ごろ」も晩年の記憶違いと考えてよいだろう。

＊14　この「予審終結決定」が記す、赤松が交流のあったとされる人物、「安宅雅夫」「オッサン」「岩本某」、彼らについては、どのような人物なのか確認することができなかった。「オッサン」については、「わが心の自叙伝」で「オルグの通称おっさん」とあるが［赤松 一九七三：二四九頁］、実名は不明である。赤松自身も実名を知らなかったのではないだろうか。「岩本某」については、『特高月報 昭和十五年四月分』に、赤松の二度目の検挙の「犯罪事実」のなかに「昭和八年党大阪市委員会赤旗配布責任者岩本巌と数回連絡し同志安宅雅夫を岩本に紹介し」［内務省警保局保安課編 一九四〇b：一三頁］とあるので、そのフルネームが「岩本巌」であったことがわかるが、彼についてもどのような人物であるのか、確認することができなかった。

＊15　治安維持法は、最初、一九二五年（大正一四）四月二二日公布・施行「法律」第四六号であった。三年後の一九二八年（昭和三）六月二九日緊急「勅令」第一二九号により改悪される。この改悪では、刑罰の重罪化のみならず、非合法「結社」日本共産党に対する「目的遂行」罪が加わる。これによって、非合法「結社」日本共産党そのものではなくとも、内務省警保局・司法省刑事局がその「結社」ための「目的遂行」行為を行なったと判断した者は、治安維持法違反の対象とされるようになる。この改悪は、「外郭団体」構成者をも治安維持法違反容疑で検挙するためであった［奥平 一九七七：一〇二-一〇五頁］［潮見 一九七七：四四-四六頁］。

　赤松の一度目の検挙は、不起訴になったとはいえ、仮に、それが治安維持法違反容疑であったとすれば、この「外郭団体」弾圧のための「目的遂行」罪によったと考えることができる。

＊16　この『郷土調査要項 全』は、赤松の手元に保存されていたものであり、野外での携帯と閲覧を容易にするために、文庫本大、厚紙により、蛇腹で折りたたみできるようになっている。表紙は「郷土調査要綱 全 日本民俗学研究所」とし、末尾に「クリヤマ　1933、8、30、筆」と記す［岩田編 一九九九：五一二-五一三頁］。

＊17　黒田善治はマルクス主義的立場からの活動家といってよいだろうが、一九三〇年代半ば古代史研究を行ない、ペンネーム佐久達雄による『日本古代社会史』（一九三三）・『東洋古代社会史』（一九三四）がある。内容的には一般的歴史書であろう。ペンネーム青山和夫による回想『謀略熟練工』（一九五七）によれば、一九三六年（昭和一一）中国へ渡り、重慶国民党政府のもとで対日工作に従事したとされる。

＊18　赤松は、一九三二年（昭和七）四月『旅と伝説』第五年第四号に発表した「「草履隠し」に就いて」［脱稿年月日一九三二年三月三日］により、故郷下里村に伝承された「草履隠し」の子供の遊びを起点として、民俗事象は分布

伝播するなかで、複合し変化するのではないかと指摘する［赤松 一九三一k：一八頁］。赤松の周圏論否定は、一九三三年（昭和八）三月五日の一度目の検挙以後の発想であったと考えられるが、その周圏論否定以前から、語彙だけをとり出す柳田民俗学のような資料操作を行なわず、民俗事象そのものをとらえ、それを考察している。このような資料操作方法が、周圏論否定を生み出す基底にあったと考えることもできる。

＊19　『旅と伝説』以外では、一九三四年（昭和九）三月『ドルメン』第三巻第三号に発表した短報「和算の進歩を物語る絵馬」で、「上月三郎」を使用している。また、一九三三年（昭和八）から一九三四年（昭和九）にかけて、戦無のパンフレットで「上月三郎」を使っている［岩田編 二〇〇四：八五六・八五七頁］。

＊20　赤松は、「唯物論研究会の思い出」のなかで、「私が唯物論研究会の会員になりましたのはごく最後の段階で、昭和九年ぐらいやったと思います。だから唯物論研究会で活動したのはあまり長いことやなかったわけです」［赤松 一九九二：五頁］と回想しているが、赤松の「昭和九年」入会は記憶違いであろう。

＊21　この時期、赤松の居住地が母親の実家の西笠原であったことは、一九三七年（昭和一二）一月『唯研ニュース』第六三号の「畦の話」のなかでも、「僕の住んでゐる部落（兵庫県加西郡下里村西笠原）は昔から裕福だつたので畦が広い」［赤松 一九三七d：二頁］と記していることからもうかがうことができる。

＊22　赤松がここでいう加古川の「左岸」とは、南側から北側をみての「左岸」である。正確にいえば、加古川「西岸」を意味している。

＊23　特定の地域を限定して悉皆調査行ない、地域としての特徴を抽出する赤松の方法は、その同時代、八幡一郎（一九〇二－八七）が、赤松の氏名こそあげないものの、「此方面（古墳―引用者）の研究に就いて稍《やや》積極的な業績は播磨国に於ける地域的調査であつた。技術的には尚拙であるが、意図に於いて確かに明日を約束するものである」［八幡 一九三五：三一頁］と評価する。また、和島誠一も三沢章のペンネームで発表した「日本考古学の発達と科学的精神」（一九三七）のなかで、「この初めて採用された「集団的組織的調査方法」による、虱つぶし的な古墳の調査（但し新らしい計画的発掘は殆んどなされなかつたことは勿論である）を通じて、具体的に古墳様式の発達・古墳立地の変遷が追求され、更に他地域――畿内と比較してこの地方の文化の低位性が指摘され、古墳時代に於ける開拓の進展が論ぜられる」［和島 一九三七b：一三四頁］と評価している。

＊24　ただし、赤松は家族には、段下新田の「栗山氏」をたどっていくと「赤松」にたどりつくのではないかと語っていたという（濱田啓子氏のご教示による）。

＊25　正確にいえば、『加西市史 第一巻 本編1 考古・古代・中世』（二〇〇八）は、加西市の考古学先行研究に言及して、

「加西市の遺跡調査は、昭和十二年（一九三七）の亀山古墳が最初である。地元の笹倉町の有志による発見ののち、京都大学の梅原末治らによる学術調査が実施され、古墳時代中期の首長の姿が明らかとなった。こののち、赤松啓介による後期古墳の研究、小林行雄らによる剣坂古墳の発掘調査など、古墳を中心に調査がおこなわれてきた」［加西市史編さん委員会編 二〇〇八：五頁］という。また、『加西市史 第七巻 史料編1 考古』（二〇一〇）は、「昭和9年に現加西市段下町出身の赤松啓介（栗山一夫）は「播磨加古川流域に築造されたる古墳及び遺物調査報告」として下里川、万願寺川流域の古墳分布調査の詳細な報告を発表し、昭和12年の「古代聚落の形成と発展過程――播磨加古川流域の研究」、昭和14年の「播磨における初期仏教文化」など、集落遺跡や古代寺院についての論考を発表するなど、学史的にも著名な業績を残している。」［加西市史編さん委員会編 二〇一〇：四‐五頁］とする。ただし、個々の遺跡についての赤松の調査報告についてては、ほとんど言及されない。

＊26 アジア太平洋戦争敗戦後の文章であるが、兵庫県の民謡について、ヒョーゴ・フォークロア・グループ編者代表赤松啓介として発表した『民謡風土記』（一九六〇）のなかの「摂津、播磨の民謡散歩」で、幕末・明治維新期の「ええじゃないか」に言及しつつ、赤松は、「慶応四年正月三日、鳥羽・伏見の戦いで近代日本確立のブルジョア革命が勝利した」という［赤松 一九六〇：一四一頁］。赤松は明治維新をブルジョワ革命と理解していたことになる。

＊27 『兵庫県郷土研究』は孔版による手製装丁である。実質的には限定的な会員頒布にすぎなかったと考えられるので、一般的流布はほとんどなかったと考えられる。ここでの引用は、赤松私蔵本を活字化した岩田編［二〇〇四］による。

＊28 『ダイヂエスト』の最終号となった一九三八年（昭和一三）一一月第九六号巻末の広告に、「特輯 歴史認識」として第四論文に栗山一夫「考古学於ける歴史の問題」が記されている。

＊29 管見の限りでは、戸坂潤・岡邦雄など唯物論研究会の中心メンバーであった人たちから、赤松啓介の名前が登場することはない。同時代だけではなく、たとえば、古在由重『戦時下の唯物論者たち』（一九八二）・『回想の戸坂潤』（一九七六）のような回想でも同様である。彼らにとっての唯物論研究会とは東京の中心メンバーとその周辺であり、地方会員・購読者に対する視線をうかがうことは難しい。

＊30 赤松の『歴史科学』（⇩『歴史』）と『唯物論研究』（⇩『学芸』）への積極的投稿は、その経済的側面、生活費という側面からも考えることができる。伊豆公夫の回想によると、両者とも原稿料があり、完成誌面の頁換算で、『歴史科学』（⇩『歴史』）は一頁一円、『唯物論研究』（⇩『学芸』）は一頁五〇銭であったという［古在 一九八二：八八頁］。赤松は、大阪中央郵便局を解職になり固定給がない状態のなかで、母の実家、下里村西笠原への寄寓であった。実質的に居住費はなかったと考えられるが、これらの原稿料によって、その生活費・研究費を捻出してい

たと考えることもできる。

＊31　赤松の民間伝承の会への入会は、一九三六年（昭和一一）八月『民間伝承』第一二号一一頁「新入会員紹介」欄「兵庫県」で本名の「栗山一夫」で確認することができる。赤松と交流のあった民俗学徒では、西谷勝也・宮本常一が一九三五年（昭和一〇）の日本民俗学講習会から継続での入会〔『民間伝承』（第一号、一九三五年九月）七頁「日本民俗学講習会記事」〕、玉岡松一郎が一九三五年（昭和一〇）一〇月からの入会〔『民間伝承』（第二号、一九三五年一〇月）四頁「新入会員紹介」〕、太田陸郎が一九三五年（昭和一〇）一一月からの入会〔『民間伝承』（第三号、一九三五年一一月）七頁「新入会員紹介」〕である。赤松の入会は、彼らに比べると、約一年遅れの入会であった。『民間伝承』誌には退会欄がないため赤松の退会については確認できないが、一九三九年（昭和一四）一一月八日二度目の検挙による、会費未納などによる自然退会の可能性が高い。

＊32　「苗代」は標準語では「なわしろ」というが、兵庫県など近畿地方では「なしろ」というのがふつうである。赤松も「なしろ」と発音していたのではないかと思われる。

＊33　竹内利美《としみ》（一九〇九‐二〇〇一）が、農業技術・生産研究の立ち遅れを指摘しつつ、稲作全体のなかで苗代についても言及したのが、一九五九年（昭和三四）九月『日本民俗学大系 第五巻 生業と民俗』に発表した「稲作」によってであった。他に、稲作についての民俗学の本格的論考は存在しないのではないだろうか。

＊34　この時期の柳田民俗学の農村研究は、農業生産ではなく、農業経営体としての農民の家（家族論）に比重があった。それは、『分類農村語彙』と同じく、柳田自身のフィールドワークに基づくものではない。そして、他者の資料を利用しつつも、その資料の出典を明示することは少なく、全国レベルでの概括的議論であった。ここでも学術的基本を欠如していることは同じであろう。そのような作品として、「野の言葉――日本農民史の一考察」（一九二九）、『明治大正史 第四巻 世相篇』第九章「家永続の願ひ」（一九三一）・「大家族と小家族」（一九四〇）をあげることができる。

＊35　ここでは、赤松所蔵の原稿から復刻した〔岩田編 一九九九：一二九‐一七八頁〕の「民俗学の基礎的諸問題に就いて」による。

＊36　このような赤松による、柳田民俗学および柳田系民俗学の地方研究者収奪者としての否定は、当時、ほとんどの民俗学徒が気づかなかったことであろうが、赤松によってくりかえされた主張であった。たとえば、一九三七年（昭和一二）五月『兵庫県郷土研究』第一巻第三号に発表した「資料の蒐集と利用に関して」のなかで、「専門的研究者も、地方の、特別の研究者を自分の資料採集機関化せずに、その研究者の要望を達成せしめる方向に教養的技術的援助

を与へ、相互に協力しなければならないと思ふ」「地方研究者はいたづらに専門研究者に追従せず、専門研究者は地方研究者を奴隷化してはならないだらう」［岩田編 二〇〇四：一三八頁］という。

＊37　この時期、民具学もその民具学構成案を提出している。一九三六年（昭和一一）六月、渋沢敬三が主宰するアチックミユーゼアムが、アチックミユーゼアム編『アチックミユーゼアムノート第七 民具蒐集調査要目』を刊行し、そのなかで、その後の民具学を規定した八分類、「一 衣食住に関するもの」「二 生業に関するもの」「三 通信運搬に関するもの」「四 団体生活に関するもの」「五 儀礼に関するもの」「六 信仰・年中行事に関するもの」「七 娯楽競技に関するもの」「八 玩具・縁起物」を提出している［アチックミユーゼアム編 一九三六：一 - 一二頁］。

一九三〇年代は、民俗学だけではなく、隣接諸科学も学会組織を設立、体系化がすすんだ時期であった。民俗学では一九三五年（昭和一〇）九月民間伝承の会（⇒一九四九年日本民俗学会）設立、民族学・人類学では一九三四年（昭和九）一〇月日本民族学会（⇒二〇〇四年日本文化人類学会）設立、歴史学では一九三二年（昭和七）一二月歴史学研究会設立があった。これらはいずれも現在まで継続する学会である。また、考古学では一九二七年（昭和二）七月森本六爾などによる考古学研究会（⇒一九三〇年東京考古学会）設立もあった。一九三〇年代は現在にいたる、これら人文科学の枠組と垣根が明確になりはじめ、それとともに、それぞれにおける体系化がすすめられた時代である。

＊38　一九三七年（昭和一二）三月赤松が主宰した兵庫県郷土研究会の機関誌『兵庫県郷土研究』第一巻第二号「第二回実地演習報告」のなかで、加西郡での古墳・初期仏教寺院見学会に、太田陸郎は神戸からその子供とともに参加している［岩田編 二〇〇四：一二二頁］［**表9**参照］。また、一九三八年（昭和一三）七月『兵庫県郷土研究』第二巻第三号「会員動静」のなかで、赤松は次のように記す。「太田陸郎氏出征さる 本会の創立以来多大の後援を与へられた会員太田陸郎氏には今般征途につかれることになりました。謹んで氏の武運長久を希ひます」［岩田編 二〇〇四：四四六頁］。

太田陸郎死去から一四年後、アジア太平洋戦争敗戦後、赤松はその単著『一揆――兵庫県百姓騒擾史 上巻』（一九五六）「はしがき」のなかで、太田陸郎に謝辞を述べている。「この機会に地方史研究の先学、故太田陸郎氏に満腔《まんこう》の敬意を表したい。（中略）万能学者といわれた氏の研究は多趣多面に渉つたが、兵庫県下における百姓一揆の研究も氏の努力によつて開拓せられたというも過言ではなかろう。本書の如きも氏の残した後塵を浴びて、漸く一家の見を添加したにとどまるかもしれない。泉下《せんか》に氏の憫笑《びんしょう》を買うこなくんば、まことに幸というべきであろう。ここに後学の名において、謹んで本書を故太田陸郎氏に捧げる」［赤松 一九五六d：一三頁］。

*39　和島誠一の人柄については、たとえば、一九五三年（昭和二八）八月一五日から一二月三一日にかけて行なわれた、村民・生徒・学生・教職員・労働者・支援者と研究者が一体となった岡山県勝田郡飯岡《ゆうか》村（一九五五年久米郡柵原《やなはら》町、現久米郡美咲町）月の輪古墳発掘調査に参加した当時高校一年生の女性が五〇年後次のように回想している。「先生と初めてお会いしたのは私達が一六の時です。月の輪に登る道や、先生方の夜の討論会では、お疲れにもかかわらず深い深いやさしさで、村の青年達や私達を包みこんで下さいました。学問的には何も判らないけれど、人間学を教わりました」［月の輪古墳発掘五〇周年記念祭実行委員会編 二〇〇三：四九頁］。

*40　赤松は、この関西学院大学聴講生として講義を聴講したことについて、最前列での座席をすすめられ（赤松は若年期からやや難聴があった）、質問に対しても丁寧な返答があったといい、後年、その経験を嬉しそうに語っていたという（濱田啓子氏のご教示による）。

*41　「島根の旅——世は情」（一九四〇）ではこの日付が一〇月一四日となっているが［宮本 一九四〇：一〇二頁］、この時点では、宮本はアチックミューゼアム所員ではないので、誤植であろう。一一月一四日が正確ではないかと考えられる。『アチックミユーゼアム彙報第四八 粒々辛苦・流汗一滴——島根県邑智郡田所村農作覚書』のなかで、島根県の小学校教員森脇太一の「序」への「附記」のなかで宮本常一は、宮本が田中を訪問したのは「昭和十四年十一月二十一日」（一九三九年一一月二一日）と記している［田中 一九四一：八頁］。

*42　このアラオコシ・コレガヘシについて、一九三八年（昭和一三）九月『島根民俗』創刊号（第一巻第一号）の田中梅治「稲作語彙」では、「◇アラオコシ 牛にて最初に田を鋤き起すこと、溌田等は鍬にて越す。◇クレガエシ 荒起しの後を更に鋤を通して土塊を返して平にすること。◇クハガヤシ 湿田にて牛の入れられぬ田は鍬又は熊手にて打ち起すのである」［田中 一九三八a：一九頁］と記す。また、この部分は、田中梅治『アチックミユーゼアム彙報第四八 粒々辛苦・流汗一滴——島根県邑智郡田所村農作覚書』では、「アラオコシ 荒起シ 牛ニテ最初ニ田ヲ鋤キ起スコト、又鍬ニテ起ス分モアル、之ハ重ニ湿田ノ分デアル　クレガエシ 塊返シ アラオコシヲシテ土ヲ起シテ置イテ、更ニ又鋤ヲ通シテ土塊ヲ返シテ平ラニスル　クハガヤシ 鍬返シ 湿田ニテ牛ノ入レラレヌ田ハ、鍬又ハ熊手ニテ打チ起スノデアル」［田中 一九四一：六頁］であった。

*43　「和島誠一氏との四十年」（一九七一）のなかで、次のように回想している。「ぼくたちに対してあらゆる協力を惜しまなかった彼（和島誠一—引用者）は、兵庫県郷土研究会が印刷の謄写版を買う資金に困っているのを聞くと、謄写版はかつて伊豆氏（伊豆公夫—引用者）が同人雑誌を発行していた頃の中古品をもらいうけ、ヤスリ・鉄筆・インキなど付属品一切を買って、はるばる東京からとどけてくれたのである。『兵庫県郷土研究』が発行できたのは、

疑いもなく伊豆・和島氏の協力のためであった」[赤松 一九七一：一四頁]。

*44 赤松と交流のあった民俗学徒・考古学徒のうち、『兵庫県郷土研究』への寄稿で主な論考をあげると、一九三七年（昭和一二）二月第一巻第一号に黒田善治（佐久達雄）「村の歴史」、同年六月第一巻第四号に玉岡松一郎「風位呼称の研究」、一九三七年（昭和一二）七月第一巻第五号に伊豆公夫「十年前の姫路――其の人々」、同年一〇月第一巻第六号に玉岡松一郎「播磨民謡集」、一九三八年（昭和一三）五月第二巻第一号に西谷勝也「東播州伊保村高須の海の話」などがある。他の主な寄稿者として、川崎久左衛門・国井重二（重三）・岡村貞治・岡村覚二・山田良隆・山田隆夫・浅田芳朗の名前をあげることができる。また、一度だけだが、一九三七年（昭和一二）一一月第一巻第七号に歴史学者田村栄太郎（一八九三-一九六九）が「松平大和守姫路在城時代日記」を寄稿している。

*45 この『平民新聞』は『週刊 平民新聞』（一九〇三-〇五）をさすと考えられるが、管見の限りでは、『週刊 平民新聞』記事などからは、「岡村覚二」の名前をみつけることはできなかった。

*46 一九三七年（昭和一二）二月『兵庫県郷土研究』創刊号（第一巻第一号）に、赤松がK・K・A・Kの記名で記した「バリケード」という短文がある。そのなかに、柳田民俗学の学問的否定を越えて、人格攻撃ともうけとることのできる次のような文章がある。「柳田氏の論稿は甚だ魅力がある。最近《（最初）》ざつと読むと成程と感心する。何故ならこゝに遠き日の思ひ出が極めて常識的に解決されてゐるからだ。しかし再度すると種々の疑問が現はれ、氏の意図が甚だ漠然となる。三度、批判的に読むと矛盾が雲の如く現はれ、その矛盾を通じて氏の意図が明かに窺はれる。氏のあらゆる自由なゼスチユアにもかゝはらず、筆者は氏に極めて陰険な影のあることを見ざるを得ない。即ち、その一見気易いようで理解の困難なことは、要するに、その顕はれであらう。多くの研究者はそこまで追求せずに、魅せられてしまふのだ」[岩田編 二〇〇四：六〇頁]。このような内容も「忠告」の対象となっていたかもしれない。

*47 このほかに、赤松には、一九四三年（昭和一八）一月『民芸』第五巻第一号に発表した「民芸の論理」という論考がある。論考の末尾に、式場隆三郎《りゅうざぶろう》（一八九八-一九六五）による「附記」として、「これは三年前の投稿である。しばしば編輯部で採否が問題になつてゐたが、こんど載せてみることとした。（中略）筆者の住所を失つて困つてゐる。御存じの方あらばお知らせを乞ふ」[赤松 一九四三：五〇頁]とある。獄中からの投稿と考えることはできず、また、式場が「三年前の投稿」というので、赤松が検挙直前に『民芸』へと投稿していた可能性が高い。

*48 赤松は、「反戦回想録」（一九八六）のなかで、この転居を一九三九年（昭和一四）二月とし、その理由を警察の監視のためとし、最初、釜ヶ崎へ、同年六月に都島の下宿へ転居、この都島の下宿への転居は『考古学』（三笠全書）執筆のためとする[岩田編 二〇〇〇b：四九二-四九三頁]。その時期など、これは回想による記憶違いがあるよ

うに考えられる。

＊49　このとき検挙された他の二人は、長井一男（?-?）・康甲生（?-?）である。彼らのうち、康甲生は翌一九四〇年（昭和一五）二月に不起訴・釈放［内務省警保局保安課編 一九四〇a：六頁］、長井一男は吹田市・西宮市での「左翼的啓蒙」活動容疑で起訴されている［内務省警保局保安課編 一九四〇a：七-八頁］［内務省警保局保安課編 一九四〇c：二〇頁］。康は不起訴・釈放、長井は起訴されるが、両者の活動経歴が赤松のそれと異なるので、両者とは直接的関係はなかったと考えられる。

＊50　赤松の検挙により、高等小学校に勤務していた赤松の母きよのは退職せざるを得なくなり退職、また、母きよのの弟で、憲兵であった母方の叔父も退職を余儀なくされたという。母きよのはその後裁縫などにより生計をたてていたという。しかし、母きよのは赤松の長女濱田啓子に対して、「赤松はおてんとうさんの下を歩けないようなことはしていない」と常に言っていたという（濱田啓子氏のご教示による）。

＊51　赤松は、「唯物論研究会の思い出」のなかで、「東京にどうして連絡しようかと考えよったら、藤間生大が仏教関係の本を出しよったんです。それで藤間に知らせた」［赤松 一九九二：八頁］とあるが、一九四三年（昭和一八）藤間生大が刊行した著書は、正確にいえば、仏教関係ではなく、同年四月『日本古代家族』（伊藤書店）ではないかと考えられる。

＊52　管見の限りでは、一九三八年（昭和一三）唯物論研究会事件から赤松が出所した一九四三年（昭和一八）までの五年間で、伊豆公夫の単著として、すくなくとも、『新井白石』（一九三八、白揚社）・『世界史入門』（一九四〇、白揚社）［赤木健介名義］、『読書案内』（一九四二、伊藤書店）［赤木健介名義］を確認することができる。

＊53　このアンケートとは、『民話の手帖』には、アンケート回答用のハガキが綴じられており、そのハガキに短報を記し返信するものであった。『民話の手帖』にその回答が掲載されるとともに、『民話の手帖』をもとに松谷みよ子が編集した『現代民話考』全一二冊（一九八五-九六、立風書房）にもそれは掲載された。

赤松の回答は合計一二本あるが、『民話の手帖』のみに掲載されたもの、『現代民話考』のみに掲載されたもの、両方に掲載されているものがある［岩田 二〇〇〇b：五五四-五五五頁］。

＊54　濱田啓子氏のご教示による。

＊55　赤松の母きよのは、赤松の長女濱田啓子に、「戦時下の赤松は寝るときに枕元に食料品などの入ったリュックを常に置いていた。しかし、それは空襲にそなえるためであると思っていた」と語っていたという（濱田啓子氏のご教示による）。

＊56　この町工場の工員について、赤松は敗戦後のいずれかの時期に退職している。その時期は明確にならないが、赤松私蔵の書類のなかに、一九四九年（昭和二四）一月国森製作所「解散」により「退職」と記したものがあった。仮に、これが事実であるとすると、戦時下の一九四三（昭和一八）から敗戦後の一九四九年（昭和二四）一月まで、足かけ七年、約五年間、この町工場での勤務を続けたと考えることができる。

＊57　赤松の日本共産党への入党と党籍の消失の時期については明確ではない。党費については、その支払いを赤松のある友人が行なってくれていたという。しかし、その友人がある段階で党費の肩代わりをやめたため、それ以後、党費納入がなくなり、党籍をなくしたとされる。なお、赤松はこの友人による党費納入を知らず、党費免除であると思っていたという（濱田啓子氏のご教示による）。

＊58　赤松は長女濱田啓子に、血のメーデー事件では、「暴徒化するような指示はなく、逆に、挑発には乗るなと言われていた。警官による暴力でスクラムを解き、銃声がして逃げろの声でいっせいに逃げ出した」と語っていたという（濱田啓子氏のご教示による）。

＊59　赤松が統計的調査および統計の利用を提案していることは、唐突に受けとられるかもしれないが、民俗学の体系性を追求し、また、調査研究のための基準、調査項目を重視する赤松が、実態把握のために、統計利用を提案していることは自然であろう。一九五三年（昭和二八）一月『庶民評論』第四巻第一号に発表した「統計と、その真実性――『兵庫県市町村勢要覧』を読む」（脱稿年月日一九五二年九月一五日）は、一九五一年度（昭和二六年度）『兵庫県市町村勢要覧』を批評しつつ、統計のとり方について提案しているほどである。そこでは、兵庫県下全体を統一的項目で調査するのではなく、県内各地、それぞれの地域の実情にあった調査項目により統計を作成し、兵庫県の全貌を解明するべきであるという。

＊60　赤松にとって、「農業生産技術の発達をどうして調べるか」は愛着のある論考であったのであろう。一九八〇年（昭和五五）一月兵庫県郷土研究会から、事実上の私家版小冊子としてタイトルを『農業生産技術の発達をどう調べるか』に変更し再版している。その「あとがき」のなかで、「この「調査標目」も農業の現段階把握のために考案された」ものであり、「いまこの「調査標目」が生きた農業を把握するために使えるところは、恐らく日本全国のどこにもなかろう」という［赤松　一九八〇b：四六頁］。この指摘からも、赤松が基準を同時代に設定していることをうかがうことができる。

＊61　どんぐり会の機関誌『どんぐり』は孔版である。この『どんぐり』を閲覧することはほぼ不可能であり、ここでは、赤松私蔵によった岩田編［二〇〇〇b］から引用した。なお、この「読書案内――柳田国男論」の原文を掲載した

孔版の『どんぐり』第三五号は「柳田国男特集号」とし、赤松の論考は「読書案内(3)」〔岩田編 二〇〇〇b：一‐三四頁〕が正式なタイトルである。

＊62 厳密にいえば、アジア太平洋戦争敗戦後の『兵庫県郷土研究』は、第四巻を第三号まで、第五巻を第二号まで、第六巻を第二号まで、第七巻を第一号までであるが、第五巻第一号については確認することができなかった。また、一九三〇年代の論考を複写、全編コピーにより、一九八一年（昭和五六）七月に作成した第八巻第一号があるが、これについては、時期的にもずれるため、『兵庫県郷土研究』に含めることを控えた。

＊63 青野ヶ原の地名表記は「青野ヶ原《あおのがはら》」、たとえば、JR加古川線「青野ヶ原駅」であるが、現在、陸上自衛隊では「青野原《あおのはら》」駐屯地としている。ここでは、それぞれが表記する固有名詞にしたがった。

＊64 和島誠一の岡山大学教授在職は一九六六年（昭和四一）からその死去の一九七一年（昭和四六）までであり、月の輪古墳発掘の一九五三年（昭和二八）時点では東洋大学教授・資源科学研究所研究員であった（一九四八年から一九五四年まで）〔斎藤 二〇〇六：一二七頁〕。東京からの参加である。

＊65 赤松は晩年まで、焼山古墳群出土の須恵器壺一口を所蔵していたが、その死後、二〇〇四年（平成一六）八月二三日、遺族により、京都国立博物館に寄贈された。生前、赤松は自分の発掘品が国立博物館に収蔵されるのが夢であると語っていたという（濱田啓子氏のご教示による）。

＊66 『一揆――兵庫県百姓騒擾史』は、その上巻が第一章「百姓一揆の歴史」・第二章「県下の百姓騒擾」であり、この上巻に、下巻として第三章「主要な百姓一揆」・第四章「百姓騒擾の補追」・第五章「主要騒擾の補追」・「あとがき」を記すので〔赤松 一九五六d：一六頁〕、下巻があると思われるが、発行所の庶民評論社版（庶民文庫）によるその存在については確認することができなかった。

＊67 遺族のもとに、五色塚古墳を来訪したスーツ姿の三笠宮崇仁を、作業着姿の赤松が迎え説明する様子を写した写真二枚が残されている。それをとりかこむ周囲の人たちもスーツなど正装に近いが、赤松のみが作業着姿である（濱田啓子氏のご教示による）。

＊68 どんぐり会の機関誌『どんぐり』については、赤松所蔵のものによる。活版印刷・タイプ印刷のものはなく、すべて孔版である。

参考文献

＊赤松啓介の著作については、その記名が、本名の栗山一夫、他の筆名の上月三郎・田中恒雄などによるものがある。それぞれの論考タイトルの前にその使用記名を略記した。
（凡例）(赤)赤松啓介　(栗)栗山一夫　(上)上月三郎　(田)田中恒雄

＊引用は原典によったが、『赤松啓介民俗学選集』全六巻・別巻一に所収されている著作・論考については、各著作・論考の末尾にその巻数を略記した。
（凡例）[5]『赤松啓介民俗学選集 第五巻 民俗学批評／同時代論』所収

＊赤松啓介が生前未発表のため、『赤松啓介民俗学選集』全六巻・別巻一のみに所収される著作については、それによる引用を基準とした。

〈赤松啓介関係〉

赤松啓介

一九三〇a　(栗)「下里村の民譚」、萩原正徳編『旅と伝説』東京：三元社、第三年七月特別号（通巻三一号）、六六-七一頁。[3]

一九三〇b　(栗)「下里村の年中行事」、萩原正徳編『旅と伝説』東京：三元社、第三年一一月号（通巻三五号）六〇-六五頁。[2]

一九三一a　(栗)「峠の里の話」、萩原正徳編『旅と伝説』東京：三元社、第四年三月号（通巻三七号）三五-三九頁。[3]

一九三一b　(栗)「兵庫県下里村の民俗」、岡村千秋編『民俗学』東京：民俗学会、第三巻第四号、四二-四三頁。

一九三一c　(栗)「村の記録」、岡村千秋編『民俗学』東京：民俗学会、第三巻第五号、二三-四四頁。

一九三一d　(栗)「子守唄の一考察」、萩原正徳編『旅と伝説』東京：三元社、第四年八月号（通巻四四号）五七-六二頁。[3]

一九三二a　(栗)「兵庫県加西郡下里村気象に関する俗信」、福原清八編『俚俗と民譚』神奈川：単美社、第一巻第四号、八-一一頁。[3]

一九三二b　(栗)「下里方言雑記」、河本正義編『兵庫県民俗資料』兵庫：兵庫県民俗研究会、第三輯、一三二-一三七頁

（原文・孔版）。
一九三二c ㊡「河内四条村中垣内の貝塚」、東京人類学会編『人類学雑誌』東京：東京人類学会、第四七巻第三号、一
二三頁。
一九三二d ㊡「庖丁形石槨に就いて」、考古学会編『考古学雑誌』東京：考古学会、第二三巻第三号、四七・四九頁。
一九三二e ㊡「民譚の、或る考察」、河本正義編『兵庫県民俗資料』兵庫：兵庫県民俗研究会、第五輯、一・一〇頁（原
文・孔版）。[3]
一九三二f ㊡「民俗学の、ある吟味」、谷川要史編『郷土風景』東京：郷土風景社、第一巻第九号、一二・二一頁。[1]
一九三二g ㊡「民謡随想」、河本正義編『兵庫県民俗資料』兵庫：兵庫県民俗研究会、第七輯、一二・一九頁（原文・
孔版）。[3]
一九三二h ㊡「二上山附近の民間信仰調査報告」、萩原正徳編『旅と伝説』東京：三元社、第五年九月号（通巻五七号）、
一一・二〇頁。[3]
一九三二i ㊡「大阪及び附近民間信仰調査報告 その一 生駒山及び附近行場の調査」、岡村千秋編『民俗学』東京：民
俗学会、第四巻第一〇号、五八・七三頁。[3]
一九三二j ㊡「大阪及び附近民間信仰調査報告㈡ その一 生駒山及び附近行場の調査」、岡村千秋編『民俗学』東京：
民俗学会、第四巻第一一号、二五・五六頁。[3]
一九三二k ㊡「「草履隠し」に就いて」、萩原正徳編『旅と伝説』東京：三元社、第五年第四号、一四・一三頁。
一九三二l ㊡「「もぐらの嫁探し」に就て」、福原清八編『俚俗と民譚』神奈川：単美社、第一巻第一〇号、四・六頁。
一九三三a ㊡「兵庫県加古川町」、萩原正徳編『旅と伝説』東京：三元社、第六年新年号（通巻六一号）一〇六・一〇八頁。
一九三三b ㊡「加西郡童謡集㈠」、玉岡松一郎編『播磨』兵庫：播磨郷土研究同攷会、第二巻第三号、四・八頁。
一九三三c ㊡「生駒山脈に民間信仰を訪ねて」、萩原正徳編『旅と伝説』東京：三元社、第六年五月号（通巻六五号）、
四一・五二頁。[3]
一九三三d ㊡「『旅と伝説』の任務に関して」、萩原正徳編『旅と伝説』東京：三元社、第六年三月号（通巻六三号）、
八八・九四頁。[1]
一九三三e ㊡「郷土研究の組織的大衆化の問題」、福原清八編『俚俗と民譚』神奈川：単美社、第一四号、三・一三頁。
[1]
一九三三f ㊡「お船玉さま（留置場にて採集せる話）」、岡村千秋編『民俗学』東京：民俗学会、第五巻第一一号、三八頁。

一九三四a　(栗)「神戸鷹取山の民間信仰調査」、河本正義編『兵庫県民俗資料』兵庫：兵庫県民俗研究会、第一四輯、三三八‐三三九頁。
一九三四b　(赤)「諸家に聴く」、中村徳二郎編『歴史科学』東京：白揚社、第三巻第九号、九一頁。
一九三四c　(栗)「生駒山脈地帯の民間信仰調査㈠」、萩原正徳編『旅と伝説』東京：三元社、第七年一〇月号（通巻八二号）、七二‐七九頁。3
一九三四d　(栗)「生駒山脈地帯の民間信仰調査㈡」、萩原正徳編『旅と伝説』東京：三元社、第七年一一月号（通巻八三号）、八五‐九〇頁。3
一九三四e　(上)「製塩工程の調査」、萩原正徳編『旅と伝説』東京：三元社、第七年八月号（通巻八〇号）、八一‐九一頁。
2
一九三四f　(栗)「播磨考古雑信」、東京人類学会編『人類学雑誌』東京：東京人類学会、第四九巻第一号、三五‐三七頁。
一九三四g　(栗)「播磨加古川流域に築造されたる古墳及び遺物調査報告㈠」、東京人類学会編『人類学雑誌』東京：東京人類学会、第四九巻第七号、二四‐三三頁。
一九三四h　(栗)「播磨加古川流域に築造されたる古墳及び遺物調査報告㈡」、東京人類学会編『人類学雑誌』東京：東京人類学会、第四九巻第八号、八‐一五頁。
一九三四i　(栗)「播磨加古川流域に築造されたる古墳及び遺物調査報告㈢」、東京人類学会編『人類学雑誌』東京：東京人類学会、第四九巻第九号、二四‐三三頁。
一九三四j　(上)「和算の進歩を物語る絵馬」、岡茂雄編『ドルメン』東京：岡書院、第三巻第三号、三二‐三三頁。
一九三四k　(田)「川上八幡宮に関する伝説」、萩原正徳編『旅と伝説』東京：三元社、第七年第六号（通巻七八号）、三五‐三六頁。
一九三五a　(栗)「生駒山脈地帯の民間信仰調査㈢」、萩原正徳編『旅と伝説』東京：三元社、第八年三月号（通巻八七号）、三九‐四九頁。
一九三五b　(赤)「郷土研究状勢の展望」、中村徳二郎編『歴史科学』東京：白揚社、第四巻第一号、七三‐七九頁。1
一九三五c　(栗)「播磨に分布せる月の童謡に就て」、岡茂雄編『ドルメン』東京：岡書院、第四巻第四号、四四‐四八頁。
3
一九三五d　(栗)「播磨に分布せる月の童謡に就て 二」、岡茂雄編『ドルメン』東京：岡書院、第四巻五号、三七‐四一頁。
3

一九三五e (栗)「播磨に分布せる月の童謡に就て 三」、岡茂雄編『ドルメン』東京：岡書院、第四第七号、二二一‐二二五頁。[3]

一九三五f (栗)「俗信調査方法の基礎として——兵庫県印南郡東志方村の俗信」、加賀治雄編『土の香』愛知：土俗趣味社、第一五巻第一号、九九‐一一三頁（原文・孔版）。

一九三五g (栗)「播磨加古川流域に築造されたる古墳及び遺物調査報告（続篇1）」、東京人類学会編『人類学雑誌』東京：東京人類学会、第五〇巻第一号、一八‐二九頁。

一九三五h (栗)「播磨加古川流域に築造されたる古墳及び遺物調査報告（続篇2）」、東京人類学会編『人類学雑誌』東京：東京人類学会、第五〇巻第二号、一一‐二四頁。

一九三五i (栗)「播磨加古川流域に築造されたる古墳及び遺物調査報告（続篇3）」、東京人類学会編『人類学雑誌』東京：東京人類学会、第五〇巻第五号、一‐一〇頁。

一九三五j (栗)「播磨加古川流域に築造されたる古墳及び遺物調査報告（続篇4）」、東京人類学会編『人類学雑誌』東京：東京人類学会、第五〇巻第六号、二三‐三二頁。

一九三五k (赤)「東播の古代社会状勢概観」、中村徳二郎編『歴史科学』東京：白揚社、第四巻第九号、八六‐九八頁。[6]

一九三五l (赤)「竪穴式高塚期の文化階梯——播磨加古川流域の研究」、中村徳二郎編『歴史科学』東京：白揚社、第四巻第一二号、五九‐七〇頁。[6]

一九三六a (栗)「資料の交換を希望する」、本間唯一編『唯研ニュース』東京：唯物論研究会、第六〇号、一頁。

一九三六b (赤)『東洋古代史講話』、東京：白揚社。[6]

一九三七a (赤)「農村児童の宗教的意識に就て」、戸坂潤編『唯物論研究』東京：唯物論研究会、第六二号、一〇二‐一一四頁。[3]

一九三七b (栗)「播磨における初期仏教文化」、中村徳二郎編『歴史』東京：白揚社、第四号、二五‐五五頁。[6]

一九三七c (赤)「古代聚落の形成と発展過程——播磨加古川流域の研究」、西村豊吉編『経済評論』東京：叢文閣、第四巻第二号、二一‐六〇頁。[6]

一九三七d (栗)「畦の話」、本間唯一編『唯研ニュース』東京：唯物論研究会、第六三号、二頁。[2]

一九三七e (栗)「日役の役割」、本間唯一編『唯研ニュース』東京：唯物論研究会、第六六号、二頁。[2]

一九三七f (栗)「村の制裁」、本間唯一編『唯研ニュース』東京：唯物論研究会、第六四号、二頁。[2]

一九三七g (栗)「農村に於ける封建習俗の残存と崩壊」、戸坂潤編『唯物論研究』東京：唯物論研究会、第五四号、一〇二-一一六頁。[2]

一九三七h (栗)「農業習俗とその特質――兵庫県東播地方調査報告」、戸坂潤編『唯物論研究』東京：唯物論研究会、第五八号、九八-一一九頁。[2]

一九三七i (栗)「オトウと苗代に就いて」、北野博美編『日本民俗』東京：日本民俗協会、第二巻第一号、二五-二八頁。[2]

一九三七j (栗)「兵庫県郷土研究会ニュース」、中村徳二郎編『歴史』東京：白揚社、第二号。

一九三八a (栗)「河内生駒山脈に於ける民間信仰の一般情況に就て㈠」、上方郷土研究会編『上方』大阪：創元社、第八六号、八〇-八八頁。[3]

一九三八b (栗)「河内生駒山脈に於ける民間信仰の一般情況に就て㈡」、上方郷土研究会編『上方』大阪：創元社、第八七号、四七-五一頁。[3]

一九三八c (栗)「播磨国分寺」、角田文衞編『国分寺の研究 下巻』京都：考古学研究会、一一二二-一一五八頁。[6]

一九三八d (赤)「農民の博物的知識に就いて」、刈田新七編『学芸』東京：学芸発行所、第六八号、六二-七四頁。[3]

一九三八e (赤)「民俗学最近の研究情勢と動向」、戸坂潤編『唯物論研究』東京：唯物論研究会、第六四号、一〇一-一〇九頁。[1]

一九三八f (栗)「播磨から飛騨の人々へ」、江馬ミサホ編『ひだびと』岐阜：飛騨考古土俗学会、第六年第一二号、四〇-四四頁。[1]

一九三八g (赤)『民俗学』(三笠全書)、東京：三笠書房。[1]

一九三九a (赤)『東洋古代民族史』、東京：白揚社。[6]

一九三九b (栗)「溝と慣習」、萩原正徳編『旅と伝説』東京：三元社、第一二年二月号(通巻一三四号)、三二-四七頁。[2]

一九三九c (栗)「苗の話」、江馬ミサホ編『ひだびと』岐阜：飛騨考古土俗学会、第七年第七号、一-一五頁。[2]

一九三九d (栗)「草稗の問題」、江馬ミサホ編『ひだびと』岐阜：飛騨考古土俗学会、第七年第九号、二九-三一頁。

一九三九e (栗)「畦草刈の話」、萩原正徳編『旅と伝説』東京：三元社、第一二年第一二号(通巻一四四号)、二九-四〇頁。[2]

一九三九f (栗)「播磨から飛騨の人々へ㈡」、江馬ミサホ編『ひだびと』岐阜：飛騨考古土俗学会、第七年第一号、四八

・五二頁。[1]

一九三九g　(栗)「農耕技術の調査に就いて」、牛尾三千夫編『島根民俗』島根：島根民俗学会、八頁。[2]

一九四三　(赤)「民芸の論理」、浅野長量編『民芸』東京：日本民芸協会、第五巻第一号、三六・五〇頁。[1]

一九四六　(赤)「日本神話の本質㈠」、伊藤長夫編『人民評論』東京：伊藤書店、第二巻第一一号、八四・九三頁。[6]

一九四七a　(赤)「日本神話の本質㈡」、伊藤長夫編『人民評論』東京：伊藤書店、第三巻第一号、五一・五五頁。[6]

一九四七b　(赤)「天皇制起源の一考察 上――母系継承から父系相続へ」民主主義科学者協会編『歴史評論』東京：歴史評論社、第二巻第四号、一五・二〇頁。[6]

一九四七c　(赤)「天皇制起源の一考察 中――母系継承から父系相続へ」民主主義科学者協会編『歴史評論』東京：歴史評論社、第二巻第五号、五一・五七頁。[6]

一九四七d　(赤)「天皇制起源の一考察 下――母系継承から父系相続へ」民主主義科学者協会編『歴史評論』東京：歴史評論社、第二巻第六号、三六・四二頁。[6]

一九四八a　(赤)『天皇制起源神話の研究』、東京：美知書林。

一九四八b　(栗)「地域研究のすすめ」、民主主義科学者協会編『歴史評論』東京：歴史評論社、第三巻第四号、三九・四五頁。[1]

一九五〇a　(赤)「農業生産技術の発達をどうして調べるか㈠」、民主主義科学者協会編『歴史評論』東京：小石川書房、第四巻第二号、五九・七〇頁。[2]

一九五〇b　(赤)「農業生産技術の発達をどうして調べるか㈡」、民主主義科学者協会編『歴史評論』東京：小石川書房、第四巻第三号、一六、六五・七三頁。[2]

一九五〇c　(赤)『結婚と恋愛の歴史』、東京：三一書房。

一九五〇d　(赤)「子守「女」唄の発生と消滅」、高橋磌一篇『歴史評論』東京：小石川書房、第四巻第六号、七二・八一頁。[3]

一九五一　(栗)「埴輪の破片」、松井信茂編『旭影』兵庫：兵庫県警察長協議会、第四号、一七・一九頁。[5]

一九五二a　(赤)「田草取りの話㈠――農業慣行の地域的考察」、杉山栄一編『地域』東京：日本書院、第一巻第五号、一一・一五頁。[2]

一九五二b　(赤)「田草取りの話㈡――農業慣行の地域的考察」、杉山栄一編『地域』東京：日本書院、第一巻第六号、五六・六四頁。[2]

一九五二c　(赤)「田草取りの話㈢——農業慣行の地域的考察」、杉山栄一編『地域』東京：日本書院、第一巻第七号、九〇-九五頁。[2]

一九五三a　(赤)「田草取りの話㈣——農業慣行の地域的考察」、杉山栄一編『地域』東京：日本書院、第八号、九〇-九六頁。[2]

一九五三b　(赤)「統計とその真実性——『兵庫県市町村勢要覧』を読む」、大江賢三編『庶民評論』兵庫：庶民評論社、第四巻第一号、六〇-六四頁。

一九五四a　(赤)「中国地方遊記Ⅰ」、民主主義科学者協会編『歴史評論』東京：河出書房、第五五号、八一-八七頁。

一九五四b　(赤)「中国地方遊記Ⅱ」、民主主義科学者協会編『歴史評論』東京：河出書房、第五六号、七二-八〇頁。

一九五四c　(赤)「中国地方遊記Ⅲ」、民主主義科学者協会編『歴史評論』東京：河出書房、第五八号、六九-七四頁。

一九五四d　(赤)「ああ、私の夢が実現された」、美備郷土文化の会・理論社編集部編『月の輪教室——一〇〇〇〇人が参加した古墳発掘・新しい歴史教育』東京：理論社、一八四-一九二頁。[5]

一九五五　(赤)「国史と初等教育」、斎藤敏雄編『政界往来』東京：政界往来社、第二一巻第四号、八六-九二頁。

一九五六a　播磨焼山古墳群保存委員会「なぜ焼山群集墳を守るのか」、民主主義科学者協会編『歴史評論』東京：河出書房、第七四号、七一-八二頁。

一九五六b　(赤)「国民的科学への考古学への歩み」、藤間生大編『講座 歴史 第四巻 国民の歴史意識変革の運動』東京：大月書店、一八〇-二二二頁。[5]

一九五六c　(赤)「焼山古墳群保存委員会」、近藤義郎編『私たちの考古学』岡山：考古学研究会、一九-二〇頁。

一九五六d　(赤)『一揆——兵庫県百姓騒擾史 上巻』（庶民文庫㈢）兵庫：庶民評論社。

一九五七　(赤)「焼山群集墳の破壊を訴える」、近藤義郎編『私たちの考古学』岡山：考古学研究会、第一五号、一八-一九頁。[5]

一九五八a　(赤)「失われた青春への回想——お夏・清十郎物語の形成 上」、神戸大学文学部日本史研究室内兵庫史学会編『兵庫史学』兵庫：兵庫史学会、第一七号、二一-三〇頁。[3]

一九五八b　(赤)「焼山群集墳発掘に寄せて」、小林武雄編『半どん』兵庫：半どんの会、第一〇号、二〇-二六頁。[5]

一九五九a　(赤)「『東洋古代史講話』の頃」、小林武雄編『半どん』兵庫：半どんの会、第一二冊、四四-四五頁。[5]

一九五九b　(赤)「失われた青春への回想——お夏・清十郎物語の形成 下」、神戸大学文学部日本史研究室内兵庫史学会編『兵庫史学』兵庫：兵庫史学会、第一九号、一八-二六頁。[3]

一九六〇 (赤)「摂津、播磨の民謡散歩」、ヒョーゴ・フォークロア・グループ編『民謡風土記』兵庫：のじぎく文庫、一二五‐一三〇頁。[3]

一九六二 (赤)「考古学に夢と・光とを――文化財保護運動の展望」、考古学研究会編集部編『考古学研究』岡山：考古学研究会、第三三号、三‐七頁。[5]

一九六七 (赤)「はてしなき泥濘の道(2)」、考古学研究会編『考古学研究』岡山：考古学研究会、第一四巻第一号、三四‐四八頁。[5]

一九六九a (赤)「〝柳田学〟の発展者を失う 西谷勝也君の死をいたむ」、『神戸新聞』一九六九年九月二五日夕刊第九面。[5]

一九六九b (赤)「息子の革新運動に私の母も苦しんだ」、『朝日新聞』（大阪版）一九六九年（昭和四四）三月一三日朝刊第五面。[5]

一九七〇 (赤)「反体制運動の自壊」、日本書評センター編『ぶっく・れびゅう』兵庫：日本書評センター、第一一・一二合併号、二四‐二九頁。[5]

一九七一 (赤)「和島誠一氏との四十年」、考古学研究会編『考古学研究』岡山：考古学研究会、第一八巻第三号、六‐一五頁。[5]

一九七三a (赤)「わが心の自叙伝」、神戸新聞学芸部編『わが心の自叙伝〈五〉』兵庫：のじぎく文庫、二二五‐二五一頁。[5]

一九七三b (赤)「読書案内――柳田国男論」、どんぐり会編『どんぐり』兵庫：どんぐり会、第三五号（原文・孔版）、一‐三四頁。[5]

一九七五 (栗)『民俗学の基礎的諸問題に就いて』、兵庫：兵庫県郷土研究会。[1]

一九七七 (赤)「郷土研究と『歴史科学』」、『歴史科学 復刻版 月報』東京：青木書店、九、三‐四頁。[5]

一九八〇a (赤)「地域研究・批判」、田中基編『季刊 どるめん』東京：ＪＩＣＣ出版局、第二四・二五合併号、二一‐三三頁。[5]

一九八〇b (赤)『農業生産技術の発達をどう調べるか』兵庫：兵庫県郷土研究会。

一九八〇c (赤)『神戸財界開拓者伝』兵庫：太陽出版。

一九八〇d (赤)「村落共同体と性的規範 上」、田中基編『季刊 どるめん』東京：ＪＩＣＣ出版局、第二六号、六三‐一一五頁。[4]

一九八〇e　(赤)「村落共同体と性的規範 下」、田中基編『季刊 どるめん』東京：ＪＩＣＣ出版局、第二七号、八三‐一二六頁。[4]

一九八一　(赤)「村落共同体と性的規範 続」、田中基編『季刊 どるめん』東京：ＪＩＣＣ出版局、第二八号、一〇‐三六頁。[4]

一九八六a　(赤)『非常民の民俗文化——生活民俗と差別昔話』東京：明石書店。[4]

一九八六b　(栗)「空襲のあとで食べる」、民話の研究会編『民話の手帖』東京：民話の研究会、第二八号、一二八頁。[5]

一九八七　(栗)「空襲のあとでとる」、松谷みよ子『現代民話考 第二期 Ⅰ』東京：立風書房、二七七‐二七八頁。[5]

一九八八　(赤)「田舎派『唯研』の情況」、大阪唯物論研究会哲学部会編『季報 唯物論研究』大阪：大阪唯物論研究会哲学部会、第三〇号、一一‐一三頁。[5]

一九九二　(赤)「唯物論研究会の思い出」、大阪唯物論研究会哲学部会編『季報 唯物論研究』大阪：大阪唯物論研究会哲学部会、第四三・四四合併号、五‐八頁。[5]

一九九四　(赤)「唯物論研究会と地方の活動」、季報『唯物論研究』編集部編『季報 唯物論研究』大阪：季報『唯物論研究』編集部、第四九・五〇合併号、七九‐八二頁。[5]

岩田重則編

一九九七　『赤松啓介民俗学選集 第二巻 生産関係の民俗学』東京：明石書店。

一九九八　『赤松啓介民俗学選集 第三巻 口承文芸と民間信仰』東京：明石書店。

一九九九　『赤松啓介民俗学選集 第一巻 民俗学の理論』東京：明石書店。

二〇〇〇a　『赤松啓介民俗学選集 第四巻 非常民の民俗学』東京：明石書店。

二〇〇〇b　『赤松啓介民俗学選集 第五巻 民俗学批評／同時代論』東京：明石書店。

二〇〇一　『赤松啓介民俗学選集 第六巻 民族史／古代史』東京：明石書店。

二〇〇四　『赤松啓介民俗学選集 別巻 兵庫県郷土研究 予審終結決定・年譜・著作目録・総目次』東京：明石書店。

〈赤松啓介以外〉

秋本吉郎校注

一九五八　『風土記』（日本古典文学大系二）東京：岩波書店。

麻生磯次他編

一九五七　『西鶴集 上』（日本古典文学大系四七）東京：岩波書店。
アチックミユーゼアム編
一九三六　『アチックミユーゼアムノート第七 民具蒐集調査要目』東京：アチックミユーゼアム。
一九三九　『アチックミユーゼアム彙報第三四 塩俗問答集』東京：アチックミユーゼアム。
岩倉博
二〇一五　『ある戦時下の抵抗――哲学者・戸坂潤と「唯研」の仲間たち』東京：花伝社。
岩田重則
二〇一三　『宮本常一――逸脱の民俗学者』東京：河出書房新社。
エヌ・ルーキン
一九三二　「歴史科学における党派性のために」、中村徳二郎編『歴史科学』東京：白揚社、第一巻第一号、三二 - 四七頁。
江馬修
一九四八　『山の民』、東京：春秋社。
江馬三枝子
一九三九　「夕べについて」、江馬ミサホ編『ひだびと』岐阜：飛騨考古土俗学会、第七年第八号、二六 - 三二頁。〔『飛騨白川村』（一九七五、未來社）所収〕
一九四二　『飛騨の女たち』（女性叢書）東京：三国書房。〔『飛騨白川村』（一九七五、未來社）所収〕
一九四三　『白川村の大家族』（女性叢書）東京：三国書房。〔『飛騨白川村』（一九七五、未來社）所収〕
大内兵衛・細川嘉六監訳
一九六四　『マルクス・エンゲルス全集 第一三巻』東京：大月書店。
大竹武七郎
一九三四　「外郭団体に就て」、司法省編『昭和八年十月 思想実務家合同に於ける講演集（訓示及び国内思想情勢に関するもの）』東京：司法省、四七 - 一〇六頁。
岡邦雄
一九七六　「戸坂潤君のこと」、田辺元他『回想の戸坂潤』東京：勁草書房、六 - 一二頁。
岡正雄

一九五八　「岡村千秋さん」、大間知篤三他編『日本民俗学大系 第二巻 日本民俗学の歴史と課題』東京：平凡社。
岡山県史編纂委員会編
一九九一　『岡山県史 第二巻 原始・古代Ⅰ』岡山：岡山県。
奥平康弘
一九七六　「天皇制国家の人民支配――治安維持法体制論」、中村政則他編『大系 日本国家史 第五巻 近代Ⅱ』東京：東京大学出版会、二六三‐三三二頁。
一九七七　『治安維持法小史』東京：筑摩書房。
奥平康弘編
一九七三　『治安維持法』（現代史資料 四五）東京：みすず書房。
小野市史編纂専門委員会編
二〇〇一　『小野市史 第一巻（本編Ⅰ）』兵庫：小野市。
二〇〇四　『小野市史 第三巻（本編Ⅲ）』兵庫：小野市。
小野重朗
一九七〇　『農耕儀礼の研究』東京：弘文堂。［『小野重朗著作集 第九巻』（一九九六、第一書房）所収］
一九七二　『十五夜綱引の研究』（常民文化叢書八）東京：慶友社。
垣田五百次・坪井忠彦編
一九二五　『口丹波口碑集』（炉辺叢書）、東京：郷土研究社。
柿沼肇
一九八一　『新興教育運動の研究――一九三〇年代のプロレタリア教育運動』京都：ミネルヴァ書房。
加西市史編さん委員会編
二〇〇八　『加西市史 第一巻 本編1 考古・古代・中世』兵庫県：加西市。
二〇一〇　『加西市史 第七巻 史料編1 考古』兵庫：加西市。
楫西光速
一九四一　『アチツクミユーゼアム彙報第四九 下総行徳塩業史』東京：アチツクミユーゼアム。
加藤喜久代
一九八六　「早川二郎の回想」、加藤喜久代・福富正美編『早川二郎著作集 四』東京：未來社、四三九‐四五八頁。

鎌田久子
一九六四 「年譜」、大藤時彦他編『定本 柳田国男集 別巻五』東京：筑摩書房。

郷土生活研究所編
一九三四 『昭和九年度 採集手帖』東京：郷土生活研究所。

近畿民俗学会（大阪民俗談話会）編
一九三八a『民俗談話会だより』昭和一三年六月一一日印刷号（巻号なし。原文孔版）。

一九三八b『民俗談話会だより』昭和一三年一一月一九日印刷号（巻号なし。原文孔版）。

一九三九a『民俗談話会だより』昭和一四年一月一三日印刷号（巻号なし。原文孔版）。

一九三九b『民俗談話会だより』昭和一四年二月一八日印刷号（巻号なし。原文孔版）。

一九三九c『民俗談話会だより』昭和一四年三月一二日印刷号（巻号なし。原文孔版）。

一九三九d『大阪民俗談話会報』昭和一四年五月二〇日印刷号（巻号なし。原文孔版）。

一九三九e『大阪民俗談話会報』昭和一四年九月一六日印刷号（巻号なし。原文孔版）。

グーコフスキー
一九三二 「歴史科学とは何ぞや」、中村徳二郎編『歴史科学』東京：白揚社、第一巻第一号、一－三一頁。

黒田善治（佐久達雄・青山和夫）

一九三三 『日本古代社会史』東京：白揚社。

一九三四 『東洋古代社会史』東京：白揚社。

一九五七 『謀略熟練工』東京：妙義出版。

神戸新聞社会部編
一九五八 『祖先のあしあとⅠ』兵庫：のじぎく文庫。

一九五九 『祖先のあしあとⅡ』兵庫：のじぎく文庫。

一九六〇 『祖先のあしあとⅢ』兵庫：のじぎく文庫。

一九六一 『祖先のあしあとⅣ』兵庫：のじぎく文庫。

古在由重
一九八二 『戦時下の唯物論者たち』東京：青木書店。

小林武雄

一九六〇「畏友赤松啓介君のこと」、後藤卓也編『半どん』神戸：半どんの会、第七巻第一号、一六‐一七、四六頁。

近藤義郎編

一九六〇『月の輪古墳――岡山県久米郡柵原町飯岡』岡山：月の輪古墳刊行会。

斎藤忠

二〇〇六『日本考古学人物事典』東京：学生社。

坂口一雄

一九七七『伊豆諸島の塩と生活』東京：未來社。

佐々木喜善

一九三一『聴耳草紙』東京：三元社。〔『佐々木喜善全集Ⅰ』（一九八六、遠野市立博物館）所収〕

佐藤彰男

一九八三「神戸大空襲」、神戸新聞出版センター編『兵庫県大百科事典 上巻』兵庫：神戸新聞出版センター、九一八頁。

沢田四郎作

一九五八「太田陸郎伝」、大間知篤三他編『日本民俗学大系 第六巻 生活と民俗⑴』東京：平凡社、三九二‐三九三頁。

潮見俊隆

一九七七『治安維持法』（岩波新書 黄版二二）東京：岩波書店。

渋沢敬三

一九四七「塩――塩俗問答集を中心として」、折口信夫編『柳田国男先生古稀記念文集 日本民俗学のために』第一輯、東京：民間伝承の会、一一‐六五頁。〔『渋沢敬三著作集 第一巻』（一九九二、平凡社）所収〕

宗教社会学の会編

一九八五『生駒の神々――現代都市の民俗宗教』大阪：創元社。

新興教育研究所

一九三〇「新興教育研究所創立宣言」、山下徳治編『新興教育』東京：新興教育研究所、第一号、二‐三頁。

鈴木棠三

一九三九「草稗の問題」、江馬ミサホ編『ひだびと』岐阜：飛騨考古土俗学会、第七年第九号、二七‐二八頁。

関敬吾

一九三九ａ「批判に答へて」、民間伝承の会編『民間伝承』第四巻第九号、東京：民間伝承の会、八‐九頁。〔『関敬吾

著作集 八 民俗学の方法』（一九八一、同朋舎出版）所収」
一九三九b「再批判に答へる」、民間伝承の会編『民間伝承』第五巻第二号、東京：民間伝承の会、二一-三頁。
高野辰之編
一九二八-二九『日本歌謡集成』全一二巻、春秋社。［のち一九四二-四三、東京堂から再版］
竹内利美
一九五九「稲作」、大間知篤三他編『日本民俗学大系 第五巻 生業と民俗』東京：平凡社、一三-四八頁。
田中梅治
一九三八a「稲作語彙」、牛尾三千夫編『島根民俗』第一巻第一号、島根：島根民俗学会、一九頁。
一九三八b「蚊帳縫ひ」、牛尾三千夫編『島根民俗』第一巻第二号、島根：島根民俗学会、七頁。
一九四一『アチックミユーゼアム彙報第四八 粒々辛苦・流汗一滴――島根県邑智郡田所村農作覚書』、東京：アチックミユーゼアム。
田村善次郎
二〇〇五「宮本常一略年譜」、田村善次郎編『宮本常一――同時代の証言（続編）』、山口：マツノ書店、五五三-五七二頁。
月の輪古墳発掘五〇周年記念祭実行委員会編
二〇〇三『月の輪古墳発掘に学ぶ』岡山：月の輪古墳発掘五〇周年記念祭実行委員会。
津田左右吉
一九一三『神代史の研究』東京：二松堂書店。［『津田左右吉全集 別巻一』（一九六六、岩波書店）所収］
一九一九『古事記及び日本書紀の新研究』東京：洛陽堂。［『津田左右吉全集 別巻一』（一九六六、岩波書店）所収］
土屋基規
一九七五「解説①」、新興教育復刻版刊行委員会編『新興教育 復刻版 全七巻 月報』№一、東京：白石書店、四-七頁。
坪井（郷田）洋文
一九五九「互助協同」、大間知篤三他編『日本民俗学大系 第四巻 社会と民俗Ⅱ』東京：平凡社、一三三-一五三頁。
藤間生大
一九四三『日本古代家族』、東京：伊藤書店。
どんぐり会編

一九七四　『どんぐり』兵庫：どんぐり会、第三七号。（原文孔版）

中里龍雄

一九三二　「朝鮮民譚　もぐらの嫁探し」、福原清八編『俚俗と民譚』神奈川：単美社、第一巻第五号、単美社、一〇-一一頁。

中山太郎

一九二六　『土俗私考』東京：坂本書店出版部。

一九二八　『日本婚姻史』東京：春陽堂。

一九三〇　『日本若者史』東京：春陽堂。

西岡虎之助

一九三七　「支那側に於ける上古日本に対する経済的魅惑」、中村徳二郎編『歴史』東京：白揚社、第一号、二-八頁。

西谷勝也

一九六八　『季節の神々――農家の神々』（考古民俗叢書二）、東京：慶友社。

西村眞次

一九二二　『国民の日本史　第一篇　大和時代』東京：早稲田大学出版部。

日本塩業大系編集委員会編

一九七七　『日本塩業大系　特論民俗』東京：日本専売公社。

内務省警保局編

一九三四　『社会運動の状況　昭和八年』東京：内務省警保局。

一九四〇　『社会運動の状況　昭和一四年』東京：内務省警保局。

内務省警保局保安課編

一九三三　『特高月報　昭和八年一月分』東京：内務省警保局保安課。

一九三九　『特高月報　昭和十四年十一、十二月分』東京：内務省警保局保安課。

一九四〇a　『特高月報　昭和十五年二月分』東京：内務省警保局保安課。

一九四〇b　『特高月報　昭和十五年四月分』東京：内務省警保局保安課。

一九四〇c　『特高月報　昭和十五年五月分』東京：内務省警保局保安課。

橋浦泰雄

一九三五　「協同労働の慣行」、柳田国男編『日本民俗学研究』東京：岩波書店、二五九-二七九頁。
一九三七　「協同労働と相互扶助」、柳田国男編『山村生活の研究』東京：民間伝承の会、一〇一-一二九頁。

濱田将行
一九九八　「ある民俗学者の「唯研」事件」、龍谷大学法学部ゼミナール連合会編『法学論集――学生論集』京都：龍谷大学法学部ゼミナール連合会、第二七巻、二六九-二八八頁。

早川二郎
一九三四　「東洋古代史における生産様式の問題」、中村徳二郎編『歴史科学』東京：白揚社、六九-八一頁。〔『早川二郎著作集　二　日本古代史研究と時代区分論』（一九七七、未來社）所収〕
一九三五　「所謂東洋史における「奴隷所有者的構成の欠如」を如何に説明すべきか？」、戸坂潤編『唯物論研究』東京：唯物論研究会、第三〇号、一一四-一二五頁。〔『早川二郎著作集　二　日本古代史研究と時代区分論』（一九七七、未來社）所収〕
一九三六　『古代社会史』（唯物論全書）東京：三笠書房。〔『早川二郎著作集　四　古代社会史と日本文化論』（一九八六、未來社）所収〕

バーン（岡正雄訳）
一九二七　『民俗学概論』、東京：岡書院。

広島県教育委員会編
一九七四　『塩の民俗資料緊急調査報告書』広島：広島県教育委員会。

福冨正美
一九七八　「解説」、福冨正美・加藤喜久代編『早川二郎著作集　一　日本歴史とアジア的生産様式論』東京：未來社、三九一-四一一頁。

『法令全書』

細井和喜蔵
一九五四　『女工哀史』（岩波文庫　三三-I三五-I）東京：岩波書店。

丸山国雄
一九三七　「幕末維新時代来朝外国人の日本観」、中村徳二郎編『歴史』東京：白揚社、第一号、九-二〇頁。

村田鈴城

一九三三　「「もくらの嫁探し」に就て」、福原清八編『俚俗と民譚』神奈川：単美社、第一三号、一二頁。

森宏一

一九三七　「早川二郎の遭難の経過」、本間唯一編『唯研ニュース』東京：唯物論研究会、第八四号、二頁。

南方熊楠

一九三二　「もぐらの嫁探し」、福原清八編『俚俗と民譚』神奈川：単美社、第一巻第九号、七 - 一〇頁。〔『南方熊楠全集 第四巻』（一九七二、平凡社）所収〕

宮本常一

一九三〇　「周防大島」、萩原正徳編『旅と伝説』東京：三元社、第三年新年倍大号（通巻二五号、七一 - 七四頁）・第三年第二号（通巻二六号、四六 - 五〇頁）・第三年四月号（通巻二八号、四九 - 五四頁）・第三年六月号（通巻三〇号、三四 - 三七頁）・第三年七月特別号（通巻三一号、三七 - 四一頁）。〔『宮本常一著作集 40』（一九九七、未來社）所収〕

一九四〇　「島根の旅――世は情」、芦田恵之助編『同志同行』、東京：同志同行社、第八巻第一二号、一〇二 - 一一〇頁。

一九五八　『中国風土記』、広島：広島農村人文協会。〔『宮本常一著作集 29』（一九八四、未來社）所収〕

一九六〇　『忘れられた日本人』、東京：未來社。〔『宮本常一著作集 10』（一九七一、未來社）所収〕

一九六五　『瀬戸内海の研究 I』東京：未來社。

一九七八　『渋沢敬三――民族学の組織者』（日本民俗文化大系3）、東京：講談社。〔『宮本常一著作集 50』（二〇〇八、未來社）所収〕

柳田国男

一九〇九　『後狩詞記』自家出版。〔『柳田国男全集 第一巻』（一九九九、筑摩書房）所収〕

一九一〇　『遠野物語』東京：聚精堂。〔『柳田国男全集 第二巻』（一九九七、筑摩書房）所収〕

一九二七a　「蝸牛考」、東京人類学会編『人類学雑誌』東京：東京人類学会、第二四巻第四号、一二五 - 一三五頁。〔『柳田国男全集 第五巻』（一九九八、筑摩書房）所収〕

一九二七b　「蝸牛考㈡」、東京人類学会編『人類学雑誌』東京：東京人類学会、第二五巻第五号、一六二 - 一七二頁。〔『柳田国男全集 第五巻』（一九九八、筑摩書房）所収〕

一九二七c　「蝸牛考㈢」、東京人類学会編『人類学雑誌』東京：東京人類学会、第二四巻第六号、二二三 - 二三三頁。

［『柳田国男全集 第五巻』（一九九八、筑摩書房）所収］

一九二七d　「蝸牛考（完）」、東京人類学会編『人類学雑誌』東京：東京人類学会、第二四巻第七号、二七三‐二八四頁。のち『蝸牛考』（一九三〇、刀江書院）［『柳田国男全集 第五巻』（一九九八、筑摩書房）所収］

一九二九　「野の言葉――日本農民史の一考察」、農業経済学会編『農業経済研究』第五巻第二号、東京：岩波書店、一‐二二頁。［『柳田国男全集 第一五巻』（一九九八、筑摩書房）所収］

一九三一　『明治大正史 第四巻 世相篇』東京：朝日新聞社。［『柳田国男全集 第五巻』（一九九八、筑摩書房）所収］

一九三四　『民間伝承論』（現代史学大系 第七巻）東京：共立社書店。［『柳田国男全集 第八巻』（一九九八、筑摩書房）所収］

一九三五　『郷土生活の研究法』東京：刀江書院。［『柳田国男全集 第八巻』（一九九八、筑摩書房）所収］

一九三七　『分類農村語彙』長野：信濃教育会。

一九三八　『禁忌習俗語彙』東京：國學院大学方言研究会。

一九四〇　「大家族と小家族」、湯川龍造編『婦人公論』第二五年五月号、東京：中央公論社、五六‐六八頁。［『柳田国男全集 第一五巻』（一九九八、筑摩書房）所収］

一九四七　『分類農村語彙 上』東京：東洋堂。

一九四八　『婚姻の話』東京：岩波書店。［『柳田国男全集 第一七巻』〈一九九九、筑摩書房〉所収］

柳田国男編

一九三七　『山村生活の研究』東京：民間伝承の会。

山口麻太郎

一九三九a　「民俗資料と村の性格」、民間伝承の会編『民間伝承』第四巻第九号、東京：民間伝承の会、八頁。

一九三九b　「再び民俗資料と村の性格に就いて」、民間伝承の会編『民間伝承』第五巻第二号、東京：民間伝承の会、二頁。

山辺健太郎編

一九六四　『現代史資料14 社会主義運動1』東京：みすず書房。

八幡一郎

一九三五　「昭和九年考古学界素描」、岡茂雄編『ドルメン』東京：岡書院、第四巻第一号、二九‐三一頁。

和島誠一（三沢章）

一九三七a　「日本考古学の発達と科学的精神」、戸坂潤編『唯物論研究』東京：唯物論研究会、第六〇号、一〇四－一一五頁。〔『日本考古学の発達と科学的精神――和島誠一主要著作集』（一九七三、和島誠一著作集刊行会）所収〕
一九三七b　「日本考古学の発達と科学的精神㈡」、戸坂潤編『唯物論研究』東京：唯物論研究会、第六二号、一二〇－一三五頁。〔『日本考古学の発達と科学的精神――和島誠一主要著作集』（一九七三、和島誠一著作集刊行会）所収〕
一九五七　「埋蔵文化財の危機――全滅をまぬかれた焼山古墳群」、『朝日新聞』一九五七年一二月一一日朝刊第六面。〔『日本考古学の発達と科学的精神――和島誠一主要著作集』（一九七三、和島誠一著作集刊行会）所収〕

赤松啓介（栗山一夫）略年譜

一九〇九年（明治四二）　〇歳（満年齢）
三月四日兵庫県加西郡下里村段下《だんげ》（現加西市段下町）にて、父栗山勢次・母きよのの長男として生まれる。本名栗山一夫。母きよのは下里村西笠原（現加西市西笠原町）生まれ。一九一一年（明治四四）生まれの妹艶子《つやこ》、一九一四年（大正三）生まれの弟不次男《ふじお》がいる。

生家は段下のうち段下新田にあり、その草分け四軒のうちの一軒であった。ミリンヤと呼ばれ、味醂製造を家業としていたが、父勢次が事業を広げ失敗。赤松の幼少時、退転する。西笠原の母親の実家へ移りさらに勢次が高砂町（現高砂市）役場に勤務したため高砂町へ転居する。

一九一五年（大正四）　六歳
母の実家下里村西笠原から下里村の小学校へ入学する。父勢次の神戸市役所転勤にともない、尋常三年二学期から神戸市へ転居、神戸市立湊山尋常高等小学校に転校する。小学校時代に歴史に関心を持つ。

一九一八年（大正七）　九歳
八月一九日父勢次死去。米騒動のさなかであったという。

一九二三年（大正一二）　一四歳
三月神戸市立湊山尋常高等小学校卒業。母きよのが小学校専科教員免許状取得のために、岡山県の裁縫女学校に入学する。赤松も自活することになり、神戸市・大阪市で丁稚奉公に出る。奉公先を転々とする。歴史の独学を続ける。

一九二六年（大正一五・昭和一）　一七歳
母きよのが郷里で小学校教員となったため、その援助により、大阪の商業学校・工業学校に通う。工業学校では製図が得意で、これがのちの考古学・民俗調査の実測・概念図作成に役立つ。独学で遺跡調査をはじめ、帝塚山古墳で発見した遺物を京都帝国大学の浜田清陵に調査報告したことがきっかけで浜田のすすめで東京人類学会へ入会する。

一九二七年（昭和二）　一八歳
肺門リンパ腺炎と診断され兵庫県加西郡下里村西笠原に帰郷する。療養生活をおくり快方する。郷里で民俗調査・考古学調査を行なう。『人類学雑誌』第四二巻第四号・七号（一九二七年四月・七月）連載「蝸牛考」により柳田国男の著作にはじめて接する。「蝸牛考」について柳田に手紙を出す。

一九二九年（昭和四）　二〇歳

一月三〇日小学校准教員検定試験（修身・地理・歴史・図画の四科目）に合格する。一一月一日大阪中央郵便局通常郵便課第六部に通信事務員として勤務する。勤務のかたわら中之島図書館に通い中等教員検定試験受験のための準備をする。

一九三〇年（昭和五）　二一歳

七月はじめての調査報告「下里村の民譚」（『旅と伝説』第三年七月特別号）を発表する。九月『新興教育』創刊号購入をきっかけに新興教育研究所大阪地域加盟者と交流を持つ。教育界の内情を知り教職への希望を失う。

一九三一年（昭和六）　二二歳

七～八月ごろプロ科（プロレタリア科学研究所）、一一月下旬戦無（日本戦闘的無神論者同盟）に加入する。このころから生駒山脈地域などで民間信仰調査をはじめる。

一八三二年（昭和七）　二三歳

九月「民譚の、或る考察」を仙台在住の佐々木喜善に送り返信がくる。翌一九三三年（昭和八）九月佐々木の死去を報じる『岩手日報』紙面を切り抜き私家版追悼冊子を作る。一〇月～一一月ごろ全協（日本労働組合全国協議会）加盟大阪中央郵便局労働組合結成に尽力する。

一九三三年（昭和八）　二四歳

三月四日一度目の検挙。四月六日大阪中央郵便局通信事務員を解職となる。

四月釈放され兵庫県加西郡下里村西笠原の母の実家へ帰郷する。一九三八年（昭和一三）一二月の大阪への転居まで西笠原で生活する。兵庫県播磨地域を中心に民俗学・考古学の調査研究を行ない、一九三九年（昭和一四）一一月八日二度目の検挙まで本格的な論考を次々と発表する。民俗学では玉岡松一郎・西谷勝也と交流を深める。

一九三四年（昭和九）　二五歳

八月『歴史科学』第三巻第九号の短信アンケート回答「諸家に聴く」で、活字原稿ではじめてペンネーム「赤松啓介」を使う。

九月二日弟不次男物理学校在学中に病死する。

一九三五年（昭和一〇）　二六歳

この年後半から翌年はじめごろ和島誠一と知り合う。

一九三六年（昭和一一）　二七歳

八月はじめての単著『東洋古代史講話』（白揚社）を刊行する（一九三九年五月『東洋古代民族史』として再刊）。一一月唯研（唯物論研究会）に入会する。

一九三七年（昭和一二）　二八歳

一月兵庫県郷土研究会を組織し、二月一四日『兵庫県郷土研究』第一巻第一号を孔版で創刊する。「編輯兼発行人」は赤松、発行所は帰郷先の兵庫県加西郡下里村西笠原の母の実家であった。孔版作製のための謄写版は和島誠一が伊豆公夫のものを譲り受け東京から届けたものであった。

三月～四月関東・東北・北陸地方を視察する。東京では和島誠一・伊豆公夫宅などに泊まり、三月二九日・三一日東京人類学会・日本民族学会連合大会出席。四月三日唯研芸術部研究会出席。アチックミューゼアム・大山史前学研究所・日本青年館などを訪問、収蔵品を拝観する。

一九三八年（昭和一三）　二九歳

五月『民俗学』（三笠全書）を刊行する。

一〇月二三日近畿民俗学会（大阪民俗談話会）一〇月例会に出席。用水について発表。翌年七月一六日七月例会まで五回出席、宮本常一と同席する。

一一月二九日唯研事件、東京の戸坂潤などが検挙される。一二月兵庫県加西郡下里村西笠原から大阪府大阪市北区（現都島区）都島中通の下宿へ転居。

一九三九年（昭和一四）　三〇歳

四月関西学院大学法文学部聴講生となる。春頃、田中梅治からおくられた「粒々辛苦」の原稿を宮本常一に見せ刊行を依頼する。「粒々辛苦」は「流汗一滴」と合わせ『アチックミューゼアム彙報第四八　粒々辛苦・流汗一滴——島根県邑智郡田所村農作覚書』（一九四一）として刊行される。

一一月八日治安維持法違反容疑により検挙される。『兵庫県郷土研究』は一〇月一〇日発行第三巻第三号で中断する。

一九四〇年（昭和一五）　三一歳

一一月一五日神戸地方裁判所で予審が終わる。公判が決定する。

一九四一年（昭和一六）　三二歳

二月神戸地方裁判所で治安維持法違反により懲役四年の判決が下る。控訴する。一二月大阪控訴院で懲役二年六月の判決が下る。上告せず大阪刑務所に服役する。

一九四三年（昭和一八）　三四歳
五月大阪刑務所を出所。兵庫県武庫郡魚崎町（現神戸市東灘区）の海軍監督下の国森製作所の工員となる。神戸市兵庫区菊水町に住む。一九九四年（平成六）まで菊水町に住む。

一九四五年（昭和二〇）　三六歳
三月一七日神戸大空襲から八月まで三〇回に及んだ神戸空襲のなかで生活する。八月一五日を国森製作所でむかえる。

一九四六年（昭和二一）　三七歳
一二月～一九四七年（昭和二二）六月アジア太平洋戦争敗戦後はじめての論考「日本神話の本質」（『人民評論』第二巻第一一号・第三巻第一号）を発表する。

一九四八年（昭和二三）　三九歳
九月アジア太平洋戦争敗戦後はじめての単著『天皇制起源神話の研究』（美知書林）を刊行する。

一九四九年（昭和二四）　四〇歳
一月二五日『兵庫県郷土研究』を第四巻第一号として再刊する。一九五四年（昭和二九）六月一日第七巻第一号まで継続する。
一月ごろ勤務していた国森製作所を退職する。
二月二七日栗山澤枝と結婚する。

一九五〇年（昭和二五）　四一歳
一月一日長女啓子が生まれる。この時期から数年間、経済的な困窮が続く。
一月民主主義科学者協会神戸支部局長になり翌年までつとめる。この間、機関誌『科学者神戸』を孔版で作成する。
七月単著『結婚と恋愛の歴史』（三一書房）を刊行する。

一九五二年（昭和二七）　四三歳
五月一日デモ隊が皇居前広場で警官隊と激突した血のメーデー事件に、デモ隊の一人として参加する。

一九五三年（昭和二八）　四四歳
兵庫県加東郡河合村（現小野市）青野ヶ原、基地接収反対運動への支援を行なう。一二月一六日岡山県勝田郡飯岡村（現久米郡美咲町）月の輪古墳発掘を見学し、その後、岡山県・広島県・山口県・鳥取県を視察する。

一九五六年（昭和三一）　四七歳
焼山群集墳保存活動（兵庫県小野市）を行なう。

『神戸新聞』社会部連載「祖先のあしあと」に全面協力する。連載は一九五九年（昭和三四）まで。「祖先のあしあと」はのじぎく文庫から神戸新聞社会部編『祖先のあしあと』（全四冊。一九五八‐六一）として出版される。

『一揆』（全二冊）（庶民評論社）を刊行する。

一九五七年（昭和三二）　四八歳

一一月一〇日焼山群集墳が破壊されるのをみる。二三日神戸大学・県内有志、神戸新聞・朝日新聞・読売新聞など報道関係者と焼山群集墳をおとずれる。兵庫県へ訴え翌年三月まで発掘調査を行なう。

一九五八年（昭和三三）　四九歳

神戸市史編集委員になる。

一九六〇年（昭和三五）　五一歳

一〇月ヒョーゴ・フォークロア・グループ編『民謡風土記』（のじぎく文庫）を刊行する。執筆担当は「摂津、播磨の民謡散歩」。

一九六四年（昭和三九）　五五歳

神戸市史編集委員を辞職する。

一九六五年（昭和四〇）　五六歳

五色塚古墳整備復元工事現場監督になる。三笠宮崇仁が五色塚古墳を来訪した際、現場監督として説明にあたる。作業着のまま三笠宮を迎え説明したため、周囲を愕然とさせる。

一九六七年（昭和四二）　五八歳

五色塚古墳整備復元工事現場監督を辞職する。

一九六八年（昭和四三）　五九歳

三月一〇日主婦学習サークルどんぐり会第二回から一九七四年（昭和四九）八月どんぐり会解散まで歴史学習（「歴講」）講師をつとめる。

八月二一日母きよの死去。

一九七一年（昭和四六）　六二歳

四月神戸市教育委員会社会教育部社会教育課嘱託になる。一九七〇年代は神戸市北神地区を中心に考古学的調査を行なう。

一九八〇年（昭和五五）　七一歳

神戸市教育委員会社会教育部社会教育課嘱託を辞職する。
七月神戸市史編集委員時代の仕事をまとめ『神戸財界開拓者伝』（太陽出版）を刊行する。
八月‐一九八一年（昭和五六）二月『季刊 どるめん』第二六‐二八号に「村落共同体と性的規範」を連載する。

一九八六年（昭和六一）　七七歳

七月『非常民の民俗文化』（明石書店）を刊行する。

一九八八年（昭和六三）　七九歳

一〇月『非常民の民俗境界』（明石書店）を刊行する。

一九九四年（平成六）　八五歳

一〇月脳梗塞のため入院する。一一月退院するが左半身に麻痺が残る。以後、妻栗山澤枝とともに京都市在住長女濱田啓子方で療養生活をおくる。

二〇〇〇年（平成一二）　九一歳

三月二六日濱田方にて死去。二七日葬儀。五月一三日近親者により兵庫県加西市段下町の栗山家墓地に納骨される。法名は「好學洞啓居士」。

あとがき

赤松啓介さんは、一九九四年（平成六）末から、奥様の故栗山澤枝さんとご一緒に、京都在住ご長女の濱田啓子さん宅で療養生活をおくられるようになった。最期を濱田方でむかえた。

赤松さんがお亡くなりになる前だったと思う。奥様がこんなことを話してくださった。

> 赤松はここで過ごしていると、とても気持ちのやさしいひとです。子供時代・青年時代から苦労も多く、激しい面をみせることもあったが、隠れていたほんらいの性格が出てきた。ほんとうに持っていた地金が出てきた。すなおなやさしい人です。

ようやくにして、わたしなりのものではあるが、赤松啓介論をまとめることができた。ご助力をいただきながら、歳月が流れてしまったことを、奥様の故栗山澤枝さん、ご長女の濱田啓子さん、そして、兵庫県高等学校元教諭畝本常宏さんに、お詫び申し上げなければならないと思う。また、あらためて、お礼申し上げたいと思う。『赤松啓介民俗学選集』全六巻・別巻一として赤松啓介集をまとめることとは違い、評伝として赤松啓介をえがくことは、当時のわたしには難しかった。研究上のみならず、九一年の生涯のあった赤松啓介さんに対して、わたしにもそれなりの年齢が必要であったような気がする。

阪神淡路大震災のあと、一九九五年（平成七）三月末、神戸市兵庫区菊水町の留守宅の片づけにうかがわせていただき、そのあと八月、留守宅で最終整理をするために、三泊四日を二回うかがわせていただいた。あれから二五年余が経った。

今回もご長女の濱田啓子さんからご協力とご助言をいただいた。なかでも、一九三九年（昭和一四）一一月八日の二度目の検挙のあと、赤松さんのお母さまのきよのさんが小学校教員を失職したという話をうかがったとき、なんとも表現できない気持ちになった。赤松さんが信念を貫くのは、ご家族にとってもたいへんなことであったように思われた。

はじめて赤松啓介の名前を知ったのは、大学一年生から大学二年生になる春休みの終わりごろだった。通学していた大学の生協書籍部であったか、高田馬場芳林堂であったかで、一九八一年（昭和五六）二月『どるめん』第二八号の「村落共同体と性的規範（続）」を立ち読みし、そして買った。これが（続）であったので、そのあと、図書館でその前の（上）（下）を読んだ。すでに宮本常一『忘れられた日本人』を『宮本常一著作集 第一〇巻』で読んでいたが（文庫本はまだなかった）、そのなかの「文字をもつ伝承者㈠」田中梅治の冒頭に登場する栗山一夫が、赤松啓介と同一人物であることなど、いまだ知らなかった。

早いもので、あれから四〇年経った。わたし自身も、あのころから四〇年間、わずかずつではあるがなんとか歩いている。八年前に上梓した『宮本常一——逸脱の民俗学者』についてもそうであったが、この『赤松啓介——民俗学とマルクス主義と』についても書いてみてよいのではないかと思われた。

二〇一七年（平成二九）の『天皇墓の政治民俗史』とともに、今回も書き下ろしのお声をかけてくれた有志舎・永滝稔さんにお礼を申し上げたいと思う。自分のもやもやを吹き飛ばしてくれるひと声だったような気がする。

二〇二一年初夏

岩田重則